JN296261

決算書
スーパー分析

第3版

落合俊彦 著

社団法人 金融財政事情研究会

第3版刊行にあたって

　平成18年5月に，会社法が施行された。いままで，会社法といっていたのは「商法第2編」と「有限会社法」および「株式会社の監査等に関する商法の特例に関する法律（商法特例法）」の総称であったが，今回これらを一つの法律（新「会社法」）にまとめたものである。なお，個人事業主や商取引について定めている第2編以外の商法はそのまま存続する。

　改正の狙いには，法文の平仮名口語体化による読みやすさもあるが，何といっても，過年度のたび重なる改正で生じた諸制度間の不均衡（解釈の相違）の是正，および大きく変転した社会経済情勢の実情に合わせた対応などがある。したがって，具体的な改正点をあげてみると，①株式会社の最低資本金制度の廃止，②有限会社制度の廃止，③剰余金の分配可能額の算出方法の改正，④利益準備金制度の変更，⑤金庫株制度（自己株式取得）の緩和，⑥債務の株式化（デット・エクイティ・スワップ）の導入，⑦組織再編行為にかかわる規定の追加など，劇的な変更も多い。

　従来，旧商法の基本理念は「債権者保護」。より具体的には，債権者と株主（相対的には，強者の立場にある）の利害の調整であり，この理念は新「会社法」にも引き継がれている。ただし，株主のなかには少数株主や単独（1株）株主など，多数決原理での弱者も存在するので，いままで以上にこれら株主を保護すべきと考えている。

　今回およびいままでの改正（連結決算，キャッシュ・フロー計算書，時価会計，税効果会計，退職給付会計，減損会計など）によって，大きく国際化に踏み出すことになる。

　その根底には，「法律で縛る部分を極力減らし，企業の定めるルールを尊重して経営の自由度を高める」という米国流の，いわゆる「定款自治」の思想がある。たとえば，一定の条件はあるものの，定款に定めていれば取締役の任期や剰余金の配当などは取締役会で自由に決められる。また，取締役の責任も「過失責任（自己に過失がなかったことを立証すれば連帯責任を負わない）」であっ

て，これも経営の自由度を下支えしている。一方，株主にとっても，取締役の解任（普通決議）が容易になる。また，個々の経営判断の情報開示も拡大するので，その内容が株主代表訴訟の「証拠」につながる可能性もある。それだけに経営者と株主との緊張関係が一挙に高まることになる。これらのことは，従来のいわゆる日本的経営（安定志向，将来志向の継続企業）の特質を薄め，経営の視点も長期重視から短期重視に転換することを誘導しているといえる。

このように変転する経営体の信用状態をいかに把握し，新規開拓や融資判断につなげていくかは，新「会社法」が企業の経営や財務面にどのような影響を与えるのかを理解するところから始まる。

ところで，「第2編　株式会社」の「第1章　設立（第25条～第103条）」「第2章　株式（第104条～第235条）」「第3章　新株予約権（第236条～第294条）」「第5章　計算等（第431条～第465条）」および「第5編　組織変更，合併，会社分割，株式交換及び株式移転（第743条～第774条）」のなかの諸条項が主として財務諸表の「旧商法での資本の部」に反映しているので，従来からの分析手法がもっている意味合いを変えていく必要が出てくる。たとえていえば，「自己資本は，本当に長期・安定的な資本と考えてよいのか」「資本金，剰余金の大きい企業は，安全性が高いといえるのか」「時価主義による損益修正をどう評価するのか」，あるいは「資本金1円の企業や現存の有限会社をどう評価するのか」などの疑問である。

本書では，これら新「会社法」の条項を財務分析による企業の信用状態把握（本来は財務面だけでは不十分で，非財務面の比重が高まってきている）に力点を置いて取捨選択し，分析評価の変更あるいは評価に際しての留意点として極力，掲出することにしている。また，過年度分の諸施策，時限立法による会計処理などの事実は，現在，失効しているものでも，その会計処理の結果が残っていると思われるものは，歴史的知識として簡潔にまとめることにした。

重ねていうが，本書は新「会社法」の解説書ではないので，「経営組織」「会社の清算」「持分会社」「外国会社」などは，原則として割愛している。さらに，先に触れたように「経営の自由度」の拡大は，経営者の資質，経営理念，取締

役会，株主構成など非財務面の要因（定性分析）に負うところが大きいことも留意していただきたい（本書では，ここまで触れていない）。

　今回の本書の改訂は「財務分析のなかの会社法」を念頭に置いたものであるが，スペースなどの制約で不十分な点も多い。今後，読者諸賢のご協力を得て，より実用的な一書にしたいと願っている。

　平成18年8月

落　合　俊　彦

改訂にあたって

　本書の初版が刊行されてから，8年が経過した。その間，多くの読者に支えられながら，実務上の手引きとして活用され，少しでもお役に立っているとすれば著者冥利に尽き，深く感謝する次第である。

　翻ってこの8年間をみると，企業会計上のルールや金融機関の融資姿勢に大きな変化が生じた期間でもあった。すなわち，資本市場の国際化に伴う情報開示の観点から，可能な限り国際会計基準に沿うべく企業会計制度の改革が進行した。新しい会計制度は「連結決算が主体」「キャッシュ・フロー計算書の導入」「時価主義の適用拡大」の3点において従来と大きく違っている。このほかに，税効果会計，退職給付会計，研究開発費およびソフトウエア会計の導入などがある。さらに，平成13年からは減損会計が登場している。

　一方で，金融機関はバブル崩壊後の不良債権処理という厳しい局面に立たされている。平成12年4月に「民事再生法」が施行され，金融機関サイドとしては従来の自己査定内容を，より厳格化せざるをえなくなった。かつ，査定内容も安全性（指標としては自己資本比率，借入依存度，留保利益率など）や流動性（キャッシュ・フロー比率）のウエイトが高まり，また，要注意先や正常先の格付基準を細分化する動きが加速している。

　本来，継続企業としての信用把握は収益性を中心に進められるべきであるが，融資債権の不良化防止のためには，取引先の有利子負債の程度，返済可能年数，あるいは返済余力などに視点が移るのも時代の変化であろう。

　したがって，実務上の信用把握（とくに財務分析）も，旧来型の教科書論的手法，水準から飛躍して，実態把握により接近できる手法，解釈論を展開すべき時期にきているのかもしれない。読者諸賢の研究・開発力に期待する次第である。

　　平成13年10月

落　合　俊　彦

初版はしがき

　昨今の金融機関の融資戦略は,「融資先数獲得」の量的拡大から「良質な融資先の確保」という質的向上へと転換してきている。これは,むしろ本来の融資戦略への回帰といえるであろう。

　しかし,現在の状況下で「良質な融資先」を発掘し,確保していくためには,企業の財務体質をしっかり把握して,融資適格性を判定することが必要不可欠となる。

　動物に血液の流れがあるように,企業にも資金の流れがあり,しかもそれは,企業の体質に応じて変動する。したがって,その資金の流れの状態から逆に企業の体質を推定することができる。これが財務分析のポイントの一つでもある。

　そのためには,まず財務諸表の構成内容を「覚える」ことが必要であり,そして財務分析技法を「使いこなす」ことが大切である。

　そこで本書は,この観点から構成してみた。すなわち,決算書の基本知識を習得するために,貸借対照表・損益計算書の勘定科目,主要経営指標の意味・特徴,位置付け,計算式,数値の妥当性をそれぞれ見開き2ページで示し,「わかりやすく」「利用しやすい」ように工夫し,さらに後半では,「使いこなす」ための具体例を掲載している。

　したがって,本書は通読するよりもたえず座右におき,日常活動の必要に応じてその都度,必要箇所を読むという繰返しに利用していただければ刊行目的は満たされるといえよう。

平成5年7月

落 合 俊 彦

■目次

第1章 日常取引と決算書

1 財務諸表をどう使うか……………………………………………3
  (1) 金融機関の融資姿勢………………………………………3
  (2) 低成長下での融資活動……………………………………3
  (3) 資金需要の存在把握………………………………………4
  (4) 財務分析への展開…………………………………………4
  (5) 財務諸表の活用事例………………………………………5
2 企業の資金の流れと財務諸表……………………………………9
  (1) 企業活動・資金(現金)の流れ……………………………9
  (2) 企業の資金の流れと形態…………………………………9
  (3) 資金の流れと財務諸表……………………………………11
    a 売上(収益)と主要勘定(残高)の関係…………………11
    b 仕入(費用)と主要勘定(残高)の関係…………………13
    c 固定資産取引と財務諸表の関係…………………………15
    d 営業支出と財務諸表の関係………………………………18
3 企業活動(取引)と財務諸表を結ぶルール………………………20
  (1) 複式簿記……………………………………………………21
  (2) 企業会計原則………………………………………………21
  (3) 改正商法・改正商法施行規則〔参考〕…………………23
  (4) 会社法・会社法施行規則・会社計算規則………………23
  (5) 税法・法人税法施行令,施行規則………………………24
  (6) 金融商品取引法・財務諸表等規則………………………24

4 財務諸表の意味と仕組み ………………………………………………25
 (1) 貸借対照表の仕組み ……………………………………………25
 (2) 損益計算書の仕組み ……………………………………………27
 (3) 株主資本等変動計算書の仕組み ………………………………29
5 財務諸表の読み方のポイント …………………………………………30
 (1) 貸借対照表の読み方 ……………………………………………31
   a 利益額の相対的な大きさをみる ……………………………31
   b 仮勘定の内容に注目する ……………………………………31
   c 投資その他の資産の「保険積立金」は契約内容を知る …31
   d 未払法人税等（納税充当金）の妥当性をみる ……………32
   e 賞与引当金，退職給付（給与）引当金に関心をもつ ……32
   f 利益準備金から経理姿勢をみる ……………………………33
 (2) 損益計算書の読み方 ……………………………………………34
   a 営業利益および経常利益をみる ……………………………34
   b 売上原価に関心をもつ ………………………………………34
   c 減価償却費を押える …………………………………………35
   d 雑収入，雑損失に疑問をもつ ………………………………35
   e 営業外損益と特別損益の区分に関心をもつ ………………36
   f 法人税等（納税充当額）から業績をみる …………………36
6 財務分析手法のポイント ………………………………………………37
 (1) 収益性分析 ………………………………………………………37
 (2) 安全性分析 ………………………………………………………41
 (3) 生産性分析 ………………………………………………………48

第2章 貸借対照表の勘定科目の読み方

1 資産項目 …………………………………………………………………56
 (1) 流動資産 ……………………………………………………………56
  現金・預金 56／受取手形 58／売掛金 60／完成工事未収入金 62／有価証券 64／貸倒引当金 66／商品 68／製品 70／仕掛品 72／原材料 74／貯蔵品 76／未成工事支出金 76／前渡金 78／未収金 78／仮払金 80／繰延税金資産 82
 (2) 固定資産 ……………………………………………………………84
  a 有形固定資産 ……………………………………………………84
   建物・構築物 84／機械・装置 86／工具・器具・備品 88／車輌運搬具 88／土地 90／建設仮勘定 92／リース資産 94
  b 無形固定資産 ……………………………………………………96
   のれん 96／商標権 96／借地権 98／ソフトウエア 100
  c 投資その他の資産 ………………………………………………102
   投資有価証券 102／関連会社・子会社株式 104／出資金 104／長期貸付金 106／敷金 106
 (3) 繰延資産 ……………………………………………………………108
  創立費 108／開業費 108／開発費 110／新株発行費 110／社債発行費 110／社債発行差金 110／〔参考〕試験研究費 110／〔参考〕建設利息 110
2 負債項目 …………………………………………………………………112
 (1) 流動負債 ……………………………………………………………112
  支払手形 112／買掛金 114／未払金 116／工事未払金 118／短期借入金 118／前受金 120／賞与引当金 122／未払法人税等 124／繰延税金負債 126／製品保証等引当金 128
 (2) 固定負債 ……………………………………………………………130

長期借入金 130／社債（私募債）130／退職給付（給与）引当金 132／特別修繕引当金 132

3 純資産項目 …………………………………………………………… 134

(1) 株主資本 ……………………………………………………………… 134

資本金 134／資本剰余金 138／利益剰余金 142／自己株式 148／新株式申込証拠金 148／自己株式申込証拠金 148

(2) 評価・換算差額等 …………………………………………………… 150

その他有価証券評価差額金 150／繰延ヘッジ損益 150／土地再評価差額金 152／〔参考〕為替換算調整勘定 152

(3) 新株予約権 …………………………………………………………… 154

(4) 剰余金の分配〔参考〕………………………………………………… 156

剰余金の配当等 156／役員賞与 156

第 3 章　損益計算書の勘定科目の読み方

1 営業損益 ………………………………………………………………… 162

(1) 売上高 ………………………………………………………………… 162

(2) 売上原価 ……………………………………………………………… 164

売上原価 164／製造原価 166

(3) 売上総損益金額 ……………………………………………………… 168

売上総利益 168

(4) 販売費および一般管理費 …………………………………………… 170

販売費・一般管理費 170／販売手数料 170／販売奨励金 170／販売促進費 172／広告宣伝費 172／交際費 174／荷造費 174／発送運賃 176／従業員給料手当 176／福利厚生費 178／従業員退職金 178／退職給付（給与）引当金繰入額 178／役員報酬手当 178／役員賞与 180／役員退職金 180／租税公課 180／減価償却費 182

10

(5) 営業損益金額 ································184
　　　　営業利益　184
　2　営業外損益 ····································186
　　(1) 営業外収益 ··································186
　　　　受取利息　186／受取配当金　188／有価証券売却益　188／仕入割引　190
　　(2) 営業外費用 ··································192
　　　　支払利息　192／支払割引料　194／有価証券評価損　196／売上割引　198
　3　経常損益 ····································200
　　　経常損益金額 ·································200
　　　　経常利益　200
　4　特別利益・特別損失 ····························202
　　(1) 特別利益 ··································202
　　　　前期損益修正益　202／固定資産売却益　204／投資有価証券売却益　206
　　(2) 特別損失 ··································208
　　　　臨時損失　208
　5　税引前当期純損益 ······························210
　　(1) 税引前当期純損益金額 ························210
　　　　税引前当期純利益　210
　　(2) 法人税等 ··································212
　　　　法人税等　212／法人税等調整額　214
　　(3) 当期純損益金額 ····························216

第4章　その他の計算書類

1　株主資本等変動計算書 ……………………………………………… 221
　(1)　株主資本等変動計算書とは ………………………………………… 221
　(2)　株主資本等変動計算書の記載項目・内容 ………………………… 222
2　個別注記表 …………………………………………………………… 225
　(1)　個別注記表とは ……………………………………………………… 225
　(2)　各種計算書類に関する注記 ………………………………………… 225

第5章　連結財務諸表の読み方

1　連結財務諸表の作成 ………………………………………………… 231
　(1)　子会社，関連会社の範囲 …………………………………………… 232
　(2)　連結財務諸表作成の手順 …………………………………………… 232
　　a　連結貸借対照表の作成手順 ……………………………………… 232
　　b　連結損益計算書の作成手順 ……………………………………… 235
2　連結株主資本等変動計算書 ………………………………………… 240
3　連結財務諸表の分析 ………………………………………………… 240

第6章　キャッシュ・フロー計算書の読み方

1　キャッシュ・フロー(CF)計算書の作成 …………………………… 245
　(1)　CF計算書における「キャッシュ」の範囲 ……………………… 245
　(2)　CF計算書の様式および作成方法 ………………………………… 246
　　a　CF計算書の区分表示 …………………………………………… 246
　　b　CF計算書の様式と作成方法 …………………………………… 246

2　CF 計算書の分析評価と留意点 ……………………………………251
　(1)　営業活動による CF …………………………………………251
　(2)　投資活動による CF …………………………………………252
　(3)　財務活動による CF …………………………………………253
　(4)　経営指標の水準 ………………………………………………253

第 7 章　経営諸指標を使った分析

1　収益性の指標 ……………………………………………………258
　(1)　収益状況を総合的にみる …………………………………258
　　総資本経常利益率(ROA) 258／経営資本営業利益率(ROI) 260／自己資本当期純利益率(ROE) 262／資本金当期純利益率 264
　(2)　収益状況を利幅からみる …………………………………266
　　売上高総利益率 266／売上高原価率 268／売上高営業利益率 270／販売費・一般管理費比率 272／売上高人件費比率 274／売上高経常利益率 276／売上高支払利息比率 278／売上高純金利負担率 278／売上高当期純利益率 280
　(3)　収益状況を効率からみる …………………………………282
　　総資本回転率 282／現金・預金回転率 284／売上債権回転率 286／たな卸資産回転率 288／固定資産回転率 290／仕入債務回転率 292
　(4)　収益体質をみる ………………………………………………294
　　損益分岐点(BEP) 294／損益分岐点の位置 296／費用構造 298
2　安全性の指標 ……………………………………………………300
　　流動比率 300／当座比率 302／現金・預金比率 304／固定比率 306／固定長期適合率 308／負債比率 310／自己資本比率 312
3　生産性の指標 ……………………………………………………314
　　付加価値率 314／労働生産性 316／労働分配率 318／従業員 1 人当り平

均人件費 320／販売効率 322／労働装備率 324

第8章 損益分岐点・運転資金を使った分析

1 損益分岐点分析……………………………………………………………329
  (1) 損益分岐点の意味……………………………………………………329
    a 狭義の損益分岐点…………………………………………………329
    b 広義の損益分岐点…………………………………………………329
  (2) 損益分岐点を求める方法……………………………………………330
    a 公式による方法……………………………………………………330
    b 作図による方法……………………………………………………331
  (3) 固定費と変動費の分解………………………………………………333
    a 総費用法……………………………………………………………334
    b 個別費用法…………………………………………………………335
  (4) 費用構造の分析………………………………………………………337
  (5) 損益分岐点の位置……………………………………………………339
  (6) 損益分岐点の応用……………………………………………………341
2 運転資金分析………………………………………………………………351
  (1) 運転資金とは…………………………………………………………351
    a 一般的な考え方……………………………………………………351
    b 金融機関における考え方…………………………………………352
  (2) 運転資金分析の狙い…………………………………………………353
    a 運転資金需要体質の把握…………………………………………353
    b 融資の判断…………………………………………………………355
  (3) 運転資金所要額の把握方法…………………………………………356
    a 運転資金項目勘定残高からの把握………………………………357
    b 回転期間からの把握………………………………………………359

  c　回収・支払条件からの把握……………………………………361
 (4)　運転資金の種類………………………………………………363
  a　経常運転資金……………………………………………………364
  b　増加運転資金……………………………………………………365
  c　取引条件変更による不足運転資金……………………………366
  d　季節資金（季節的運転資金）…………………………………368
  e　決算資金，従業員賞与資金……………………………………370
  f　減産・滞貨・赤字資金…………………………………………371

第9章　決算書スーパー分析の実際

1　黒字企業の業績を総合的に把握する …………………………………375
 (1)　分析の手順，狙いなど………………………………………375
  a　貸借対照表面からの粗づかみ …………………………………376
  b　損益計算書からの粗づかみ ……………………………………377
  c　製造原価報告書，旧利益処分計算書からの粗づかみ………379
  d　財務分析の手順…………………………………………………380
 (2)　事例の提示……………………………………………………385
 (3)　事例の分析……………………………………………………389
  a　財務諸表の概観…………………………………………………389
  b　収益性分析──比率分析 ………………………………………391
  c　収益性分析──実数分析 ………………………………………397
  d　安全性分析──比率分析 ………………………………………399
  e　安全性分析──実数分析 ………………………………………402
  f　生産性分析………………………………………………………403
  g　総合所見…………………………………………………………406

2　粉飾操作の疑いのある企業の実態を把握する……………………407
  (1)　分析の手順，狙いなど………………………………………407
    a　企業実態の情報収集……………………………………407
    b　問診と財務諸表数値とのチェック……………………408
    c　主要財務諸指標の時系列比較…………………………409
    d　関連勘定項目の比較（時系列比較）…………………409
  (2)　事例の提示……………………………………………………411
  (3)　事例の分析……………………………………………………413
    a　主要勘定の動きを粗づかみする………………………413
    b　疑わしい勘定項目の特定………………………………415
    c　粉飾金額の推定…………………………………………416
    d　総合所見…………………………………………………418
3　欠損企業の実態を把握する………………………………………419
  (1)　分析の手順，狙いなど………………………………………419
    a　欠損となった原因は何か………………………………419
    b　収益体質はどうか………………………………………420
    c　資金体質はどうか………………………………………422
  (2)　事例の提示……………………………………………………423
  (3)　事例の分析……………………………………………………426
    a　欠損となった原因は何か………………………………426
    b　収益体質はどうか………………………………………430
    c　資金体質はどうか………………………………………434

〔参考資料〕………………………………………………………………439

第1章
日常取引と決算書

1 財務諸表をどう使うか

(1) 金融機関の融資姿勢

　高度経済成長期における金融機関の融資方針はどちらかというと融資シェアの拡大，すなわち融資先数獲得競争に主眼がおかれていたといってよい。しかし，ようやく低迷期を脱出したと喧伝されているものの企業格差が密かに進行し，総体として回復感に乏しい昨今では，一転して「金融機関の収益に貢献する融資先の確保」が大きくクローズ・アップされることになる。

　本来，金融機関の融資は「安定的，経済的な金利収入を確保」することが求められており，そのうえに公共性が加味されていることは時代にかかわりなく不変のはずである。ところが，量的拡大に拍車がかかると往々にして質的側面が軽視ないしは無視されやすくなる。いわゆる「バブル景気」といわれた時期はまさにこの状態であったといえる。その反動として景気低迷期に入って，かつての量的拡大のつけが顕在化し，この反省として融資本来の姿勢に回帰してきたといってよい。

(2) 低成長下での融資活動

　景気拡大期には資金需要も強く融資セールス活動も比較的円滑に展開できたであろうが，昨今のように景気回復に勢いがない状況下では，いわゆる勝ち組，負け組が出現する。それに伴い，当然資金需要も，前向き，後向きの二極に分化する。なお，後向きの資金需要とは，滞貨，減産，赤字あるいは旧債整理のための需要であることが多い。

　このような状況下で「安定的，経済的な金利収入」をめざすためには，対象企業の「安全性，収益性，生産性，成長性」の各面をしっかり把握して融資適

格企業であるかどうかを正確に判定することが不可欠の条件となる。

とはいうものの,適格企業の判定を厳しくしすぎると融資先数の確保がむずかしくなる。質の面がいくら高くても,ある程度の量が確保できないと企業経営の維持が困難になるのは,金融機関経営においても同様である。したがって,質と量とは二者択一の関係ではなく,併存の関係にあることになる。

(3) 資金需要の存在把握

融資先確保のためには,財務諸表,財務分析の知識,ノウハウを活用することが絶対である。動物に血液の流れがあるように,企業には資金の流れがある。また,血液が循環する速さや量は内外条件の変化によって変わってくるように,企業の資金も内外の環境条件の変化によって流量,流速が変わってくる。ただし,企業の資金の流れが内外条件の変化に左右されたままでは,安定的な企業経営は維持できない。そこで,外部から資金を導入するなどして,結果的に流量,流速を一定させている。したがって,資金の流れに沿って資金需要が発生すると考えてよい。

この資金の流れは一定時点で必ず集約・記録され,公表される。これが,決算期であり財務諸表である。金融機関の担当者が「財務諸表を読む」のは,そこに資金需要の素があるから,ともいえる。

(4) 財務分析への展開

企業の資金がどのように流れているかということは,換言すれば,企業が資金をどのように調達し運用しているかということになる。この調達と運用のバランスから資金の過不足状態を,さらにはこの企業のもっている資金体質を推定することができる。

また,前述の資金の流れを収益と費用に置き換えて把握した場合には,その

企業の収益状況や，収益体質の推定も可能となる。

このように企業の資金把握は，単にどのような資金需要があるのかをさぐるだけではなく，企業の全体像把握にもつながることを認識する必要がある。

(5) 財務諸表の活用事例

A金融機関のO君は，入社1年目で郊外店の中規模企業担当を命じられた。O君は財務諸表や財務分析の勉強を始めたばかりの段階であり，また訪問先での話にまったくついていけず，このままでは少しずつ足が遠のく事態にもなりかねなかった。

このような状況を超えられたのは，一つの工夫であった。企業活動は必ず財務諸表に反映するものであるから，これをベースにして自分なりのポイントを表にまとめ，これを下敷にして会話を進めてみようと考えたのである。もちろん，当時は財務諸表などについて十分な知識がなかったので，先輩の知識を借りながら次頁に紹介するような表を作成した。O君の勇気のあるところは，会話するに際してこの表を目の前に置き，時には指さしながら相手の話を理解する努力をしたことである。

O君が入社して日も浅く勉強中の身であることは外面的にもわかっていることであるが，相手方はむしろO君の真摯な姿勢に感じ入り，なにかと好意的に話を進めてくれるという雰囲気ができ上ってきた。こういう状況になると，O君も財務諸表などに興味が湧き，時間を割いての勉強にも義務感がなくなり，少しずつではあるが営業活動の成果もあがるようになってきたのである。

当初，O君が作成した「トラの巻」は次のような簡単なものであったが，O君と似た状況に置かれている読者の方がいれば，担当先層に応じてひと工夫されることをお勧めしたい。

① 貸借対照表
　〈作成上のポイント〉

1．割引手形は便宜上，組み戻ししている。
2．資産，負債の各勘定項目は，あまり細かく計上しないほうがよい。
3．ポイント欄は，その勘定項目に関連する用語，状況，条件などを適宜，コンパクトに記載する。
4．ポイント欄は，最初から完璧を期す必要はない。使用している過程で，随時，補記していけばよい。
5．販売会社の場合は，「製品，仕掛品，原材料」の欄が「商品」となる。

（ポイント）	流動資産	流動負債	（ポイント）
・現金売上，現金回収・現金支払割合	現金・預金	支払手形	・手形支払割合，手形サイト，裏書譲渡
・手形回収割合，手形サイト	受取手形	買掛金	・X日締切，Y日払，現金・手形割合
・X日締・請求，Y日回収，現金・手形割合	売掛金	割引手形	・割引先，適用利率，不渡買戻，依頼返却
・余剰資金の一時運用（現先？株式？）	有価証券	借入金	・借入先，適用利率，返済約定，資金使途
・貸倒率（実態）	貸倒引当金	未払金	・営業取引外の購入代金未払（設備，株式）
・生産期間，在庫期間	製品	納税充当金	・法人税，法人住民税の未払分
・生産期間，生産形態，ロス率	仕掛品	固定負債	
・主要材，補助材，歩留り率	原材料	長期借入金	・借入先，適用利率，返済約定，資金使途
・精算処理遅滞	仮払金		
	固定資産	退職給与引当金	・従業員の退職に関する引当
・償却資産と非償却資産，償却方法	有形固定資産	資本	
・法律上の権利，経済的優位性	無形固定資産	資本金	・授権資本額，配当率，相続税評価額
・賃借関係の敷金，保証金，営業取引上の差入保証金	投資等	法定準備金	・資本準備金，利益準備金
		剰余金	・任意積立金，前期繰越利益，当期利益

② 損益計算書，製造原価報告書，利益処分計算書

〈作成上のポイント〉

1．「販売費・一般管理費」の内訳費目は，主要勘定数種を掲出する程度でよい。
2．販売会社の場合は，「売上原価」の内訳が，「期首商品たな卸高＋当期商品仕入高－期末商品たな卸高」となり，右欄の「製造原価報告書」はなくなる。

（ポイント）			（ポイント）
・商品構成割合，数量×単価，ライフサイクル，取引先層，契約内容	売上高	材料費	・期首材料残高＋期中材料仕入－期末材料残高
	売上原価	労務費	・給料手当，福利厚生費
・前期 B/S 上の残高	期首製品たな卸高	製造経費	・電力費，ガス水道費，減価償却費，租税公課，修繕費…
	当期製品製造原価 ←	当期総製造費用	
・B/S 上の残高	△期末製品たな卸高	期首仕掛品たな卸高	・前期 B/S 上の残高
	売上総利益	△期末仕掛品たな卸高	・B/S 上の残高
・物件費と人件費，直間比率	販売費・一般管理費	当期製品製造原価	
・間接部門従業員給料 ・本社屋，間接部門の償却	荷造運搬費 給料手当 減価償却費 ︙		
	営業利益		
・受取利息・配当金，雑収入 ・支払利息・割引料，雑損失	営業外収益 営業外費用		

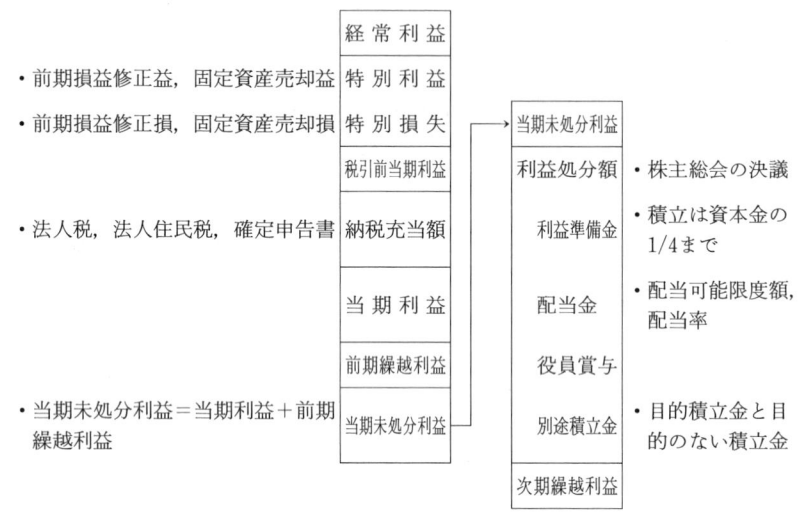

	経 常 利 益	
・前期損益修正益，固定資産売却益	特 別 利 益	
・前期損益修正損，固定資産売却損	特 別 損 失	→ 当期未処分利益
	税引前当期利益	利益処分額 ・株主総会の決議
・法人税，法人住民税，確定申告書	納税充当額	利益準備金 ・積立は資本金の 1/4まで
	当 期 利 益	配 当 金 ・配当可能限度額，配当率
	前期繰越利益	役員賞与
・当期未処分利益＝当期利益＋前期繰越利益	当期未処分利益	別途積立金 ・目的積立金と目的のない積立金
		次期繰越利益

（注） 1. 利益準備金の積立は，資本準備金の残高と合算して，資本金の1/4までとなった（平成13年6月改正）。
　　　 2. B/S，P/Lは当時の様式・用語に従っている。

2 企業の資金の流れと財務諸表

⑴ 企業活動・資金（現金）の流れ

　企業の資金は，企業活動に沿って流れている。すなわち，企業は投下した資金で原材料を手当し，設備（新設，増設，補修など）を整え，労働者を雇用して生産活動（→仕掛品→製品→）を行なう。そして完成された製品は，営業活動を通して販売される。これら一連のプロセスの繰り返しが企業活動であり，一般には次のように図示される（製造業の場合）。

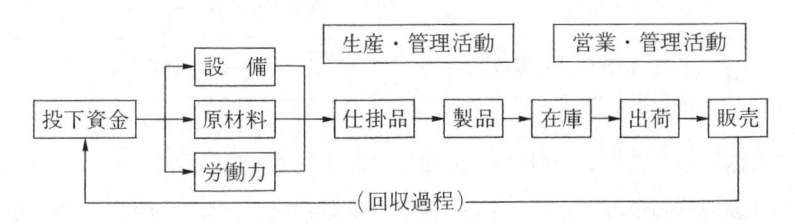

```
                        ┌─生産・管理活動─┐  ┌─営業・管理活動─┐
            ┌─→ 設 備 ─┐
投下資金 ──┼─→ 原材料 ─┼→ 仕掛品 → 製品 → 在庫 → 出荷 → 販売
    ↑       └─→ 労働力 ─┘
    └──────────────( 回収過程 )──────────────┘
```

　上図中，実線が「財・サービス」の流れであるとともに「資金」の流れであると考えてよい。すなわち，投下された資金（現金）はそのプロセスを通る間にさまざまな「財・サービス」に変化していく。そして，この変化の最終形態が「製品」であり，これを販売することによってもとの資金（現金）に戻り，再投資されることになる。この場合，資金（現金）の量としては利益部分が付加されるから，増加するのは当然のことである。

⑵ 企業の資金の流れと形態

　以上は，資金の流れを「現金ベース」で追ったものであるが，実際の企業活動上では「財・サービス」への変化だけではなく，企業間信用の発達に伴い「掛・手形」へも変化していく。また，企業の規模が拡大するにつれて，投下

資金の調達も「財・サービス」の循環過程外から求めるようになるなど資金の変化形態も多様化してきている。

これらの要素を前図に重ね合わせてみると，次のようになる。

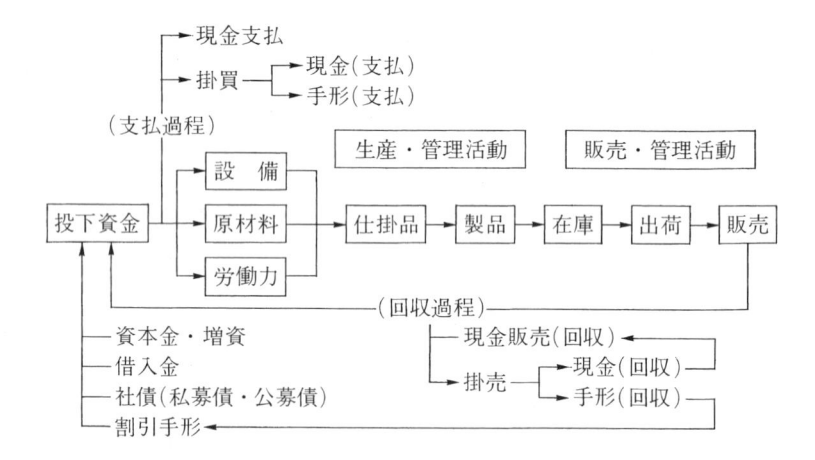

```
                    ┌→現金支払
                    ├→掛買─┬→現金（支払）
                    │      └→手形（支払）
         （支払過程）│
              ┌─→┤設　備├─┐　生産・管理活動　　販売・管理活動
    ┌→投下資金─┼─→┤原材料├─→仕掛品→製品→在庫→出荷→販売
    │         └─→┤労働力├─┘
    │                      （回収過程）　┌→現金販売（回収）←┐
    ├ 資本金・増資                        │                  │
    ├ 借入金                              └→掛売─┬→現金（回収）┤
    ├ 社債（私募債・公募債）                       └→手形（回収）┘
    └ 割引手形
```

この図から，「設備，原材料，労働力および生産・管理活動」あたりのエリアが「製造原価報告書」に，また「販売・管理活動」あたりのエリアが「損益計算書」に対応していることが想像できるであろう。しかも，この資金循環の過程で，生産・販売活動は多種多量に，かつ継続的に行われているので，資金の一時的な滞留が，

①　原材料，仕掛品，製品などの段階

②　売掛金，受取手形などの段階

③　意味合いは若干違うが資金の一時的な滞留としては買掛金，支払手形の段階

④　本図では示していないが企業活動に付随して発生する前受，前払，未収，未払などの段階

で発生することになる。これらは，「貸借対照表」の主要勘定そのものである。

このように，企業活動に沿って資金はさまざまな形に変わりながら循環しているのであるが，それぞれの段階での資金の滞留量（残高）が測定され，累積量

(損益)が記録され，貸借対照表，損益計算書および製造原価報告書(製造業の場合)に分別収納されるのである。

(3) 資金の流れと財務諸表

資金の流れと財務諸表との関係はすでに述べたところであるが，これを具体的にフォローしておくことにする。

a　売上(収益)と主要勘定(残高)の関係

商品100(単位省略)を現金売20(現実には，一般の企業では少ない)，残り80を掛で販売したとする。そして一定の掛売期間後，現金20，手形60で回収した。その後，必要に迫られて受取手形のうち40を割引依頼し，現金を調達した。手形は期日の到来により，無事決済された。

この資金の一連の動きにつれて，各勘定残高がどう動いていったかを示すと，次のようになる。

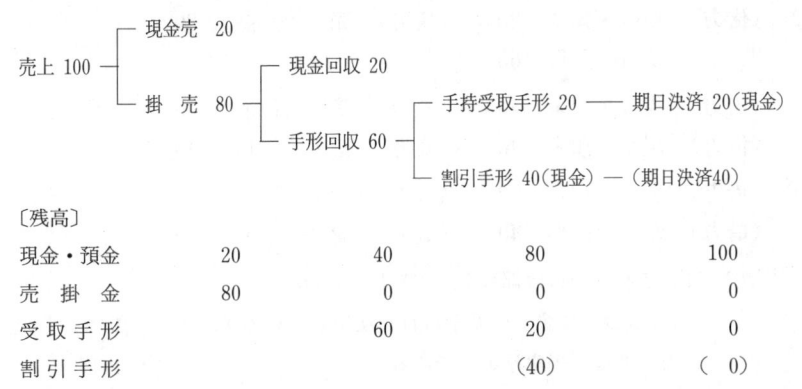

```
                ┌─ 現金売 20
売上 100 ─┤                  ┌─ 現金回収 20
                └─ 掛 売 80 ─┤                  ┌─ 手持受取手形 20 ─── 期日決済 20(現金)
                                  └─ 手形回収 60 ─┤
                                                    └─ 割引手形 40(現金) ─ (期日決済40)
```

〔残高〕

現金・預金	20	40	80	100
売　掛　金	80	0	0	0
受 取 手 形		60	20	0
割 引 手 形			(40)	(0)

まず，①現金売分20が現金・預金残高として滞留，並行して掛売分が売掛金80として記録される。そして，②一定期間後(X日締・請求，Y日回収)の回収により現金・預金残高が40に増嵩し，手形で回収した分が受取手形残高60となる。このとき，売掛金残高は回収により消滅する。その後，③回収手形の一部

40を割引に付し現金を調達しているので,現金・預金残高は80となり,割引手形残高には40が記録される。このとき,受取手形残高をそのままにしておく方法と,割引回付分だけ減額する2方法がある(本事例では減額している)。受取手形残高をそのままにしておく場合は「現金・預金80,受取手形60」となり,資産の二重計上の状態(資産…現金・預金80 受取手形60,負債…割引手形40)となっている。貸借対照表を作成する場合,旧商法では割引手形を脚注に表示することを求めている。これはこの受取手形60のうち割引に付された40は,企業の意思で処分できない資産だからである。

最後に,④手形の期日決済により現金・預金残高は100,受取手形(手持受取手形ともいう)は0,割引手形残高も0となり当初の売上100が全額現金化したことになる。

これら資金の動きは,そのつど複式簿記の仕訳を通して記録されることになる。参考までに,これを示すと次のとおりである。

① (借方) 現金・預金 20 (貸方) 売　　上 100
　　　　　売　掛　金 80
② (借方) 現金・預金 20 (貸方) 売　掛　金 80
　　　　　受　取　手　形 60
③ (借方) 現金・預金 40 (貸方) 受　取　手　形 40
　　[(借方) 現金・預金 40 (貸方) 割　引　手　形 40]
④ (借方) 現金・預金 20 (貸方) 受　取　手　形 20
　　[(借方) 割　引　手　形 40 (貸方) 受　取　手　形 40]
　(注) 1. 支払割引料は都合上,省略している。
　　　　2.「現金・預金」の勘定科目を使用しているが,実務上では「現金」ないしは「当座預金」である。
　　　　3. [ ] 内は,受取手形,割引手形を両建形式で処理(評価勘定による法)した場合である。
　　　　4. 上記仕訳は3分法(「3分割法」ともいう)によっている。

この場合,各勘定の元帳面は次のようになる。

売　　上		売　掛　金		当座預金		受取手形	
(借)	(貸)	(借)	(貸)	(借)	(貸)	(借)	(貸)
	① 100	① 80	② 80	① 20		② 60	③ 40
				② 20			④ 20
	100	80	80	③ 40			
				④ 20		60	60
				100			

b　仕入（費用）と主要勘定（残高）の関係

　商品80（単位省略）を現金買20，残り60を掛買したとする。そして一定の掛買期間後，現金20，手形40で支払った。そして，支払手形の期日が到来したので決済した。

　この資金の一連の動きにつれて，各勘定残高がどう動いていったかを示すと次のようになる。

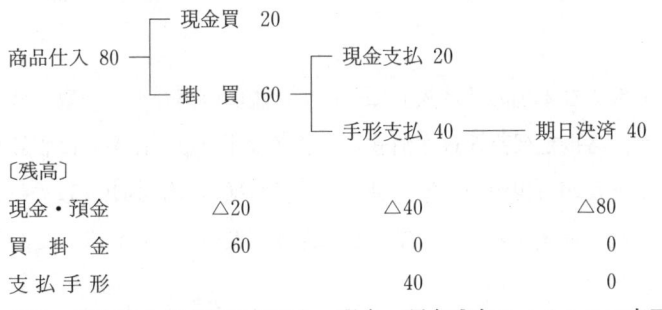

```
                  ┌─ 現金買 20
商品仕入 80 ─────┤                  ┌─ 現金支払 20
                  └─ 掛　買 60 ────┤
                                    └─ 手形支払 40 ─── 期日決済 40
```

〔残高〕
現金・預金	△20	△40	△80
買　掛　金	60	0	0
支　払　手　形		40	0

（注）　現金による支払は便宜上，現金・預金残高のマイナスで表示している。

　まず，①現金買分20が現金・預金残高を減じ，並行して掛買分が買掛金60として記録される。そして，②一定期間後（X日締，Y日払）の支払により現金・預金残高が20追加して減少（累計40）し，手形で支払った分が支払手形残高40となる。このとき買掛金残高は支払により消滅する。その後，③支払手形の期日到来によりこれを決済したので，現金・預金残高は累計して80の減少，支払手形残高も0となり当初の仕入80がすべて現金により支払われたことになる。

これら資金の動きを，前回同様に仕訳けると次のとおりである。
① （借方）仕　　　入　80　　（貸方）現金・預金　20
　　　　　　　　　　　　　　　　　　買　掛　金　60
② （借方）買　掛　金　60　　（貸方）現金・預金　20
　　　　　　　　　　　　　　　　　　支　払　手　形　40
③ （借方）支　払　手　形　40　　（貸方）現金・預金　40
　　（注）1.「現金・預金」の勘定科目を使用しているが，実務上では「現金」
　　　　　　ないしは「当座預金」となる。
　　　　　2.上記仕訳は3分法によっている。
この場合，各勘定の元帳面は次のようになっている。

仕　　入		買　掛　金		当座預金		支払手形	
(借)	(貸)	(借)	(貸)	(借)	(貸)	(借)	(貸)
① 80		② 60	① 60		① 20	③ 40	② 40
					② 20		
80		60	60		③ 40	40	40
					80		

　前項の「売上」および本項の「仕入」については説明の都合上，一取引のみを取り上げたので，各勘定残高が逐次消滅し，最終は「現金・預金」に収斂している。当然のことながら現実の企業活動では多種多様の取引が輻湊しているのであるから，残高が消滅することは基本的にありえないことを認識しておいていただきたい。

　いままでは売上，仕入（収益，費用として，ともに損益計算書に計上される）と主要勘定残高（貸借対照表に計上される）の関係をみてきたが，ここで，日常取引でよくみられる設備関係（固定資産取引）と費用の支払（営業費等取引）について，簡単に触れておくことにする。

C 固定資産取引と財務諸表の関係

　固定資産は有形固定資産，無形固定資産，投資その他の資産に分類され，それぞれの区分はおおよそ次のとおりである。
① 　有形固定資産——一般に物体として物理的形態をもっている資産で，その使用価値が数期間に及ぶものをいう。一般的には土地，建物，機械装置，車輌運搬具などがこれにあたる。
② 　無形固定資産——資産としての実体性はないが法律上の権利や経済上の価値として認識されているもので，その利用効果が数期間に及ぶものをいう。一般には借地権，特許権，のれんなどがこれにあたる。
③ 　投資その他の資産——主として利殖または他会社支配や経営参加の目的で，長期間保有する資産をいう。それ以外には，長期の差入保証金，敷金，取引上の必要から長期に保有する株式，社債および長期前払費用（一定の契約に従い継続的に役務の提供を受けることになっている場合に，まだ受けていない役務に対して支払われた対価で，法律的には役務請求権という一種の債権）なども包含している。

　日常取引で発生する固定資産取引は有形固定資産に関するものが最も多いので，有形固定資産の処理法を取得時，利用途中時，除却時に分別して整理してみる。
① 　取得時
　　120万円の工作機械を，据付費用に10万円をかけて導入し，30万円を小切手で，残額を手形で支払ったとする。
　　この場合の資金の動きは，工作機械代金と据付費用により有形固定資産残高が増加し，一方，支払行為から現金・預金残高（流動資産）の減，支払手形残高（流動負債）の増という形となって現われる。これを仕訳すると，次のとおりである。

（借方）　機械　130万円　　（貸方）　当座預金　30万円
　　　　　　　　　　　　　　　　　　　　　支払手形　100万円
　（注）　上記の場合，据付費用を工事費（費用勘定）とみなして
　　　　　（借方）　機　械　120　　（貸方）　当座預金　30
　　　　　　　　　工事費　　10　　　　　　　支払手形　100
　　　とするのは正しくない。据付費用は本体の付随費用として，本体原価に算入する必要がある。

　すなわち，この取引はすべて，貸借対照表上の勘定残高に変化をもたらしていることになる。

② 利用途中時

　使用中の有形固定資産を修繕したり，改良することによって能力アップを図ることはままある。たとえば耐用期間の過半を経過した工作機械に60万円の資金を投じて補修したとしよう。この場合，その補修が

　　ⓐ　加工能力を向上させ，耐用年数を延長させる効果が出る，か
　　ⓑ　加工機能の低下を防ぐ目的で，部分補修が中心の保守点検的な手当て，
　　　かによって，資金の流れは変わってくる。

　すなわち，ⓐの補修行為は本体の機能，価値を高めるものであるから，これに要した支出は本体価額に加算されることになる（これを資本的支出という）。これに対しⓑの場合は，本体価値を維持するために要した支出であるから，単なる費用と認識する（これを収益的支出という）。

　参考までに，これら（自己振出小切手で支払った場合）を仕訳すると次のとおりである。

　　ⓐの場合
　　　（借方）　機　械　60万円　　（貸方）　当座預金　60万円
　　ⓑの場合
　　　（借方）　修繕費　60万円　　（貸方）　当座預金　60万円

　（注）　資本的支出と収益的支出の分別は基本的には上述のとおりであるが，実

務的にその分別はむずかしい場合がある。そこで，修繕費用額と本体価額との割合から判断することがある。なお，修繕費60万円は一般的に多額との判断もでてこようが，本事例では金額的判断は無視している。

したがって，ⓐの場合の取引は固定資産の増，流動資産の減という貸借対照表上の変化として現われるが，ⓑの場合は費用の増（損益計算書上の変化）と流動資産の減という変化をもたらしている。

③ 除 却 時

有形固定資産の除却には，廃棄，売却などがある。

ⓐ 廃棄──耐用期間終了後相当程度使用したものや，使用価値のなくなった資産を取り除くことをいう。廃棄処分した場合は，その資産の帳簿価額相当額が除却損となる。また，処分費用を要した場合はその額を除却損に加算する。

ⓑ 売却──なんらかの理由により有形固定資産を取り除いた場合，その資産に若干の価値があるとして売り渡す行為をいう。この場合，売価のいかんでは売却損・益のいずれかが発生することになる。

廃棄の場合の資金の動きは，廃棄による有形固定資産の減（貸借対照表上の変化）と同額の損失（損益計算書上，原則としては特別損失）となって現われる。また，売却の場合は有形固定資産の減（貸借対照表上の変化），流動資産の増と売却損・益いずれかの発生となる。

たとえば，帳簿価額5万円の備品を㈠廃棄した場合，㈡3万円で売却した場合および㈢6万円で売却した場合について，仕訳を通して資金の動きをみると次のとおりとなる。

㈠の場合

　（借方）　固定資産除却損　5万円　　（貸方）　備　　品　　5万円

㈡の場合

　（借方）　現　　金　　　　3万円　　（貸方）　備　　品　　5万円
　　　　　　固定資産売却損　2万円

(ロ)の場合

　　（借方）　現　　金　　　6万円　　（貸方）　備　　品　　　5万円
　　　　　　　　　　　　　　　　　　　　　　　固定資産売却益　1万円
（注）　1．売却時の対価は，現金で入手したことにしている。
　　　　2．上記備品の減価償却は直接法（帳簿価額を直接，減額する処理方法）によっている。

d　営業支出と財務諸表の関係

　営業支出とは，企業の主たる営業活動を維持・推進するために支出される費用をいう。一般には「販売費」と「一般管理費」に分別されているが，前者は販売のために支出される費用，後者は事業活動全般を管理するために支出される費用とされている。しかし，両者を明確に区分することは実務的に煩雑なため，販売費と一般管理費の双方を共通の一勘定科目によって処理するのが普通である。

　これらの費目としては給料手当，福利厚生費，家賃・地代，旅費・交通費，通信費，広告宣伝費，修繕費，公租公課，減価償却費など多岐にわたっているが，いずれも損益計算書上の費用として計上されるものである。

　したがって営業支出を資金の流れからとらえた場合，現金・預金を取り崩して費用へ（流動資産の減から損益計算書上の費用へ）という流れ，あるいは手形を振り出して（流動負債の増）費用の支払に充当するなどの形となる。たとえば，

① 小切手で家賃10万円を支払う。

　　（借方）　家賃　10万円　　（貸方）　当座預金　10万円

② 新聞広告掲載料100万円を，手形を振り出して支払う。

　　（借方）　広告宣伝費　100万円　　（貸方）　支払手形　100万円

などである。ただし，減価償却費や貸倒引当金繰入などは，資金の動きが若干異なっている。

③ 備品に対し減価償却費10万円を計上する（直接法による）。

（借方）　減価償却費　10万円　　（貸方）　備品　10万円
　　（注）　貸借対照表上に計上された固定資産は，使用や時の経過により年々その価値を減じ，最終的には除却されるのであるが，使用中の価値の減少額を見積もって（実務上では税法に準拠して計算することが多い）耐用期間にわたって逐次費用化していくことになっている。このときの費用項目が減価償却費である。

　　　　　　本事例の場合，資産価値の減少額を10万円と見積もったのであるから，その金額分だけ「備品」を減額（貸方に計上）し費用を発生（借方に計上）させているのである。

④　将来の取立不能額を20万円と見積もり計上した（直接法による）。
　　（借方）　貸倒引当金繰入　20万円　　（貸方）　貸倒引当金　20万円
　　（注）　1．便宜上，前期末の貸倒引当金残高はないものとする。
　　　　　　2．一般に取立不能見込額の計算は税法準拠のものが多い。
　　　　　　3．貸倒引当金繰入は費用の発生であるから，損益計算書に計上される。
　　　　　　4．貸倒引当金は貸方に計上されているので，基本的には流動負債の増加である。ただし貸借対照表を作成する場合，貸倒引当金は資産を控除する形式で記載（会社計算規則109条）することを求められている。

　上例①，②の場合と③，④の場合を比較してみると，いずれも費用の発生に対応して資産（当座預金，備品）の減，負債（支払手形，貸倒引当金）の増，と表面的には差異はない。しかし，内容的にはその意味合いは違っている。すなわち，減価償却費，貸倒引当金繰入は資金の社外への流出を伴わない費用であり，その意味からは内部留保費用といえるものなのである。

3 企業活動(取引)と財務諸表を結ぶルール

これまでに概括してきたような企業活動上発生するもろもろの事実は，それが取引(簿記上の取引をいい，資産，負債，資本(会社法では「純資産」)および収益，費用の増減変化をもたらす一切の行為をさす)と認識される限りすべて記録され，一定時点（決算期）で集約され，貸借対照表，損益計算書として外部に公表されることになっている。これら一連の会計処理については，一定のルールがある。これを一図にまとめると，次のようになるであろう。

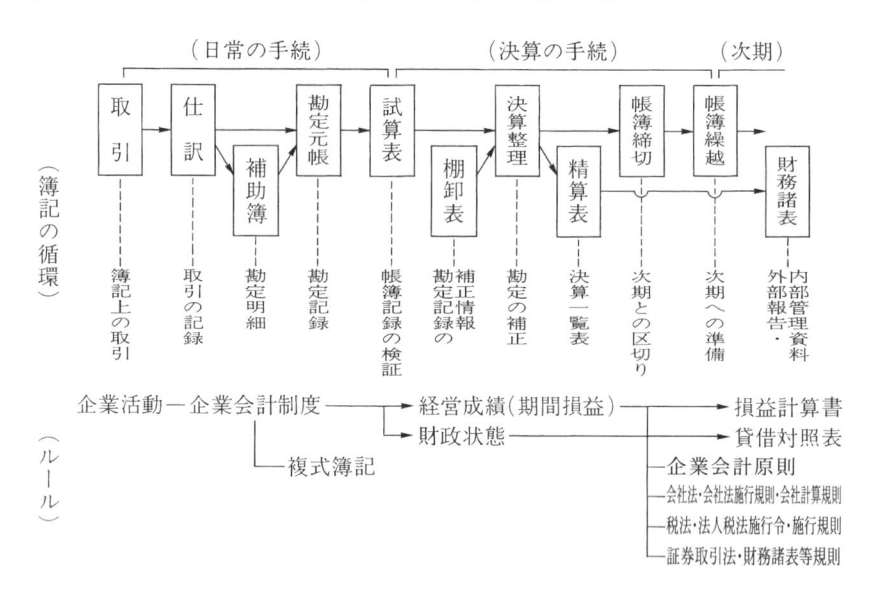

```
                  （日常の手続）           （決算の手続）        （次期）
       ┌──┐ ┌──┐ ┌──┐ ┌──┐ ┌──┐ ┌──┐ ┌──┐ ┌──┐
       │取│→│仕│→│勘│→│試│→│決│→│精│→│帳│→│帳│→┌──┐
(簿記の│  │  │  │  │定│  │算│  │算│  │算│  │簿│  │簿│  │財│
 循環)│引│  │訳│  │元│  │表│  │整│  │表│  │締│  │繰│  │務│
       │  │  │  │  │帳│  │  │  │理│  │  │  │切│  │越│  │諸│
       └──┘ └──┘ └──┘ └──┘ └──┘ └──┘ └──┘ └──┘ │表│
            ↓   ┌──┐        ┌──┐                          └──┘
            │補 │        │棚 │
            │助 │        │卸 │
            │簿 │        │表 │
            └──┘        └──┘
       簿 取 勘 勘 帳 補 勘 決 次 次 外 内
       記 引 定 定 簿 正 定 算 期 期 部 部
       上 の 明 記 記 情 記 一 と へ 報 管
       の 記 細 録 録 報 録 覧 の の 告 理
       取 録         の ・ の 表 区 準 ・ ・
       引             検 勘 補     切 備 資 
                     証 定 正                 料
                         記
                         録
                         の

       企業活動─企業会計制度 ──→ 経営成績（期間損益）──→ 損益計算書
(ル                       └→ 財政状態 ────→ 貸借対照表
 ー                                          ├─ 企業会計原則
 ル)          └─ 複式簿記                    ├会社法・会社法施行規則・会社計算規則
                                             ├税法・法人税法施行令・施行規則
                                             └証券取引法・財務諸表等規則
```

上図の上段は，日常の企業活動から発生する取引の一切を記録，集計し，決算にあたっては正確な期間損益を計算するために決算整理・補正を行い貸借対照表，損益計算書を作成していくプロセスを示したものである。

下段は，これら一連の会計処理および財務諸表の作成について，よりどころとすべきルールを掲出したものである。

すなわち，日常の取引の記録，決算整理は簿記のルールに従って，体系的に行われることが求められている。そして，ここでいう簿記のルールとは今日ではほとんどの場合，複式簿記のルールをさしている。一方，企業は企業活動の結果を株主や外部債権者などに，財務諸表によって報告することが必要であるが，その報告方法（財務諸表の作成方法と会計情報の開示方法）については法律が各種の規制を加えている。その目的は，企業と利害関係者および利害関係者相互間での利害の調整を図ることにある。これらの規制が企業会計原則，会社法，税法であり証券取引法である。

以下，これらについて，その特徴を列挙しておこう。

(1) 複式簿記

① 「資産＝負債＋資本」，すなわち「資産－負債＝資本」という基本的な等式をもっている。
② 「資本」という概念が記帳体系を支えている。
③ 一つの事実（取引）を常に表裏からみて二つの事象に分解し（仕訳），二つの面（借方，貸方）から帳簿を二重に記帳（貸借平衡の原則）する。
④ 「取引」の範囲は資産，負債，資本，資本をさらに資本と収益，費用に分解し，これらに増減変化をもたらす行為に限っている。
⑤ 増減変化を記録する帳簿上の場所を「勘定」といっている。
（注）「資本」とは，純資産または持分ともいわれ，資産から負債を控除した差額（この算式を資本等式という）概念である。なお，会社法では「純資産」と表現しているので，簿記上もこれに統一される見込み。

(2) 企業会計原則

① 企業会計の慣習化された実務のなかから一般に公正妥当と認められるとこ

ろを要約(企業会計審議会)したもので,法令ではないが,企業会計の基本的な指導原理である。
② 会社法条文中「株式会社の会計は,一般に公正妥当と認められる企業会計の慣行に従うものとする(431条)」旨の規定の「公正妥当な会計慣行」とは企業会計原則をさすものと認識されている。
③ この内容は「一般原則」「損益計算書原則」「貸借対照表原則」の三つから成る。
④ 一般原則は会計全般にわたる規範・理念をまとめたもので,
　ⓐ 真実性の原則(真実な報告を求めているものの,それはあくまで一般に公正妥当と認められる会計原則に合致すればよいといういわば相対的なものである)
　ⓑ 正規の簿記の原則(原則としては複式簿記をさすが,会計帳簿への記録が明瞭,正確,完全に行なわれるべきことを求めている)
　ⓒ 資本取引・損益取引区分の原則(増・減資,合併などによる資本取引の結果と,収益・費用活動による成果を混同しないことを要求している)
　ⓓ 明瞭性の原則(一般的な基礎知識を有する者であれば判断を誤らないように会計事実を整然かつ明瞭に,表示することを求めている)
　ⓔ 継続性の原則(複数の会計処理方法の選択適用が認められている場合,一度採用した方法を正当な理由もなく変更してはならないとするもの)
　ⓕ 保守主義の原則(企業の財政に不利な影響を及ぼす可能性がある場合には保守的な会計処理をすることを求めている)
　ⓖ 単一性の原則(作成目的その他から財務諸表の形式面ではある程度の多様性は認めるとしても,実質的内容は同一であるべきことを要請している)
⑤ 一般原則のなかでは真実性の原則が最高規範とされ,その他の原則はこれを支えるものと認識されている。
⑥ 「損益計算書原則」「貸借対照表原則」は主として「1会計期間における経営成績」と「財政状態」を正確に算出・明示するために算出の方法,財務諸表の構成などを規制しているものである。

⑶ 改正商法・改正商法施行規則〔参考〕

① 旧商法の「第2編会社」の諸条項は，平成18年5月発効の会社法に改廃，吸収された。
② したがって，改正商法は第1編（商人，商業登記，商業使用人，代理商など），第2編（商行為，売買，匿名組合など）にかかわる条項となっている。
③ 旧商法施行規則も，改正商法施行規則として同様に縮少している。

⑷ 会社法・会社法施行規則・会社計算規則

① 従来,「商法第2編」「有限会社法」および「商法特例法（通称）」などに分散していた会社制度にかかわる規定を「会社法」として一つの法律（全979条，ただし，第179条は欠）に統合したものである。
② 会社法の基本理念は，旧商法の「債権者保護」に加えて「少数株主保護」「株主平等の原則」および「定款自治の原則」などを推進するところにある。
③ ここ数年で経営手法の多様化が急速に進み，対症療法的な旧商法の改正に次ぐ改正では対応できなくなり，加えて相互矛盾，解釈の相違が顕在化しているので，全体の整合性を図り，近代化・国際化する企業活動・社会経済情勢に対応できるようにしたものである。
④ したがって，きわめて多項目の規制の見直し，改廃・緩和が行われているが，主だったものをあげると下記（カッコ内は会社法の関連条項）のとおりである。
　(イ) 最低資本金制度の廃止（27条4号）
　(ロ) 資本金および資本準備金の減少差益の分配（446条3号・4号，461条1項8号）
　(ハ) 有限会社制度の廃止（会社法の施行に伴う関係法律の整備等に関する法律の施行に伴う経過措置を定める政令第1条）

㈡　金庫株制度の緩和（155条1〜2，6〜12号）
　㈥　少数株主の権利拡大（303条，305条，306条他）
　㈦　普通決議による取締役の解任（339条1項）
　㈧　資本金，法定準備金減少額の上限規制廃止（447条，448条）
　㈨　デット・エクイティ・スワップ（債務の株式化）の手続簡略化（207条9項2号）

など。

⑤　各事業年度にかかる計算書類として，㈠貸借対照表，㈡損益計算書，㈢株主資本等変動計算書，㈣個別注記表および事業報告ならびにこれらの附属明細書の作成を義務づけている（435条2項，会社計算規則91条）。

⑸　税法・法人税法施行令，施行規則

①　法人税法，租税特別措置法などで会計処理や決算方法などについてかなり詳細に定めている。
②　ただしこの定めは，課税対象となる所得の計算上課税負担の公平を欠くことを避ける目的であるから，会計処理や決算方法を直接規制するものではない。
③　一定の基準限度を設け（たとえば減価償却費や引当金について），その範囲内での処理を行っていれば損金処理を容認するという姿勢をとっている。
④　税法基準により会計処理をすることが課税上有利となることが多いので，実務上では税法規定どおりに決算を行うことが非常に多い。

⑹　金融商品取引法・財務諸表等規則

①　国民経済の適切な運営および投資家の保護に資するため，有価証券の流通を円滑ならしめることを目的としている。

② 大企業を主体とする上場会社等を対象にして有価証券報告書等の提出を義務づけている(有価証券届出制度)。
③ 有価証券報告書のなかに記載する財務諸表は会社法規定のほかに財務諸表等規則の適用を受ける。
④ 財務諸表等規則と企業会計原則とはその作成基準において深いかかわり合いをもっている。
⑤ 財務内容，会計情報の公開を徹底して要求している（ディスクロージャー制度）。

4 財務諸表の意味と仕組み

(1) 貸借対照表の仕組み

販売会社の貸借対照表の構成を概括すると，次頁の図のようになる。

「資産＝負債＋資本」を簿記の基本等式というが，同時に貸借対照表等式ともいう。これは貸借対照表がこの等式のように作成されているからである。つまり貸借対照表の左側(借方)に資産を，右側(貸方)には負債と資本（会社計算規則105条では「純資産」としているが，一応本項では簿記を前提に表現する）を計上して，左右貸借合計金額を一致させて作成される。貸借対照表を「バランス・シート」というのは，このためである。

貸借対照表は一定時点(決算日)での企業の「財政状態」を明らかにするための，資産，負債，資本の関係からの計算表でもある。かつ，これを「財産状態－財産表」といわずに「財政状態」というのは，資金の動きの観点からみると，資産は資金の運用されている形態を，また負債・資本は資金を調達した形態を示しているといえるからである。すなわち，この企業がどのように資金を

（資　　産）　（負債・資本）

流動資産	当座資産	流　動　負　債	負債	他人資本
	たな卸資産			
	その他資産	固　定　負　債		
固定資産	有形固定資産	株主資本（資本金，新株式申込証拠金，資本剰余金，利益剰余金，自己株式，自己株式申込証拠金）	純資産（旧商法では資本）	自己資本
	無形固定資産	評価・換算差額等（その他有価証券評価差額金，繰延ヘッジ損益，土地再評価差額金。連結貸借対照表は，「為替換算調整勘定」が加わる）		
	投資その他の資産	新株予約権（連結貸借対照表では別建てで「少数株主持分」）		

1年基準（左）／1年基準（右）

（資金の運用状態）（資金の調達状態）

（注）　1．会社計算規則に基づく形式。ただし，流動資産の分類は便宜上つけ加えたものである。なお，繰延資産は省略。
　　　　2．「他人資本・自己資本」は財務分析上の用語。

調達し，どのように運用しているかの細目が把握できる。したがって，「負債」を他人資本といい「資本」を自己資本と称するのもこの考え方の延長である。

　資産，負債は「流動—」と「固定—」に区分されている。この区分の基準は，基本的には決算日の翌日から起算して1年以内に入金・出金あるいは回収・費用化などの期限が到来するか否かである（1年基準という）。したがって，たとえば最終期限5年の長期借入金（固定負債に計上）であっても次期内に約定により返済すべき金額があれば，その対等額は固定負債から流動負債に移し替えられねばならない（勘定科目名は短期借入金あるいは1年以内要返済の長期借入金など必ずしも一定していない）。

ただし、この基準にも例外がある。すなわち、営業循環過程にある売上債権や仕入債務については、たとえ1年を超えるものであっても流動資産、流動負債に計上することになっている。この基準を営業循環基準という。

なお、ここでいう営業循環とは、企業本来の営業活動、「現金(仕入)→たな卸資産→現金(販売)」という過程であり、それは企業にとっての本来的に流動的な資金の運動過程でもある。

以上のことから「流動」「固定」の区分は「短期(運転)資金」と「長期(固定)資金」との区分でもあるといえよう(財務分析はこういった考え方に基づいて貸借対照表を分析している)。

(2) 損益計算書の仕組み

損益計算書の構成を概括して図式すると、次のようになる。なお、一般には報告式(縦書き)の様式のものが多いが、各勘定項目の関係を理解しやすくするために横書きにしている(ただし、図中の面積は金額の大きさを示すものではない)。

売上高 A	売上総損益 C (A−B)	販売費および一般管理費 D	経常損益 H (E+F −G)	特別利益 I	税引前当期純損益 K (H+I −J)	法人税等 L	法人税等調整額 M	当期純損益 N (K−L ±M)	包括利益
売上原価 B		営業損益 E (C−D)		特別損失 J					
営業外収益 F									
営業外費用 G									

(注) 1. 用語は会社計算規則によっている。
    2. 「損益」は、利益または損失の意味である。
    3. 包括利益とは包括主義(当期業績主義の反対語)に基づき、その期に生じた利益・費用の一切(経常・非経常および当期・来期の別はない)を計上し、包括的な損益(ここでは、利益)を算出すべきとする考え方からの利益。

「収益−費用=利益」という算式を損益計算書等式という。これは企業が一

定期間(決算期間)内での営業活動の結果，どのくらいの利益を稼得したかを収益とそれに要した費用との差額から計算しようとするものである。この収益と費用をそれぞれ細かく分別すれば，どのような原因で損益が発生したのかがわかるはずで，損益計算書はまさにこの等式と同じ構成をしているのである。なお，貸借対照表上からも期間損益を計算することは可能である（計算書類の公告が貸借対照表についてのみ要求されているのもこのためと考えられる〈440条2項〉）が，最終結果である当期利益（損失）が示されているだけでそれに至る営業活動の過程はわからないので，会計情報としては不十分といわざるをえない。

また，ここで留意しておきたいことは「1会計期間に属するすべての収益とこれに対応するすべての費用を比較衡量して損益を確定しなければならない（費用収益対応の原則）」ことである。しかし，本来，企業の営業活動は期間にかかわりなく継続して行われているので，これを決算期という人為的な期間を設定し，その期間に属する収益・費用を把握することについては，なかなかむずかしい問題がある。

前頁の図の売上高と売上原価は企業の経常的な活動における収益と費用が計上され企業本来の営業活動に基づくもの，「営業外収益，費用」はそれに付随して発生する収益と費用ということになる。この差額が売上総利益（旧商法計算書類規則では計上を求めていなかったもの）で，これから販売費および一般管理費を控除して営業利益が求められ，営業利益に営業外収益と営業外費用を加減した額が経常利益となる。

特別損益はその期に発生はしているが必ずしもその期に属しているといえない損益，たとえば前期損益修正損益，固定資産売却損益その他の異常な利益または損失が収納される。これらを別扱いにするのは，本来の企業活動に基づく期間損益を正しく計算するためである。

経常利益に特別損益を加減して税引前当期純利益が計算され，これから法人税等（法人税・法人住民税・事業税など）を控除して当期純利益が算出される。この当期純利益に，前期から未処分のまま繰り越されてきた利益を加算した

ものが当期未処分利益となる。これはとりあえず当期の利益処分の対象となる利益である。なお，会社計算規則では，「包括利益に関する事項を表示することができる（126条）」としている。

会社法では，従来の「利益処分計算書」の作成を求めていないので，「当期未処分利益」の概念は繰越利益剰余金に包含されていると考えてよい。

(3) 株主資本等変動計算書の仕組み

会社法では，旧商法での利益処分案（利益の処分または損失の処理に関する議案）の計算書類は求めていない。そのかわりに，株主資本等変動計算書の作成（会社計算規則91条1項）を義務づけている。その構成区分としては，イ）株主資本，ロ）評価，換算差額等，ハ）新株予約権をあげている。

したがって，従来の利益処分案の内容項目は分解されて，剰余金の配当（453条），役員賞与（361条1項），純資産の部を構成する計数変動の一部（449条1項但書，452条）およびその他（会社計算規則127条，株主資本等変動計算書をさす）にそれぞれ計上されることになる。

以上の新・旧の関係を図示すると，下記のようになろう。

（旧商法上の利益処分案）	（会社法での取扱い）
当期未処分利益（または損失）	株主資本等変動計算書に計上
法定準備金取崩し（欠損補塡） 任意積立金取崩し	純資産を構成する資本金および準備金の変動処理
〈利益処分〉 利 益 準 備 金 積 立	配当の10分の1を資本準備金または利益準備金に積立
配　　　当　　　金	株主総会決議による剰余金の配当
役　　員　　賞　　与	株主総会決議による費用処理の方向
配 当 積 立 金 積 立 別 途 積 立 金 積 立	純資産を構成する剰余金科目の変動処理
次　期　繰　越　利　益	株主資本等変動計算書に計上

株主資本等変動計算書の内容は，会社計算規則127条で，上述のごとく，イ）株主資本，ロ）評価，換算差額等，ハ）新株予約権に区分表示（連結株主資本等変動計算書の場合はニ）少数株主持分が加わる）することになっている。これは，資本金，準備金，剰余金などの期中変動の一覧表でもある。すなわち，資本取引として純資産の部（貸借対照表）を構成する諸勘定の計数に変動を及ぼすものを記載するもので，改正前の損益計算書の末尾部分および附属明細書に計上されていたものや，逆に，これまでの計算書類に計上されていなかった内容のものもある。会社計算規則では，資本金，新株式申込証拠金，資本剰余金，利益剰余金，自己株式，自己株式申込証拠金，その他有価証券評価差額金，土地再評価差額金，為替換算調整勘定，および自己新株予約権にかかる項目（控除項目）などを列記している。

5　財務諸表の読み方のポイント

　財務諸表を入手したら，本格的な財務分析に入る前に，財務諸表を概観する必要がある。それによってその企業の収益体質や資金体質，さらには経営姿勢などがある程度把握できるからである。先入観をもって分析することは極力避けなければならないが，反面，「こういう状態ではなかろうか」「ここいらに問題がありそうだ」などの推測をもつことは分析を効果的に進めるためには大切なことである。

　学習のためであれば網羅的に財務分析の一から始めるのもよいが，実務上では狙いどころを絞って，掘り下げた分析を行なうことが多い。そのためには事前の「読み」が必要になる。この観点から読み方のポイントを列挙してみよう。

(1) 貸借対照表の読み方

a 利益額の相対的な大きさをみる

　財務諸表を入手したら，何はともあれ計上されている利益剰余金（旧商法会計の場合では当期未処分利益）をみる。これは赤字は論外としても，利益を計上していてもそれが総資産に対して著しく小さい場合はなんらかの問題点があるのでは，とまず推測しておく。

b 仮勘定の内容に注目する

　資産，負債に計上される勘定科目はその内容が明瞭にわかるような名称をつけることが本来の姿であるが，往々にして中小企業では内容の判然としない名称ないしは勘定科目が比較的多い。その代表的なものが仮払金，仮受金であり，意味合いは若干薄れるが預り金，立替金，未払金，未収入金などである。また「その他流動資産」「その他流動負債」という科目の表示も多くみかけるが，これらはその内容が表面上明らかでない点を逆用して経理操作的に利用されやすい（高利借入金を仮受金，預り金などで処理していた例もある）ものである。なお金額的に小さいものは無視してもよいとの考えもあるが，これは内容の問題であり，ひいては経理姿勢の問題にもつながるので，内容確認はぜひとも実行したいものである。

　仮勘定として「建設仮勘定」がある。これはいままでの仮勘定とニュアンスは異なるが，数期にわたって残高が動いていない場合がある。なぜそのままなのかの原因追及はなされるべきであろう。

c 投資その他の資産の「保険積立金」は契約内容を知る

　中小企業では経営者ならびに役員個人を被保険者とし，会社が契約者および保険金受取人とする事業保険に加入していることが多い。これは一種の危機管

理として肯定されるべきものであるが，これにかかる支払保険料が「保険積立金」として資産計上されている場合は，契約内容を確認しておく必要がある。一般に満期保険(養老保険等)の場合，その支払保険料は資産に累積的に計上されるが，定期保険(基本的に掛捨て)の場合は支払のつど費用として処理されている。保険の契約内容によって処理方法が異なっているので，たとえば掛捨て保険で保険料を資産に計上していても，それには資産性がないうえに支払保険料相当額の利益を，結果として水増ししていることになる。

d 未払法人税等（納税充当金）の妥当性をみる

未払法人税等は，当期の確定申告より計算された法人税，法人住民税，事業税の総額のうち，決算日現在の未納額である。なお，現在はほとんどの企業が1年決算であるから，期首から8カ月後に中間申告納税が行なわれている。したがって「期末現在の未払法人税等＝確定申告による法人税等の総額－中間申告納税額」の説明式が成り立つ。

事業が順調に進展している場合は，常識的に未払法人税等と中間申告納税額に大差はないであろう。中間申告は前年度に確定納付した法人税額の2分の1相当額が目安になっているから，たとえば期央以降業績が急激に悪化した場合には期末の未払法人税等が過小になることもある。この意味から業況の動きを把握するきっかけにもなる。

なお，中間申告納税額を仮払金ないしは仮払税金として資産に計上している場合がある。これは中間申告納税額を資産，負債に両建計上した一種の粉飾であり，流動比率など財務分析の計算に影響してくるので相殺して考えるべきである。

e 賞与引当金，退職給付（給与）引当金に関心をもつ

現在のわが国企業では賞与の支給や退職金の支払はほとんど慣行化されているといってよい。したがって，企業経営上それに備えてこれら引当金を計上し

ておくことは規模の大小にかかわらず必要性が高いといえる。

　この観点からすると，これら引当金を計上している企業は健全な経理思想をもっており，経営姿勢も堅実と一応判断してよいであろう。とくに退職給付（給与）引当金は，退職給与規程がつくられていることが前提条件であるから，この面から労務管理の程度も推測することができよう。

　なお，賞与引当金については賞与支給月と決算期が同一月の場合は計上できないこともある。

　これら引当金に対する繰入額は費用として経理処理されるものであるから，繰り入れないということはその対等額分だけ利益を水増しする結果になる。したがって，この勘定項目は金額の多寡よりもその裏側にある状況を重視することがポイントといえる。

f　利益準備金から経理姿勢をみる

　利益準備金（資本準備金がある場合は，その残高も含める）は資本金の４分の１に達するまで積み立てることを求められているが，社歴の古い企業ではこの残高が４分の１を超えている場合が多い。だからといって，これによって財政状態がゆがめられ財務分析を進めるうえで実害があるわけではない。利益準備金も他の剰余金と同様に会計上は利益剰余金であり，財務分析上ではとくに法定準備金と任意に留保した剰余金とを分別する必要はないからである。

　むしろ利益準備金の残高推移からは，企業の経理に対する取組み姿勢をうかがう一つのポイントがあると考えるべきであろう。すなわち，会計上の規程を意識することなく惰性的な経理処理をしているとすれば，それは単に利益準備金の処理だけではなく，その他の経理処理も適正に行なわれているかどうかの疑念もでてくることになる。

(2) 損益計算書の読み方

a 営業利益および経常利益をみる

　貸借対照表でも，まず利益の計上ぶりを押さえたが，損益計算書では営業利益，次いで経常利益をみる。営業利益は企業の主たる営業活動から生ずる果実であるから，これの多寡によって主業の活動状態を推測することができる。また，経常利益からは主たる営業活動を含めた経営活動の状況を推測できよう。そして両利益を比較することにより経営活動の状況をさらに詳しく把握することができる。たとえば「営業利益＜経常利益」という状態であった場合，そこから「本業の業務はいまひとつ振るわない（営業利益の水準の問題があるが）が営業外の活動（たとえば財テクなど）でこれをカバーしている」といった推測が生まれてくるであろう。

b 売上原価に関心をもつ

　卸・小売業ではあまり問題にされないが，製造業などの場合には留意すべき点がある。すなわち，製品製造原価（この費用は売上原価の構成項目である）のなかに製造経費が含まれているが，同じ性格の費用は販売費，一般管理費のなかにもある。その分別は工場等現業部門で費消される費用であるか本社等管理・販売部門で費消されたものであるかによっている。

　ところが，中小企業で本社と工場が同じ場所で一体として業務を行なっている場合，業務の錯綜とともに人件費やその他の経費も混乱し，結果として属人的に一方へまとめてしまうということが多い。どのように経理処理しても，最終の利益（営業利益や経常利益など）に影響はでないから問題視する必要がないように思われるが，実は売上総利益に影響するのが問題なのである。すなわち，製品製造原価が過大になると売上総利益は過小になる。逆に販売費・一般管理費が過大となる状況下では売上総利益は過大になっているはずである。

財務分析では売上高総利益率はその企業の製品・商品力を測定する有力な指標と考えられているので，売上総利益の額に不安定な要素があることは，分析結果，判断にも影響を与えることになるのである。

c　減価償却費を押える

　販売費・一般管理費のなかの押えどころは，金額が過大と思われる費目や，業種，業態になじまない名称の費目などであるが，ここでは減価償却費を取り上げることにする。この費用は非現金支出(ということは支払う相手が自企業である)であり，企業の意思ひとつで操作できる費目だからである(この観点からすると，諸引当金に対する繰入れも同様であるが，これについては前項で説明しているので省略する)。

　企業が固定資産に投下した資金は，減価償却を通して費用化していく。継続企業の観点からすると，この減価償却は計画的・安定的に行われる必要がある。その時々の収益状況により償却額を増減(増加させることはそれなりの意義があるが)させることは，固定資産への再投資(たとえば老朽機械の取替えなど)を困難にする場合もあり，企業経営上は好ましい事態ではない。

　減価償却費については金額だけでは判断がつかないことが多い。したがって，固定資産(これがすべて償却の対象となる資産ではないが)や有形固定資産などと対比するとか，前期の償却実績を参考にするとかの工夫が必要になる。

d　雑収入，雑損失に疑問をもつ

　営業外損益には一般的な金融収益・費用のほかに「雑収入，雑益，雑支出，雑損」あるいは「その他」などの費目が計上されていることがある。営業外損益は損益計算書全体からするとウェイトも低く，かつ本業以外だから重要性も低いという先入観からか，ともすると見過ごされがちである。しかし，その内容をつかむことによって意外な事実を知ることもある。とくに，先にあげた「雑──」「その他」には関心をもってその内容を押える必要がある。雑益に受取

保険金や土地評価益などを含めていたケースもある（受取保険金は特別収益に計上されるべきもの。土地の評価益の計上は原則として認められていない）。

e 営業外損益と特別損益の区分に関心をもつ

ここで両者の区分を問題にするのは，結果として算出される経常利益の額に影響するからである。財務分析のとくに収益性分析では，利益を経常利益段階でまずつかむことにしている。

したがって，先にみた総利益の場合と同様に，経常利益が操作されていると分析判断を誤るもとになる。

営業外損益と特別損益との区分は，基本的に経常的に発生しているものか臨時的，異常性のあるものかが主体である。この分別は現実としてなかなかむずかしい点もあるが，実務上はすこぶる重要なポイントである。

f 法人税等（納税充当額）から業績をみる

法人税等は原則として確定申告書によって計算された法人税，法人住民税および事業税の額であり，前項「納税充当金」（p.32）で説明した中間申告納税額を含めた金額である。

損益計算書の構造上，法人税等は税引前当期純利益から差し引かれるものであるから，法人税等が税引前当期純利益に対してどの程度の割合になっているか，またそれは法人税，法人住民税および事業税などの適用税率から推定してほぼ妥当であるかを検討してみる。

もちろん法人税等は税引前当期純利益にかかるものではないから，正確さを期待するのは無理である。とはいうものの，ある程度の関連性は認められるので，この割合が適用税率の水準と比較して著しく低いといった場合には，損益計算書上から受ける業況印象と異なる悪い実態があるのではないかと推測する足がかりとなろう。

6 財務分析手法のポイント

　財務分析で利用される各指標の算式，意味，水準などについては第2章で詳述するので，ここでは基本的な取組み姿勢を収益性，安全性，生産性の各分野ごとに，その「狙い」と「分析の進め方」および「留意点」に分けて解説する。

(1) 収益性分析

〈狙い〉

① 収益獲得状況──現状，どの程度の利益をあげているのかの把握
② 収益体質──将来にわたって，収益を安定的にあげていく力（体質）をもっているのかの測定

〈分析の進め方〉

a　収益獲得状況の把握

　① まず，総資本経常利益率 $\left[\dfrac{経常利益}{総資本}\times100\right]$ を算出する

　　　収益を絶対額で把握しても意味がないので，企業活動に投下された総資本との割合，すなわち「利回り」の程度から判断しようとするもの。

　② 算出された総資本経常利益率の水準，傾向を判定する

　　　水準は同業他社の水準（一般には『中小企業の財務指標』を利用している）と，傾向は時系列比較（その企業の前々期，前期の指標数値）で判定する。

　③ 総資本経常利益率を売上高経常利益率 $\left[\dfrac{経常利益}{売上高}\times100\right]$ と総資本回転率 $\left[\dfrac{売上高}{総資本}\right]$ に分解して，良化・悪化の原因を把握する

　　　売上高経常利益率（利幅）と総資本回転率（効率）の数値を算出し，それぞれの時系列比較からそのいずれの増減幅が総資本経常利益率に影響しているかを判定する。

　④ 売上高経常利益率の影響が大きい場合は，その原因を売上高費用率

$\left(\dfrac{費用}{売上高}\times100\right)$ から把握する

売上高経常利益率に影響を与える変化は，損益計算書の構造上，売上原価率 $\left(\dfrac{売上原価}{売上高}\times100\right)$，販売費・一般管理費比率 $\left(\dfrac{販売・一般管理費}{売上高}\times100\right)$，営業外損益比率 $\left(\dfrac{営業外損益}{売上高}\times100\right)$ の動きであるから，これら数値の時系列比較（増減変化幅）からその影響度を判定する。

⑤ さらに，各費用率の変化原因を把握する

一般に，主たる変化原因となるのは，次のケースが多い。

商品仕入率（販売業），製品製造原価率（製造業）→売上原価率

人件費比率→販売費・一般管理費比率

金融費用負担率→営業外損益比率

⑥ 総資本回転率の影響が大きい場合は，その原因を資産回転率 $\left(\dfrac{売上高}{資産}\right)$ から把握する

総資本回転率に影響を与える変化は，貸借対照表の構造上，流動資産回転率 $\left(\dfrac{売上高}{流動資産}\right)$，固定資産回転率 $\left(\dfrac{売上高}{固定資産}\right)$ の動きであるから，これら数値の時系列比較からその影響度を判定する。

⑦ さらに，資産回転率の変化原因を把握する

一般に，主たる変化原因となるのは，次のケースが多い。

売上債権回転率，たな卸資産回転率→流動資産回転率

有形固定資産回転率→固定資産回転率

以上の分析作業を経て，収益状況のコメントをまとめることになる。コメント文の例としては「総資本経常利益率は高水準かつ前期比上昇しているので，収益性は良好であるといえる。収益性が良化した原因は，総資本回転率が若干低下したにもかかわらず，それ以上に売上高経常利益率が改善されたことによる。なお，売上高経常利益率が改善したのは売上原価率の低下が大きく影響している……」と段階を踏んだ構成となろう。

〈留意点〉

① 上述総資本経常利益率による分析を体系化すると，次のとおりである（利益率と費用比率は×100を省略）。

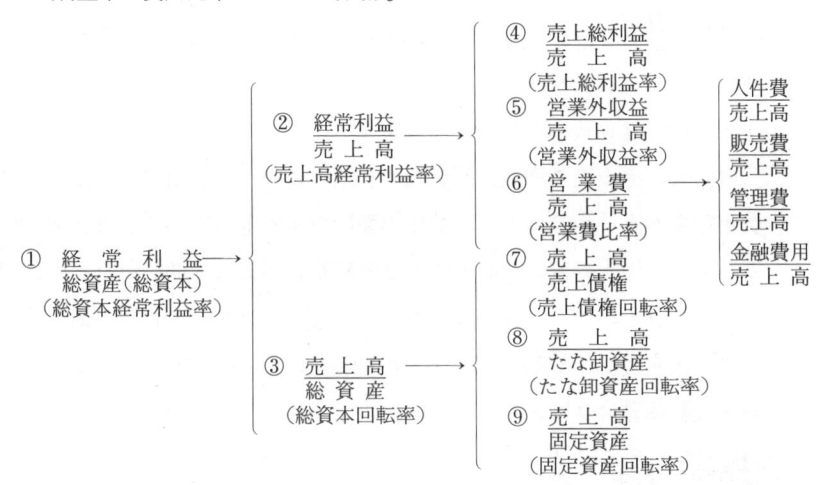

$$① \frac{経常利益}{総資産（総資本）}（総資本経常利益率） \begin{cases} ② \frac{経常利益}{売上高}（売上高経常利益率） \begin{cases} ④ \frac{売上総利益}{売上高}（売上総利益率) \\ ⑤ \frac{営業外収益}{売上高}（営業外収益率) \\ ⑥ \frac{営業費}{売上高}（営業費比率) \end{cases} \begin{cases} \frac{人件費}{売上高} \\ \frac{販売費}{売上高} \\ \frac{管理費}{売上高} \\ \frac{金融費用}{売上高} \end{cases} \\ ③ \frac{売上高}{総資産}（総資本回転率） \begin{cases} ⑦ \frac{売上高}{売上債権}（売上債権回転） \\ ⑧ \frac{売上高}{たな卸資産}（たな卸資産回転） \\ ⑨ \frac{売上高}{固定資産}（固定資産回転率） \end{cases} \end{cases}$$

② 企業本来の営業活動に投下した資本に対する利回りを測定する場合は，経営資本営業利益率を利用すべきである。ただし，外部分析の立場から「経営資本」を特定するのはなかなかむずかしい。

③ 同業他社比較をする場合は，調査時点，算式を同一（調査時点は近似でもやむをえない）にすべきである。

④ 算式構造からみて売上費用率の増減幅は単純に加減算してもよいが，資産回転率の加減算は意味がない。

b 収益体質の把握

損益分岐点分析を利用して，収益体質を把握してみる。ただし，損益分岐点分析については第8章で詳述するので，ここでは手順を紹介するにとどめておく。

(1) 最新年度の損益計算書から，総費用を固定費・変動費に分解する

総費用は売上原価，販売費・一般管理費と営業外費用（計算を経常利益段階で揃えるため，実務上では「営業外費用－営業外収益」を採用する），また，固定費は売上高の増減にかかわらず企業が支払わざるをえない費用，変動

費は売上高の増減に比例して支出される費用と認識されている。

(2) 変動費率 $\left(\dfrac{変動費}{売上高}\right)$ を計算する

分別した変動費と当該年度の売上高との割合を求める。並行して固定費率 $\left(\dfrac{固定費}{売上高}\right)$ を計算すれば，これらが当該年度時点でその企業がもっている費用割合（体質）ということになる。

(3) 固定費，変動費率の妥当性を判定する

固定費は売上高の増減に関係なく企業が負担する費用であるから，この費用割合が高い企業ほど，収益圧迫要因を多くもっていると考えてよい。もっとも，固定費割合が高くても変動費割合が著しく低い場合は圧迫要因も薄められるので，両費用を比較衡量しながら判断する必要がある。一般には「固定費率＋変動費率＜１」の関係で，「１」より小さければ小さいほど収益体質は良好とみてよい。

〈留意点〉

① 固定費とは，売上高の増減変化に対して固定的なのであって，絶対的に固定している費用ではない。むしろ，企業の省力化，合理化努力によって圧縮可能な費用といえる。逆に変動費は仕入先など利害関係人が社外にいるので，簡単に圧縮することのできない費用である。

② 固定費，変動費の費用構造は業種・業態，経営方針や企業のライフ・ステージなどの要因からさまざまであるが，一般には

高固定費・低変動費型――製造業，大規模企業に多い。資産遊休化，過剰人員化がポイント

低固定費・高変動費型――卸売業，中小規模企業に多い。慢性的赤字になりやすい

高固定費・高変動費型――限界企業（倒産型）。不況抵抗力なし

低固定費・低変動費型――とりあえず優良企業。ただし，このままの推移は縮小均衡化になるおそれがある

に区分されている。

③ 小売業などでの費用分解は，売上原価を変動費，販売費・一般管理費およびその他を固定費と簡略化してもよい。

(4) 次いで，損益分岐点 $\left[\dfrac{固定費}{1-変動費率}\right]$ を算出する

損益分岐点は利益も損失も発生しないポイントであるから，そのときの売上高(Xとする)はその企業のもっている費用構造，すなわち固定費額(fとする)と変動費率(rとする)から計算される費用総額と同額となる。

損益分岐点売上高(X)＝損益分岐点売上高(X)×変動費率(r)
　　　　　　　　　　　＋固定費(f)

このことから　$X=(X\times r)+f$

$X-(X\times r)=f$

$X(1-r)=f$

$X=\dfrac{f}{1-r}$

となる。この算式から X の位置を低めるには f を小さくするか r を低めるかがポイントであることがわかる。

(5) 損益分岐点比率 $\left[\dfrac{損益分岐点売上高}{実際売上高}\times 100\right]$ から収益体質を推測する

損益の生じない売上高と実際の売上高を比較して，後者が大きければ大きいほど(損益分岐点比率が低いほど)，売上減があっても利益計上は維持できるはずである。このことから，その企業の収益体質の程度を把握することが可能である。

⑵　安全性分析

〈狙い〉

① 支払能力——現状，支払義務に対してどの程度の引当て(資産)をもっているかの測定
② 資金力——経常的な資金の流入，流出のバランスがとれているかの把握
③ 資金体質——将来にわたって，資金需要がどの程度のものであるかの測定

〈分析の進め方〉

a　支払能力の測定

　　支払能力については，貸借対照表の1年基準による区分に従って短期と長期に分別して把握する。

　　短期の支払能力については

① まず，流動比率 $\left[\dfrac{流動資産}{流動負債}\times 100\right]$ を算出する

　　短期間で支払わなければならない流動負債に対して，これを賄うべき流動資産がどの程度あるか判定する。

② 次いで，流動資産，流動負債のなかの主要勘定の回転期間（または回転率）を検討する

　　売上債権，たな卸資産や仕入債務の回転期間 $\left[\dfrac{債権・債務残高}{平均月商}\right]$ を算出して，時系列比較や科目間の相互比較，関連性を検討する。流動比率は高いほど良好ではあるが，回収条件が著しく悪い場合や不良債権，滞貨などの要因があっても高くなるから資産内容の検討も必要である。

③ 当座比率 $\left[\dfrac{当座資産}{流動負債}\times 100\right]$ を算出する

　　流動負債を当座資産で支払う能力がどの程度あるか（即時支払能力ともいう）を測定するもの。流動資産のなかには換金するのに時間を要するたな卸資産があるので，これを除いてより厳しく支払能力をみようとするものである。

④ 流動比率，当座比率の動きから，支払能力の変化を推測する

　　時系列で推移をみた場合，両指標が同じ動きをするとは限らない。たとえば流動比率は上昇しているが当座比率が低下しているということもある。これは両指標の算式構造からみて，たな卸資産の増加が原因と推定したとしよう。この場合，なぜ増加したのか，それは一時的なものなのかなどの検討を進める糸口となるのである。当座比率が，流動比率の補助比率といわれるゆえんである。

⑤ 現金・預金比率 $\left[\dfrac{\text{現金・預金}}{\text{流動負債}} \times 100\right]$ を算出する

　　流動負債に対し，即刻支払える現金・預金資産がどの程度あるかから即時的な支払能力をより厳しくみようとするもので，当座比率の補助比率ともいえる。

⑥ 当座比率，現金・預金比率の動きから，即時支払能力の変化を推測する。

　　両指標の動きがアンバランスになるのはその算式構造からみて，現金・預金か売上債権いずれかの増減が大きく影響していることがわかる。この場合，増減した理由は何であるか，それは納得できるものであるかなどは必ず追及されなければならない。

〈留意点〉

① 流動負債のなかに割引手形を含める（この場合当然，受取手形にも加算する）か否かが問題になる。法律上の性格はともかく，割引に付された受取手形は割引手形の決済に充当されるものであって，それ以外の負債の支払には引き当てられるものではないから，基本的には含めないのがよいであろう。

② 当座資産の範囲を「現金・預金＋売上債権＋一時所有の有価証券」とするか「流動資産－たな卸資産」で把握するかは必ずしも一定していない。要は，対比する指標の範囲の考え方と統一することが大切である。

③ 現金・預金比率の預金については，その指標の狙い（即時の支払能力の測定）から，企業の意思で処分できない担保差入預金など拘束性の強いものは控除されるべきである。

　長期の支払能力については，短期の支払能力と若干ニュアンスを異にしている。すなわち，字句からくる「支払う能力があるか否か」という意味よりも，「長期的な資金の運用と調達がどのようなバランスになっているかという財務構造の良否」から長期の資金繰り状態の安定度合いを意味しているといえる。これは，貸借対照表の構成に理由がある。「短期」の場合は，支払

手段(流動資産)と支払義務(流動負債)の割合から「支払能力」の測定をしている。一方,「長期」の場合には固定資産,固定負債と自己資本(財務分析固有の用語で,その範囲はp.26参照のこと。以下同じ)の3者間の関係で考えている。しかし,固定資産は長期とはいえ最終的には支払手段となる性格があり,自己資本も担保的な意味から支払手段に準ずる性格をもっている。固定負債は支払義務そのものであるから,これら3者間で「支払能力」の概念を生み出すことはむずかしいといえる。

① まず,固定比率 $\left[\dfrac{固定資産}{自己資本}\times 100\right]$ を算出する

　固定資産は長期にわたって経営に利用される資産であるから,これに投下される資金は固定化する。したがって,固定資産は原則として返済義務のない自己資本で賄われるのが健全である。

② 実務上は固定長期適合率 $\left[\dfrac{固定資産}{自己資本+固定負債}\times 100\right]$ を優先してもよい

　わが国企業の実態では,まだ過小資本・借入依存体質の企業が多い。そうであれば,固定比率を算出するよりも固定長期適合率で判断するほうがより現実的であるといえる。そのかわり,固定資産は自己資本と固定負債で完全に賄われていること(比率としては100%以下)が必要である。

③ 資金調達面の安定度合いを自己資本比率 $\left[\dfrac{自己資本}{総資本}\times 100\right]$ から判断する

　安全性の比率分析は,基本的に貸借対照表の資産と負債・資本の対比で行われるが,この指標は資金の調達面の構成割合から安定度合いを判断しようとするものである。この考え方の一環として,負債比率 $\left[\dfrac{負債}{自己資本}\times 100\right]$ というものもある。

　自己資本比率の水準は,理論的には50%以上(この場合,負債比率は50%以下となる)という数値があるが,むしろ水準だけでの適否判断よりも資産構成とのバランスや収益性との関連性から判断する姿勢が大切である。

b　資金力(資金繰り)の測定

　一般に資金繰りというと現金をベースにした収入・支出のバランス状態を意味することが多いが,ここでは資金をベースにした経常収入,経常支出のバラ

ンス状態を対象にする(本稿では取り上げていないが,資金移動表の経常収支欄がこれにあたる)。

(経常収入算出の考え方)
① 損益計算書の売上高＝当期の収入とまず考える。
② しかし,当期の貸借対照表に計上されている売上債権残高は当期売上高のうち収入となっていない部分であるから,これを減算する。
③ 逆に,前期末貸借対照表の売上債権残高は当期に入って資金化(収入)しているはずだから,これを当期収入に加算する。
④ 貸借対照表脚注にある割引手形は,割引による資金化は別途「財務収支」として捕捉するので,経常収入段階では売上債権残高と同様に考える。すなわち,前期末の残高は収入に加算し当期末の残高は減算する。
⑤ 営業活動にかかわる前受金残高がある場合,当期末残高はその分収入をもたらしたものと考え収入に加算するが,前期末残高は当期に入って売上債権へ振り替わり,あるいは前受金のまま経過していると考え,これを減算する。
⑥ 営業外収益は,その金額を収入と認識して加算する。

(経常支出算出の考え方)
⑦ 損益計算書の売上原価＝当期の支出とまず考える。
⑧ 売上原価の構成要素である商品在庫について支出ベースで考えた場合,前期末残高分は前期中に支出済みと考え減算し,当期末残高については当期中の支出と考え加算する。
⑨ 貸借対照表の仕入債務残高については,前期末残高分は当期に入って支出対象となったはずであるから加算し,逆に当期末残高は資金支出が行われていない分であるから減算する。
⑩ 営業活動にかかわる前渡金残高がある場合,当期末残高はその分支出があったものとして加算するが,前期末残高は当期に入って仕入債務へ振り替わり,あるいは前渡金のまま経過したと考えこれを減算する。

⑪　損益計算書の販売費・一般管理費は，そのまま支出と考える。

⑫　ただし，このなかには企業内部での振替勘定，すなわち非現金支出項目があるので，これを調整する。

減価償却費はそのまま支出から減算する。

貸倒引当金などの諸引当金は，前期比増加の場合はその分を減算し，減少の場合は減少額を加算する。

⑬　営業外費用は，その金額を支出と認識して加算する。

〈留意点〉

以上の作業で算出した経常収支の状況を把握するために，経常収支比率 $\left(\dfrac{経常収入}{経常支出}\times 100\right)$ が指標として利用される。この比率は収入超過であれば100％を超え，支出超過であれば100％を下回るのであるから，100％を超えていれば資金繰りは良好と判定する。

経常収支比率が100％を下回るのは，次のような場合が考えられる。

①　欠損を出している企業。また表面上利益を計上していても，不良債権や不良資産をそのままにしていたり，粉飾操作により実質欠損を隠している場合

②　運転資金需要の高い体質の企業で，売上が急激に伸びている場合や回収条件が極端に悪化した場合

③　低収益企業で回収条件が著しく長期化したり，支払条件が極端に短縮している場合

④　季節性の高い企業では，一時的に，需要期に入るまでは支出超過状態となることがある

c　資金体質の把握

　企業活動を資金の循環でとらえた場合，一般にその循環過程へ新しい資金を注入する必要性がでてくる。これは循環サイクルの規模拡大による増量要請もあるが，循環している資金が各所で滞留することからくる流量不足を補うための資金需要である。

どこに，どれくらい滞留せざるをえないのかは企業によってさまざまであるが，これを資金(需要)体質といっている。

企業の資金体質は，資金需要の範囲を運転資金に限って把握するものと，全社的な立場から把握する(主として資金運用表分析が利用される)ものとがある。ここでは，運転資金需要面からの把握を概説(詳しくは第8章)する。

先に述べたように，貸借対照表の資産は資金の運用形態を，また負債・資本は資金の調達形態を表わしていること，そして，流動資産，流動負債は，基本は1年基準であるが営業循環基準の適用を強制されている。運転資金需要は基本的に営業循環過程で発生するものであるから，営業循環上の資金の運用形態と資金の調達形態との差額を運転資金需要額として把握することにしている。

営業循環上の資金の運用形態は売掛金，受取手形(合体して売上債権といっている)とたな卸資産であり，資金の調達形態としては買掛金と支払手形(合体して仕入債務といっている)がピック・アップされる。これを算式化すると，

　　売上債権＋たな卸資産－仕入債務＝運転資金需要額

となる。

(運転資金需要体質の把握)
① 上記基本算式は，残高ベースの静態把握であるが，一般に，
　　売上債権＋たな卸資産＞仕入債務
の資金体質をもつ企業が多い。この資金体質は，売上の増加に伴って資金需要も増加する，回収条件が長期化すると資金需要が増加する，在庫の増加や支払条件の短縮でも資金需要は増加する，ことになる。
② 上記基本算式の勘定残高を平均月商で除すと，

$$\frac{売上債権}{平均月商}+\frac{たな卸資産}{平均月商}-\frac{仕入債務}{平均月商}=\frac{運転資金需要額}{平均月商}$$

となる。これはそれぞれの残高が平均月商の何倍あるかを示すもので，
　　売上債権回転期間＋たな卸資産回転期間－仕入債務回転期間＝平均月商対比運転資金需要額

といいかえることができる。そして，これらは一般に「カ月」単位で表現されている。

このことから，「平均月商対比運転資金需要額」（あまり一般的な用語ではないが，説明の都合上つけている）を「平均月商の○カ月分の運転資金需要額をもっている」と読みかえることができよう。これが，その企業のもっている基本的な運転資金需要体質なのである。

〈留意点〉
① 説明の都合上,「運転資金」で統一しているが，運転資金には経常運転，増加運転，不足運転および季節，決算，在庫など，その性格によって分類された各資金がある。この分類からすると，ここでいう運転資金は経常運転資金となる。
② 仕入債務残高を含め各残高を平均月商で除しているのは加減算を容易にするための便法である。したがって，「回転期間」の名称を使っているが，厳密な意味での「回転効率」を示しているのではない。

(3) 生産性分析

〈狙い〉
① 企業の能率——経営資源を人的，物的，資本と幅広くとらえて，その能率を測定する。
② 成果の分配——経営活動に投入された各経営資源に対し，その成果物をどのように配分しているかを測定する。

〈分析の進め方〉
a 企業能率の測定

収益性分析では資本利益率を中心に，投下資本に対してどれだけの利益を獲得したかを測定する。しかし，企業の能率は資本利益率だけで測定できるものではない。なぜならば，企業活動は人的経営資源，物的経営資源および資本の

協働のうえに成り立っているからである。したがって，企業は人，物，金の総合した組織であり，その組織が協働してどのように活動したかを測定するほうが企業の能率実態をより明確にできると考えられる。

このように考えると，企業活動の結果稼得した成果を単に利益で把握するのではなく，企業が自ら生み出した価値としてとらえる必要がある。これが「付加価値」といわれるもので，利益よりも範囲の広い概念である。生産性分析はこの付加価値を具体的な尺度とするので，付加価値生産性分析ともいわれている。

① まず，付加価値概念を理解する

付加価値に対する考え方はほぼコンセンサスを得ている。すなわち，売上高から外部より購入した価値（これを前給付価値という）を差し引いた価値である。ところが，現実に算出するとなると，何を付加価値とし，何を前給付価値とするかは論者や統計によって異なっており，必ずしも統一されていない。そこで，ここでは実務上よく利用されているものの一つである日銀方式の算式を紹介しておく。それぞれの項目の性格を知ることによって，付加価値の概念理解に役立つであろう。

付加価値額＝経常利益＋人件費＋金融費用＋賃借料＋租税公課
　　　　　＋減価償却費

(注) 1. 人件費には福利厚生費，退職金，退職給付（給与）引当金および賞与引当金繰入額等を含める。
　　 2. 金融費用には，社債発行差金償却，社債発行費償却を含める。
　　 3. 租税公課には，事業税を含めるが法人税，法人住民税は含めない。

② 付加価値額を計算する

前述したように付加価値額の算式は統一されていないので，他の統計と比較する場合は，算式を同一にすることが大切である。自社内での時系列比較する場合も同様である。

③ 労働生産性 $\left(\dfrac{付加価値}{従業員数}\right)$ を算出する

労働生産性は，生産性分析の代表的な指標となっている。すなわち，従業員1人当りどれだけの付加価値を稼ぎ出しているかを示すもので，労働能率の良否を表し，それは高ければ高いほど高能率であることを示す。逆にこれが低いということは，労働力の利用が十分効果をあげていないことであり，このような状態が続くと企業の収益性も低下し，経営状態も次第に悪化していくことになるのである。

④　労働生産性変化の原因を分析する

　労働生産性を高めることが，企業経営を維持していくうえで必須の条件となる。しかし，労働能率を高めるだけが対策とはいえない。それは，付加価値の増加は労働だけではなく，資本の力によっても生み出されるからである。

　労働生産性が高い，あるいは低い原因をさぐるためには，労働生産性の算式の分母，分子に売上高や総資本を乗じて分解してみるとよい。

　まず売上高を乗じると

$$\text{労働生産性} = \frac{\text{付加価値}}{\text{売上高}} \times \frac{\text{売上高}}{\text{従業員数}}$$

すなわち，付加価値率と従業員1人当り売上高の積に分解できる。

　さらに，従業員1人当り売上高の算式に総資本を乗じると

$$\text{労働生産性} = \frac{\text{付加価値}}{\text{売上高}} \times \frac{\text{総資本}}{\text{従業員数}} \times \frac{\text{売上高}}{\text{総資本}}$$

（付加価値率）×（資本集約度）×（総資本回転率）

となる。

　上式の総資本のかわりに有形固定資産を入れると

$$\text{労働生産性} = \frac{\text{付加価値}}{\text{売上高}} \times \frac{\text{有形固定資産}}{\text{従業員数}} \times \frac{\text{売上高}}{\text{有形固定資産}}$$

（付加価値率）×（労働装備率）×（有形固定資産回転率）

と変わる。

　これら分解指標のどの変化がより大きな影響を与えているかをさぐるのが分解の目的であり，プラスの影響を助長しマイナスの影響は改善する策を考えることが狙いである。

〈留意点〉
① 各指標の解説は，第7章に委ねている。
② 分解式を網羅的に紹介しているが，実務的には事前の貸借対照表，損益計算書の分析でおおよその問題点を把握するので，それに応じた分解式を採用すればよい。

b 成果分配の測定

企業経営において，分配(率)は一つの大きな問題である。とくに，労働(従業員)に対する分配率には多くの関心が寄せられている。それは，労働に対する分配率が低すぎると従業員は不満をもち労働意欲も低下するであろうし，逆に高すぎると資本その他に対する分配率が圧迫され企業の存立発展に支障をきたすおそれがでてくるからである。

このような観点から生産性分析では，企業の能率(経営諸資源の効率活用)を測定するとともに，その成果物(付加価値)の配分割合にも大きな関心を寄せている。この場合，代表的に労働分配率を取り上げるのは，付加価値額に占める人件費の割合が高いこと，人件費の上昇は将来的にも避けられないこと，人手，人材の募集および労働能率に直結していることなど，企業経営に直接影響する要素を多く含んでいるからである。

① 労働分配率 $\left[\dfrac{人件費}{付加価値}\times100\right]$ を算出する

労働分配率は付加価値に対する人件費(この場合は支出する側から人件費をみているので，賃金，給料のほか福利厚生関係の費用も含める)の割合であるから，先に算出した付加価値額を利用して計算すればよい。

② 労働分配率の水準をみる

一般に$(39.395\pm1.66)\%$とか40％前後という主張もあるが，業種，業態，規模などによりさまざまで基準となる数値の入手はむずかしい。労働集約型の企業，中小規模の企業ほど概してこの水準は高い。

③ 労働分配率水準の動きに関心をもつ

とりあえず労働分配率の水準を是認したとしても，財務分析上(企業経

営上でも同じ）関心をもつべきはその時系列の動きである。この水準が年々高まっている状態は，先に述べたようにその他経営資源に対する分配率を縮小させているおそれがある。

④ 労働分配率上昇の原因を把握する

労働分配率の水準が上昇するのは，分子の人件費が増大（賃上げ，人員増加などによる）するか，分母の付加価値額が増加しないかという二つの要素の関係から発生する。

これらの関係をより明確化するために，従業員1人当りのベースで説明式を作成してみると，

$$\frac{人件費}{従業員数}=\frac{人件費}{付加価値}\times\frac{付加価値}{従業員数}$$

となる。これは

（従業員1人当り人件費）＝（労働分配率）×（労働生産性）

の関係となる。

すなわち，従業員1人当りの人件費上昇が避けられない場合，これを労働分配率を高めて吸収するか，労働生産性を高めて吸収するか（もちろん，両者の混合もある）のいずれかによることを示している。

従業員1人当りの人件費が低下することは基本的にありえないとすると，労働分配率の上昇はその裏側に労働生産性の不振があると想定される。それでは労働生産性はなぜ不振なのか，の原因究明は前項の分解式を利用して進めればよい。

〈留意点〉

① 労働分配率が高いことは，賃金水準（従業員1人当り賃金）が高いことに直結しない。付加価値額が小さい場合には，概して労働分配率は高くなる。
② 企業経営にとって最も望ましい姿は，従業員には比較的高水準の賃金を支払いながら労働分配率を低水準に抑え，資本分配率の高水準を維持することである。これを満足させるには，分配の財源である付加価値額を大きくし，労働生産性を高める以外に方法はない。

第2章

貸借対照表の勘定科目の読み方

財務諸表を読む場合の手引きとして活用していただくために，本章および次章で，一般によくみられる貸借対照表，損益計算書の主要勘定科目を紹介する。
　なお，次頁以下の表については，
① 勘定科目名の下部に（製造業）または（建設業）と表示しているのは，その業種，業態のみで使用されていることを意味する。
② 勘定科目名下欄の各勘定名は，掲出している勘定科目に関連するものを参考までに紹介したものである。
③ 上記関連勘定の主なものは，適宜，「性質と範囲」欄で説明している。
④ 参考として記載している法規条項のうち，会社法については，その表示を省略している。
⑤ 「標準数値（業界全体）」欄は，『中小企業実態基本調査』（中小企業庁編）から加工，算出した業界全体の平均の数値を参考までに掲出したものである。なお，流動資産，流動負債の場合は平均月商対比の残高割合（回転期間）を，また，固定資産，固定負債，資本については業界の平均残高をとっている（損益計算書の各勘定科目については後述）。
⑥ 当該勘定に関し標準数値が算出不能の場合は，「──」としている。
⑦ 「標準数値（業界全体）」欄の下部には，その勘定科目に関連する財務分析指標の主なものを掲出した。
　（注）「中小企業の財務指標」は平成18年調査をもって終了している。

1 資産項目

(1) 流動資産

勘定科目	性質と範囲
現金・預金 （関連勘定） 　小口現金 　外国通貨 　当座預金 　普通預金 　通知預金 　定期預金 　定期積金 　納税準備預金 　外貨預金 　金銭信託	・現金 〈性質〉 ①　資金の循環過程からみると，「回収または外部から調達され，循環過程に投下されるために待機している状態の貨幣性資産」 ②　いつでも支払手段として利用できる性質をもっている。 〈範囲〉 手許に保有する通貨および通貨の代用物をいう。 通貨の代用物としては 　㋑　他人振出の小切手 　㋺　送金小切手 　㋩　郵便振替小切手 　㊁　送金為替手形 　㋭　預金小切手（銀行保証小切手） 　㋬　期限到来公社債利札および株式配当金領収証 　㋣　郵便為替証書 など，直ちに現金または預金となるもの。 ・預金 〈性質〉 即時または短期間に支払に充当できる貨幣性資産としての性質と外部投資としての性質をもつ貨幣性資産の2種がある。 〈範囲〉 金融機関との預金契約（消費寄託契約）に基づく預金，貯金および掛金，郵便貯金，郵便振替貯金，金銭信託などである。

分析上の留意点	標準数値(業界全体)			
	製造業	卸売業	小売業	建設業
① 外国通貨を貸借対照表に計上する場合は、原則として、決算時の為替レートで円換算する。 (外貨預金など外貨建短期金銭債権も原則として、決算時のレートで換算する) ② 預金は極力、流動性預金と固定性預金に分別する。 (固定性預金は1年基準の適用を受ける) ③ 流動性預金残高は、期末の一時点のものである。 (一時的な要素もあるので過大評価は禁物) ④ 質権設定などで、拘束されている固定性預金は資産性がないとみる。 (会社計算規則129条、134条では、担保提供資産の個別注記表示を求めている) ⑤ 貸借対照表日から起算して契約期の到来が1年超の預金は固定資産の「投資その他の資産」の部に計上されることになる。 ⑥ 外貨預金にも当座預金、普通預金、定期預金などがあるが、定期預金は概して契約期間は1年未満のものが多い。 ⑦ 信託銀行に対する「金銭の信託」のうち、貸付信託、証券投資信託などは「有価証券」として取り扱われる。	1.7ヵ月	1.1ヵ月	1.2ヵ月	2.0ヵ月
	(関連分析指標) ・現金・預金比率 $\left(\dfrac{\text{現金・預金}}{\text{流動負債}} \times 100\right)$ ・クレジット・インターバル $\left(\dfrac{\text{現金・預金}}{\text{原価}+\text{営業経費}+\text{営業外費用}} \times 100\right)$ または $\left(\dfrac{\text{現金・預金}}{\text{月平均支出額}}\right)$ ・現金比率 $\left(\dfrac{\text{現金・預金}-\text{固定性預金}}{\text{流動負債}} \times 100\right)$ ・現金・預金回転率 $\left(\dfrac{\text{年売上高}}{\text{現金・預金}}\right)$ ・手許流動性 $\left(\dfrac{\text{現金・預金}+\text{有価証券}}{\text{平均月商}}\right)$ ・預貸率 $\left(\dfrac{\text{固定性預金}}{\text{短期借入金}+\text{割引手形}} \times 100\right)$ ・当座比率 ・流動比率 ・流動資産構成率			

勘定科目	性質と範囲
受取手形 （関連勘定） 　不渡手形 　割引手形 　裏書手形 　融通手形 　営業外受取手形 　関係会社，親・子会社受取手形	＜性質＞ ①　資金の循環過程からみると，「本来の企業活動により生じた回収過程にある貨幣性資産」であり ②　いつでも，支払手段として利用できる資産である。 ＜範囲＞ 法的に要件を満たした手形債権のうち，取引先との間で発生した，通常の営業取引に基づいて入手した手形である。なお「通常の取引」とは，「企業本来の事業目的のための営業活動において経常的にまたは短期間に循環して発生する取引」をいう。 取引先との間に発生した通常の取引以外の取引に基づく手形債権を営業外受取手形という。たとえば， ①　販売目的以外の固定資産や有価証券などを売却して取得した手形 ②　営業保証金などのかわりとして取得した手形 「資産については，この省令または会社法以外の法令に別段の定めがある場合を除き，会計帳簿にその取得原価を付す」ことを求めている（会社計算規則5条1項）。他方，取得価額が債権金額と異なる場合は，適正な価格を付すことができるとしている（同規則5条5項）。これは，営業外受取手形で発生する場合があろう。

分析上の留意点	標準数値(業界全体)			
	製造業	卸売業	小売業	建設業
① 受取手形には営業循環基準が適用されるので，たとえ支払期日が1年超(割賦販売契約に基づく割賦受取手形など)であっても，営業取引により発生したものであれば，流動資産に計上される。	2.3ヵ月	2.1ヵ月	1.0ヵ月	1.6ヵ月
② 営業取引に基づく手形債権であっても，循環過程からはずれた破産債権，再生債権，更生債権などは1年基準の適用を受ける(会社計算規則106条3項)。 (1年以内に回収されることが明らかなものは流動資産に計上されるが，受取手形勘定に含めず別建とする)	(注) 上掲は売上債権回転期間である。 (関連分析指標) ・受取手形回転期間 　　$\left(\dfrac{受取手形}{平均月商}\right)$ ・受取手形回転率 　　$\left(\dfrac{年売上高}{受取手形}\right)$ ・売上債権回転期間 　　(注) 売上債権＝受取手形＋売掛金＋割引手形＋裏書譲渡手形 ・売上債権回転率 ・当座比率 ・流動比率 ・流動資産構成率 ・売上債権対仕入債務比率			
③ 不渡手形などを別建とせず，受取手形に含め，表面を糊塗してしまう場合が多い。 (回転期間の時系列比較も発見の一つの手がかりとなる)				
④ 割引に付された手形，仕入債務決済に充当するため裏書譲渡された手形は注記することにしている(会社計算規則134条5号)。 (回収状況などをみる場合には受取手形に加算する)				
⑤ 営業外受取手形や金融をつけるための融通手形などは別建計上(1年基準の適用)が求められているが，実際は合算されている場合が多い。 (売掛金の時系列的な動きと対比して判定する。また回転率の推移に着目する)				
⑥ 関係会社，親・子会社間での売買は作為的になる場合がある。実際に商取引があったとしても，ホームビルであるから，これを割り引く場合は，貸付金と同様の配慮をする必要がある。				

勘定科目	性質と範囲
売掛金 (関連勘定) 　受取手形 　未収入金 　割賦売掛金 　関連会社，子会社売掛金	＜性質＞ ① 本来の営業活動により発生した貨幣性資産で，資金循環における回収過程にあるもの。 ② 将来の支払手段として利用されうる資産である。 ＜範囲＞ 取引先との通常の営業取引に基づいて発生した営業上の未収入金（あるいは未収金ともいう）をいう。たとえば， ・商品，製品の販売による営業収益の未収入金 ・加工料収益の未収入金 ・サービス等の提供に基づく営業収益の未収入金 したがって，固定資産売却代金の未収入金や，受取利息の未収入金などはこれに含めない。 当該未収入金にかかる債権が破産債権，再生債権，更正債権などで，1年以内に弁済を受けることができない場合は，その額は未収入金から控除する必要がある。 子会社とは，(1)発行済株式総数（議決権の総数）の過半数を直接および間接所有（いわば孫会社），(2)議決権40％以上50％以下でも支配力を有し重要性が高い，(3)議決権40％未満であっても一定の条件下で支配力を行使できかつ重要性が高い関係にあるもの（財務諸表等規則8条4項）。 関連会社とは，その会社の議決権の20％以上所有，または15％以上20％未満でも，事業の主要部分を継続的，実質的に支配している関係にあるもの（財務諸表等規則8条6項）。

分析上の留意点	標準数値（業界全体）			
	製造業	卸売業	小売業	建設業
① 実現主義の原則に基づいて財貨（商品，製品，サービスなど）の引渡し（販売）がなされた時点で，販売価額によって測定される（出荷時点で売掛金が計上される場合もある）。	2.3カ月	2.1カ月	1.0カ月	(1.6カ月)

分析上の留意点	標準数値（業界全体）
② 売掛金には営業循環基準が適用されるので，たとえ回収期限が１年超の場合でも，営業取引により発生したものであれば流動資産に計上される。	（注） 上掲は売上債権回転期間である。 （関連分析指標） ・売掛金回収率 $\left(\dfrac{\text{当月売掛金回収高}}{\text{前月末売掛金残高＋当月売上高}}\times100\right)$
③ ただし営業債権であっても破産債権，再生債権，更生債権などの債権で１年内に回収されないことが明らかな場合は「投資その他の資産」に計上することになる。	・売掛金懈怠率 $\left(\dfrac{\text{回収期限経過後の売掛金}}{\text{売掛金}}\times100\right)$ ・売掛金回収速度 $\left(\dfrac{\text{売掛金}}{\text{１日の平均売上高}}\text{（日）}\right)$
④ 割賦販売契約等に基づき取引先との間で通常の取引により生じた割賦売掛金は営業循環基準の適用を受ける。	・売掛金回転率 $\left(\dfrac{\text{年売上高}}{\text{売掛金}}\right)$
⑤ 売掛金が減少，消滅するのは次の取引があった場合である。 ・返品があったとき ・値引をしたとき ・売上割引をしたとき ・現金や手形により回収したとき ・他の債務と相殺したとき ・貸倒れや他勘定に振り替えたとき	・売掛金回転期間 $\left(\dfrac{\text{売掛金}}{\text{平均月商}}\right)$ ・売上債権回転率 ・売上債権回転期間 ・当座比率 ・流動比率
⑥ 関連会社，子会社に対する売掛金は一般の売掛金とは別建で計上することを求めている（なお，一般の売掛金と合算した場合は注記する必要がある）。	・流動資産構成率 ・売上債権対仕入債務比率

勘定科目	性質と範囲
完成工事未収入金 （建設業） （関連勘定） 　未成工事受入金 　未成工事支出金	<性質> 完成工事高として売上計上した額のうち，代金の未収額をいい，一般業種の売掛金に相当する勘定科目である。したがって，資金循環における回収過程の貨幣性資産で，将来の支払手段として利用しうる性質のものである。 <範囲> ①　工事完成基準を売上の計上基準としている場合は「完成し引き渡した請負代金の未収入金額」である。 ②　工事進行基準を売上の計上基準としている場合は「期末工事出来高相当額から既受入金を控除した差額」である。

分析上の留意点	標準数値(業界全体)			
	製造業	卸売業	小売業	建設業
① 長期延払いの請負契約であっても完成工事未収入金は営業循環期間内の債権として，実務上，流動資産に計上することにしている。 ② ただし，営業債権であっても破産債権，再生債権，更生債権などの債権で，1年以内に回収されないことが明らかな場合は，「投資その他の資産」に計上しなければならない。 ③ 請負工事が進行中に工事代金の一部が入金となった場合，その請負工事につき売上計上しない限り，未成工事受入金として勘定処理する。 ④ 難工事その他の理由から最終的に請負金額が確定しないうちに，工事が完了してしまった場合は，完成工事未収入金を概算で計上する。翌期以降において確定額と概算額に差額を生じたときは，前期損益修正益または損(特別損益の部)とする。	—	—	—	1.6カ月

(注) 上掲は売上債権回転期間である。

勘定科目	性質と範囲
有価証券 （関連勘定） 　投資有価証券 　親会社株式 　子会社株式 　関連会社株式	＜性質＞ ①　資金の循環過程の観点からすると，たとえ一時所有のものであっても，外部投資形態（他企業に対する投資）の投資資産である（したがって，評価は投資額＝原価とするのが妥当といえるが，貸借対照表計上価額は①市場価格のある有価証券〔ただし，子会社，関連会社を除く〕②売買目的の有価証券は時価で表示する）。 ②　支払手段としての利用性の観点からすると，いつでも換金可能というところから貨幣性資産ということができる（支払手段としてみた場合その評価は時価が妥当となる）。 ＜範囲＞ 市場性のある株式，公社債などの有価証券で一時所有のものに限られている。たとえば国債，地方債，社債，株式，新株引受証，投資信託受益証券，貸付信託受益証券などである。
自己株式 （法）　自己株式の計上は会社計算規則108条2項により，純資産の部（旧来の資本の部）に定着した。	自己株式については，純資産の部に記載。
デリバティブ	デリバティブとは，将来の一定時点で対象とする物あるいは権利などを約定した価格で売買する取引をいい，一定時点での約定金額と時価との差額が損益となる。これを決算時点でオンバランスした場合，計算上の差額が資産（益のとき）か負債（損のとき）に表示されることになる。

分析上の留意点	標準数値（業界全体）			
	製造業	卸売業	小売業	建設業
① 「市場性のある有価証券」とは，現金が必要なときに直ちに現金化が可能な有価証券をいう。具体的には証券市場で常時取引されている有価証券である。	0.1カ月	0.1カ月	0.05カ月	0.1カ月

① 「市場性のある有価証券」とは，現金が必要なときに直ちに現金化が可能な有価証券をいう。具体的には証券市場で常時取引されている有価証券である。

② 「一時所有の有価証券」とは，営業資金に余裕が生じた場合，余裕資金を一時的に運用するが，資金繰りの必要に応じていつでも現金化する意図をもって所有している有価証券をいう。

③ 単に「有価証券」という場合は，流動資産に計上されるものをいう。これに対するものとして「投資有価証券」があり，固定資産の投資その他の資産の部に計上される（後述）。なお，1年以内に満期の到来する投資有価証券も当然，流動資産に計上される。

④ 有価証券を購入したときに負担する手数料などの付随費用は，原則として購入価額に加算して計上されることになる。

⑤ 有価証券の評価は，保有目的により時価または取得原価で評価する。売買目的有価証券は時価で評価され，その差額評価は損益に計上される。その他の有価証券は，時価で評価され，その評価差額は，純資産の部に計上される（会社計算規則108条7項）。

　金融商品会計基準では，その保有目的によって区分している。
① 売買目的有価証券
② 満期保有目的の債券
③ 子会社および関連会社株式
④ その他有価証券

⑥ デリバティブ取引（先物，為替予約，オプション，スワップなどの取引）は，従来オフバランスであったが，新会計基準の導入により，決算日時点で時価評価しオンバランスすることになっている。これにより，決済されるまでわからなかった損益が開示される。

（関連分析指標）
・手元流動性

$$\left(\frac{現金・預金＋有価証券}{平均月商}\right)$$

・配当率

$$\left(\frac{配当金}{期中平均払込資本金}\times 100\right)$$

・株価収益率

$$\left(\frac{株価}{1株当り当期純利益}\right)$$

・当座比率
・流動比率
・流動資産構成率

勘定科目	性質と範囲
貸倒引当金 （関連勘定） （参考） 　賞与引当金 　返品調整引当金 　製品保証引当金 　減価償却累計額 　〔減価償却費〕	〈性質〉 引当金は期間損益計算を適正に行うために，いまだ支出または費用とはなっていないが，当期の負担とすべき費用または損失を計算して，これを負債または資産の控除項目として計上するものである。このうち貸倒引当金は金銭債権に対する取立不能見込額を期末に計上するものである。 〈範囲〉 貸倒引当金の対象となる金銭債権は，売掛金，受取手形，貸付金，立替金，仮払金などである。 税法では貸倒引当金の対象となる金銭債権（貸金等という）の範囲を，受取手形，売掛金，未収加工料，未収請負金，未収地代・家賃，未収利子等，および貸付金，立替金等の債権としている。 　（注）　税法で貸金に該当しないとしているものは 　　・保証金，敷金，預け金など 　　・資産取得の代価となる手付金，前渡金など 　　・将来，費用として精算されるものの前払としての仮払金，立替金など 　　・割引に付した受取手形（ただし当分の間，貸金に含めてもよいことになっている）などである。

分析上の留意点	標準数値（業界全体）			
	製造業	卸売業	小売業	建設業
① 引当金は本来，負債の部に計上されるものであるが，従来，「評価性引当金（この名称は現在廃止されている。しかし評価性引当金がなくなったり，その意味が変わったわけではない）」といわれていた貸倒引当金と減価償却引当金（この引当金はすでに支出された資金の回収であって，将来の費用または損失に備えるものではないので，現在は減価償却累計額と改められている）の二つは，資産価値の減少分を見積もり計上するもので，資産の控除項目として資産の部に計上されている（会社計算規則109条）。	―	―	―	―
② 貸倒引当金に繰り入れられる「取立不能見込額」の見積りは，個別債権ごとに見積もる方法と対象債権に対する総括的な見積り方法が考えられる。 ・「個別債権ごとに見積もる場合」 　……個別債権ごとに見積り計算した回収不能見込額を繰入限度とする ・「総括的に見積る場合」 　……過去3年間の貸倒実績率を算出し期末貸金残高に乗じ，これを繰入限度とする の2種に貸金債権を分別して計算することになっている。 　なお，中小企業の場合は貸倒実績率にかえて業種ごとに設定された法定繰入率を適用することもできる。	（関連分析指標） ・貸倒引当率 $\left(\dfrac{\text{貸倒引当金}}{\text{売上債権（割引・譲渡手形を含む）}}\times100\right)$ （注）貸倒引当金の取崩し，繰入れについては洗替方式（金額を取り崩し新たに全額を設定する方式）と差額補充方式の2方法があったが，現在は洗替方式は廃止されている。			

第2章　貸借対照表の勘定科目の読み方

勘定科目	性質と範囲
商品 （関連勘定） 　製品 　半製品	＜性質＞ ① 企業本来の営業目的のために投下された資金の存在形態の一つで，そのままの状態で販売するために保有されている，いわば販売目的の資産である。したがって，そこには販売によって一定の利益とともに回収され得る価値をもっている。 ② 将来は販売を通して売上原価に転化されるものであるが，それまでは過渡的に資産に滞留するというわば費用性資産（非貨幣性資産）の性質をもっている。 ＜範囲＞ 商業を営む企業が本来の営業活動を遂行するうえで，販売する目的で買い入れた物品の総称が商品である。したがって ・不動産の売買，仲介などを業とする企業が販売する目的で所有する土地，建物など ・証券業者が販売目的で所有する有価証券 なども商品である。 なお，販売用不動産の評価については減損会計（投資額の回収見込みが低下した不動産の簿価を一定の条件のもとで回収可能額まで引き下げる会計手法。これは，会計基準の国際化の流れを反映したもの）の対象とはなっていないので，取得原価で計上されるが時価が著しく低下し回収の見込みがない場合は，強制低価法の適用を受けることになる。

分析上の留意点	標準数値(業界全体)			
	製造業	卸売業	小売業	建設業
	(1.2カ月)	0.7カ月	0.9カ月	1.2カ月

① 商品の貸借対照表価額は原則として取得原価法により測定される。ただし，時価が著しく下落し，回復の見込みがないときは時価で評価（強制低価法）することになる。

(注) 製造業は製品である。

② 企業会計原則，会社法，証券取引法，法人税法とも，たな卸資産（商品だけではなく製造業の製品，仕掛品，原材料などの総称）について，原価法および低価法の選択を認めている。

③ 「たな卸資産＝数量×単価（原価）」で測定されるが，これらの手法としては
　数量…継続記録法，実地たな卸法
　単価…個別法，先入先出法，総平均法，移動平均法，単純平均法，最終仕入原価法，売価還元法などがあり，企業の選択適用を認めているが，それぞれの方法での算出結果（単価の決定）は異なってくるので，選択した方法は継続して適用しなければならない。

④ 期間損益計算上，商品在高は売上原価計算の構成要素となっている。
　売上原価＝期首商品＋期中商品仕入額－期末商品
したがって，期末商品を意図的に操作することにより，売上原価，ひいては売上総利益の額を粉飾操作する場合がある。

⑤ たな卸資産の評価基準および評価方法について，重要なものは注記する必要がある。

⑥ 時価が取得原価より著しく下落した場合は，時価で評価しなければならない（強制評価法）。

(関連分析指標)
・商品回転期間
$$\left（\frac{商品}{月平均売上原価または平均月商}\right）$$
・商品回転率
$$\left（\frac{売上原価または年売上高}{商品}\right）$$
・交差主義比率
　（売上総利益率×商品回転率）
・たな卸資産比率
$$\left（\frac{商品}{総資産}\times100\right）$$
・流動比率
・流動資産構成率

(注) 単価計算手法のうち「後入先出法」は「棚卸資産の評価に関する会計基準」の改正により廃止されている（平成22年）。

勘定科目	性質と範囲
製品 （製造業） （関連勘定） 　半製品 　仕掛品 　副産物 　原材料 　貯蔵品 　副産物 　作業くず 　未成工事（半成工事） 　支出金	＜性質＞ ① 企業本来の営業目的のために投下された資金の一つの存在形態で、そのままの状態で販売することを目的とした資産（販売目的資産）である。したがって、販売によって一定の利益とともに回収される価値（販売目的利用価値）をもっている。 ② 将来は、販売を通して費用（売上原価）に転化されるのであるが、それまでは、過渡的に資産として滞留しているという、いわば費用性資産でもある。 ＜範囲＞ 製造業における正常な営業過程において、販売する目的で所有している製造品その他の生産品をいう。したがって、製造工程が複数の工程で構成されている場合は、その最終工程を終了したものを製品といっている。 半製品は一つまたは複数の生産工程を終了した中間生産品をいい、そのままで販売することも、また次工程へ投入するまで貯蔵することも可能な物品をいう。 副産物は、主産物の製造工程から必然的に産出される物品で、それがそのまま売却できる場合は（売却額－副産物のコスト）だけ主産物の原価を引き下げる効果が出る。加工して売却できる場合も考え方は同じである。 なお、副産物でも金額的に重要性が低い場合は「作業くず」とともに製品に含めて処理する。

分析上の留意点	標準数値(業界全体)			
	製造業	卸売業	小売業	建設業
① 製品の取得価額は，原則として製造原価から計算される（これは製造原価報告書としてまとめられる。その内容は製造等のために要した材料費，労務費および製造経費の合計額である）。 ② 期間損益計算上，製品在高は売上原価を算出するための構成要素となっている 　売上原価＝期首製品＋製造原価－期末製品したがって，期末製品を粉飾すると，結果として売上総利益の額が粉飾されることになる。 ③ たな卸資産の総資産に占める割合は，業種，業態によってさまざまである。また同一業種であっても，その企業の経営方針により違いがでる。たな卸資産は資金の滞留形態の一つではあるが，売上債権などと比較すると，販売というプロセスを通る必要上，資金の回収は遅くなるのが普通である。それだけに，たな卸資産の過大は資金の固定化が大きいと考えるべきである。 ④ その企業にとって最もよい状態の在庫量を適正在庫という。どの程度が適正であるかを明確につかむことはむずかしいが，過年度のうち，その企業が最も安定した経営環境にあったときのたな卸資産回転率または回転期間を目安とするのも一つの方法であろう。	1.2ヵ月 （関連分析指標） ・製品回転率 $\left(\dfrac{売上原価または売上高}{製品}\right)$ ・製品回転期間 $\left(\dfrac{製品}{月平均売上原価または平均月商}\right)$ ・たな卸資産比率 $\left(\dfrac{製品＋仕掛品＋原材料}{総資産}\times 100\right)$ ・流動比率 ・流動資産構成率	—	—	—

勘定科目	性質と範囲
仕掛品 （製造業） （関連勘定） 　半製品 　副産物 　原材料 　貯蔵品 　作業くず 　未成工事（半成工事） 　支出金	〈性質〉 ① 仕掛品は比較的短期間に実体上もまた価値的にも製品に移っていくものであるから，製品（販売目的資産）に準ずる性質をもっていると考えてよい。ただし，その発現は間接的なところにとどまっているといえる。 ② 費用測定の面からみても製品に転化したあと，売上を通して費用（売上原価）となっていくので，費用性資産であるが，製品と比べてさらに間接的といわざるをえない。 〈範囲〉 生産工程において，現に仕掛中または加工中のものをいうが，半製品との違いは，そのままの状態で販売または貯蔵が可能かという点である。すなわち，半製品はそのまま販売または貯蔵が可能な状態であるのに対し，仕掛品は仕掛中ないし加工中なのであるから，そのまま販売も貯蔵もできないものである。 なお，自家使用の目的で製造している物品の仕掛中または加工中のものは「仕掛品」ではなく「建設仮勘定」で処理すべきである。

分析上の留意点	標準数値(業界全体)			
	製造業	卸売業	小売業	建設業
① この勘定は製造業において必ず発生する科目で，たな卸資産（製品，仕掛品，原材料など）のなかで比重が高いのが一般的である。 ② 仕掛品の原価計算の方法には 　個別原価計算…製造指図書別に原価が区分されているので，期末時点で未完成の製造指図書分を集計して仕掛品の取得原価とする 　総合原価計算…期首仕掛品原価と当期製造費用の合計額を期末製品と期末仕掛品に配分して，取得原価とする 　がある。 ③ 仕掛品は製品製造原価の計算要素の一つである。 　　製品製造原価＝期首仕掛品＋総製造費用－期末仕掛品 ④ 製造業においては原材料費や製造経費が効果的に投下され，製造工程が円滑に進行していることが必要である。このポイントをみる指標として仕掛品回転期間（仕掛品÷{[原材料＋製造原価]÷2}÷12）がある。これは原材料を投入してから加工・製造工程を経て，製品になるまでの期間であるから，その時系列比較から生産状況の判定に役立たせようとするものである。なお，分母の算式は，仕掛品には原材料に近いものから，完成品（製品）に近いものまでさまざまなので，その平均値を月額でとったものである。 ⑤ 仕掛品回転期間が過長化する原因としては， ・製造工程に不具合い発生 ・技能水準の低下 ・仕損品，不良品の発生 ・投入原材料のタイミングのズレ ・手直し作業の増加 ・度重なる仕様変更　　などが想像される。	－ （関連分析指標） ・仕掛品回転率 $\left(\dfrac{売上原価または売上高}{仕掛品}\right)$ ・仕掛品回転期間 $\left(\dfrac{仕掛品}{月平均売上原価または平均月商}\right)$ または $\left(\dfrac{仕掛品}{\{(原材料＋製造原価)÷2\}÷12}\right)$ ・流動比率 ・流動資産構成率 ・たな卸資産回転率 ・たな卸資産回転期間	－	－	（－）

第2章　貸借対照表の勘定科目の読み方　73

勘定科目	性質と範囲
原材料 （製造業） （関連勘定） 　貯蔵品 　購入部品 　主要材料 　補助材料 　作業くず	＜性質＞ ① 企業本来の経営目的のために投下された資金の滞留している形態であり，将来的には費用に転化していく非貨幣資産（費用性資産）である。 ② 保有目的の観点からみると，直接的には製品などに組み込まれ，消費されていくものであるから，消費目的資産といえる。 ③ 反面，製品に転化され販売されていくものである点を強調すると，販売目的利用価値（販売を通して一定の利益を伴って回収されるという価値）をもっているといえる。 ＜範囲＞ 原材料は，製品の製造のために消費され，製品の実体を形成する物品をいう。実務上では「原材料」の名称で使用されているが，厳密には原料と材料に分別されなければならない。（「分析上の留意点」の項参照） 購入部品とは，他企業から購入した部品で，加工することなくそのままの状態で製品または半製品に取り付けられるものをいう。

分析上の留意点	標準数値(業界全体)			
	製造業	卸売業	小売業	建設業
① 原材料は原料と材料を総合した名称であり、厳密には使い分けられなければならない。 ・原料…製造過程において化学的変化をもたらし、これによって製品のなかに素材の原状をとどめないものをいう(化学工業など)。 ・材料…製造過程において物理的変化を伴うだけで、これによって製品のなかに素材の原状をとどめているものをいう(機械工業など)。 ② 材料は一般に ・素材(主要材料,補助材料) ・部品(購入部品,自製部品,外注部品) ・工場消耗品,燃料 ・消耗工具器具備品 をいうが、狭義では主要材料のみをさす。 ③ 材料の消費量の計算方法には次のものがある。 ・継続記録法…材料の受払をそのつど記録し、帳簿上、残高をたえず把握する ・実地たな卸計算法…実地にたな卸をして間接的に消費量を計算する。 ④ 材料の取得価格(単価)の算出には「商品」の項で記載した諸法がある。 ⑤ 工業生産においては原材料歩留り率(投入した原材料の総量のうち、製品化された時点で製品中にどのくらい残っているかの割合)の高低が問題になる。歩留り率の対句はロス率であるから、収益性に直接影響する。	─	─	─	─

(注) 原材料・貯蔵品の合算額である。

(関連分析指標)
・原材料回転率

$$\left(\frac{原材料消費高または売上高}{原材料}\right)$$

・原材料回転期間

$$\left(\frac{原材料}{月平均売上原価または平均月商}\right)$$

または

$$\left(\frac{期中平均原材料}{月平均原材料費}\right)$$

・流動比率
・流動資産構成率
・たな卸資産回転率
・たな卸資産回転期間
・たな卸資産比率

勘定科目	性質と範囲
貯蔵品 （製造業） （関連勘定） 　消耗工具・器具・備品 　作業くず	<性質> 保有目的からみた場合は，直接的には消費目的の資産である。また，費用の面からみると実体的には製品に転化していくものであるから，間接的には費用性資産といえる。 <範囲> 貯蔵品に含まれるものは ・工場消耗品 ・補助材料 ・事務用消耗品 ・包装用および発送荷造用材料 ・消耗工具・器具・備品 　などである。
未成工事支出金 （建設業） （関連勘定） 　仕掛品 　未成工事受入金	<性質> 未成工事は，完成によって販売目的が達成できることからみて，間接的ながら販売目的資産ということができる。反面，費用の面からみると工事完成によって費用（完成工事原価）に転化していくものであるから，間接的な費用資産ということができる。 <範囲> 未成工事支出金となる費目は，完成工事原価と同様，材料費，労務費，外注費，経費から成る。ただし，経費には一般管理費や営業外費用に属するものは含まれない。

分析上の留意点	標準数値(業界全体)			
	製造業	卸売業	小売業	建設業
① 貯蔵品は，工場用，営業用，事務用に供せられる消耗品的な流動資産の総称で，使用していないか，あるいは現場に引き渡していない物品をいう。 ② 貯蔵品の消費高や取得原価（単価）の計算方法は「原材料」の項と同様である。 ③ 耐用年数が1年以内または1年以上でも取得価額が少額のため固定資産とはならず，かつ取得時に経費または材料費として処理されなかった物品である。 ④ 金額的には多額にはならないが，種類が多く管理が粗雑になりやすいので，経済的効用のなくなったものが資産として計上されていることが，しばしばある。	－	－	－	－
	（関連分析指標） ・貯蔵品回転率 $\left(\dfrac{年間貯蔵品消費高}{(期首貯蔵品＋期末貯蔵品)÷2}\right)$ ・流動比率 ・流動資産構成率 ・たな卸資産回転率 ・たな卸資産回転期間			
① 完成工事高に計上されていない工事に要した費用をいい，製造業における仕掛品に相当する流動資産項目である。 ② 未成工事支出金が過大（未成工事支出金回転率が低い）の場合は，回収条件のよくない長期工事が多く，立替資金の多いことを示している（全社的な資金繰りの観点からすると，並行して未成工事受入金および同回転率の水準と対比して判断する必要がある）。 ③ 建設業では，工事別に工事原価が区分されているので，工事用の材料は納品と同時に未成工事支出金として処理され，期末に未消費の部分があっても材料勘定には振り替えない。したがって，厳密な意味では製造業の仕掛品とは意味合いが異なる。	－	－	－	－
	（関連分析指標） ・未成工事支出金回転率 $\left(\dfrac{年間完成工事高}{未成工事支出金}\right)$ ・未成工事支出金対未成工事受入金比率 $\left(\dfrac{未成工事受入金}{未成工事支出金}\times 100\right)$ ・未成工事受入金回転率 $\left(\dfrac{年間完成工事高}{未成工事受入金}\right)$			

勘定科目	性質と範囲
前渡金 （関連勘定） 　商品 　原材料 　前受金 　（負債項目）	＜性質＞ 商品や原材料などの買入れのための前払金や外注費の前払金のように、たな卸資産やサービスの取得を確実にするために取得に先立って支払う一種の手付金であるから、たな卸資産やサービスの給付請求権の性質をもっている。 ＜範囲＞ 商品や原材料などのたな卸資産やサービスの取得前支払が主であるが、有価証券買入れのための前払にもこの科目を利用することがある。なお、固定資産取得のための前払は建設仮勘定となる。
未収金 （関連勘定） 　売掛金 　未収収益	＜性質＞ 企業資金の回収過程にある貨幣性資産で、将来の代金回収時点で支払の手段となる資産に転化する性質をもっている。 ＜範囲＞ ①　通常の取引（企業本来の営業活動において経常的または短期間に循環して発生する取引をいう）において発生したもので売掛金以外のもの。 ②　通常の取引以外の取引で発生した未収入金で1年以内に回収されると認められるもの。

分析上の留意点	標準数値（業界全体）			
	製造業	卸売業	小売業	建設業
① 前渡金は，通常，仕入債務である買掛金や未払外注費などと相殺されて消滅することが多い。 ② 前渡しの対象である商品やサービスが入手できなかった場合には，その性質が財貨給付請求権から貨幣請求権（金銭債権）に変わる（この場合は前渡金勘定では処理することはできない）。 ③ 関係会社等に対する前渡金は，特別な科目を設けて別建計上するか，注記することが求められている。 ④ 税法では，前渡金を金銭債権以外の債権と考えているので，貸倒引当金の対象とはしていない。	―	―	―	―
	（関連分析指標） ・流動比率 ・流動資産構成率			
① 未収金，未収入金はともに同じ意味で使用されている。 ② 一般には，有価証券や固定資産などを掛けで売却した場合のように，通常の商品売買取引以外の取引から発生する未収入金をいうが，「取引先の支払能力などが悪化している場合の売掛金」も「経常的または短期間に循環する」という要件を欠いた場合は「未収金」といえる。 ③ 未収収益は，期間損益を計算するうえで，発生主義の原則に基づいて認識された会計上の資産であるのに対し，未収金は法律上債権の確定した金銭債権である。 ④ サービスの提供を主たる事業目的とする企業では，通常の取引で発生した未収分を「売掛金」ではなく「未収金」とすることが多い。	―	―	―	―
	（関連分析指標） ・流動比率 ・流動資産構成率			

勘定科目	性質と範囲
仮払金 （関連勘定） 　仮受金 （負債項目）	〈性質〉 現金などによる支出を行ったが，相手勘定（費目）が確定していない場合，または相手勘定は確定しているが，内払あるいは概算払で金額が確定していない場合，一時的に処理するものであるから，会計理論上は債権の性質をもつ場合もあり，また費用の性質をもつこともある。 〈範囲〉 一般にこの勘定が発生する取引は ・費用の内払ないしは概算払 ・相手勘定または金額が不確定 ・営業所や各部課への小払資金手交 などである。

分析上の留意点	標準数値(業界全体)			
	製造業	卸売業	小売業	建設業
① 仮払金は費目，金額など不確定時の支出を一時的に記録する科目であるから，速やかに本来の勘定に振り替えて，残高を消滅させるべきものである。 ② 仮払金の精算が遅滞している場合は，会計制度が未熟とみられてもやむをえない。 ③ 比較的多額の仮払金が数期にわたって残っている場合は，表面に表わせない理由（たとえば不良貸付金など）があるのではと疑ってみることも必要である。 ④ 建設業など業種によっては仮払金（仮受金も同じ）が慣習として多額になっている場合がある。したがって，金額面だけではなくその実態も把握するよう心がけるべきである。 ⑤ 仮払金等の金額が総資産の1％を超えるものについては，その内容を示す名称を付して掲記しなければならない（財務諸表等規則）。	－ （関連分析指標） ・流動比率 ・流動資産構成率	－	－	－

勘定科目	性質と範囲
繰延税金資産 (関連勘定) 　法人税等調整額 　繰延税金負債 　　(負債勘定, p.126)	〈性質〉 ① 税効果会計(関連 p.214)の導入に伴って発生する勘定科目で,会計上の利益と税務上の所得の差額のうち,費用・収益の認識時期の異なるもの(これを一時差異という)で,将来の課税額を減らす効果をもったものを計上する。 ② たとえば,税法上,損金不算入とされた貸倒引当金の超過分(会計上は,その分を含めて費用とし,利益の減算要因となるが,税務上は超過分を損金と認めないので,その分利益を加算修正する)の法人税等相当額を当期の法人税等額から控除(損益計算書上では法人税等調整額の勘定をたてる)し,他方,控除額を資産計上することになる。 ③ 上例の損金不算入額は,次期に損金として容認されるものであるから「一時差異」にあたるので,これの繰延税金資産は,流動資産に計上する。 ④ 同じ「一時差異」でも,その解消が次期以降数期にわたるもの(退職給付引当金損金算入限度超過分など)の繰延税金資産は固定資産の投資等に計上する。 ⑤ いずれも「将来減算一時差異」であり,税金の一種の前払分とみてよい。 〈範囲〉 「損金算入限度超過額×法定実効税率」が金額範囲である。 $$法定実効税率 = \frac{法人税率 \times (1 + 住民税率) + 事業税率}{1 + 事業税率}$$ ただし,ここで計算された繰延税金資産の上限額は全額回収できる(利益が計上できて,その額を吸収できる)ことが前提。不可能の場合は回収できる金額だけを計上する。 流動資産に属する資産に関連するもので,1年以内に取り崩されると認められるものである(会社計算規則106条3項1号)。

分析上の留意点	標準数値(業界全体)			
	製造業	卸売業	小売業	建設業
① 企業会計上の税引前利益と税務会計上の課税所得の額は往々にして相違する。したがって課税所得から算出される法人税等の額は税引前利益と対応しているとはいいがたい（減益でも税額は増加し，増益でも税額が減少するという状態はままある）。	―	―	―	―

② この相違は会計処理上の方法の違いから生ずるもので，「一時差異」と「永久差異」に分別される。これを例示すると，
　一時差異…減価償却引当金の償却限度超過額，
　　　　　　諸引当金繰入金の繰入限度超過額
　永久差異…交際費，寄付金の損金算入限度超過額，損金経理した役員賞与，罰科金
などであるが，永久差異は後日調整されることはないので，これによる対応関係の歪みは調整されることはない（税効果会計では，一時差異のみを対象とする）。

③ 税効果会計の処理方法には「繰延法」と「資産負債法」があるが，同会計基準では後者を強制している。資産負債法では，繰延税金資産は将来減算一時差異またはこれに準ずるもの（繰越欠損金，繰越外国税額控除限度超過額）について，将来軽減ないしは還付される税金であるから，その回収可能性についての判断がポイントになる。

④ 連結財務諸表に関しては，資本連結に際し子会社の資産および負債の時価評価により評価差額がマイナスになったときは「会計上の資産価額＜税務上の資産価額」となるので，これは将来減算一時差異で，対象となる。

(注) 損益計算書上の法人税等調整額は，繰延税金資産の前期差額が計上される（会社計算規則114条）。

　なお，繰延税金資産は会計処理上の資産であるから一種の擬制資産と考えられる。ただし，1年内に取り崩され現金化することが前提なので「繰延資産」とは性格的に異なっている。逆にいえば，「繰り延べる税金の額」の回収可能性判定に厳密さが求められることになる。

⑵ 固定資産

a 有形固定資産

勘定科目	性質と範囲
建物・構築物 （関連勘定） 　建物付属設備 　造作 　建設仮勘定 　減価償却費 　減価償却累計額 　減損会計	〈性質〉 ① 保有の観点からすると，自己の経営目的遂行のために長期にわたって使用することを目的とした資産である。 ② 資金の面からすると，企業活動に投下された資金の運用形態の一つであるが，減価償却を通して費用に転化していく費用性資産である。 〈範囲〉 ① 建物 　自己の経営目的のために使用している建物で，次のものをいう。 　・事務所，工場，店舗，倉庫など主たる業務を行うもの 　・社宅，寮など主たる業務に付随して使用されるもの 　・電気設備，冷暖房設備など建物に付属した設備 ② 構築物 　自己の経営目的のために使用している土地の上に固着している建物以外の建造物，工作物およびその付属設備で，次のものをいう。 　・軌条（鉄道の引込み線），発電・送電設備，放送・無線通信用設備，広告塔，運動場，庭園，舗道，トンネル，橋，上・下水道，煙突，焼却炉，岩壁，タンク，塀など ○造作とは，賃借している建物などについて自己の経営目的に使用できるように内部の構造を変更した場合の資本的支出（改修工事費を費用とせず有形固定資産に計上する）をいう。 ○減損会計とは，有形および無形の固定資産を対象に，将来生み出すであろうキャッシュ・フローの現在価値を算出し，簿価より下回っていれば，その額を減損額として損失に計上するもので，当該資産にキャッシュ・フロー造出の能力がどの位あるかが判定基準となる。

分析上の留意点	標準数値(業界全体)			
	製造業	卸売業	小売業	建設業
① 建物・構築物は主たる営業活動を展開するための物的基盤の一つであるから，これの立地・環境条件，活用度合（便益性），老朽度など非財務的な面にも関心をもつ必要がある。 ② 建物・構築物を含めた有形固定資産全体を資金の面からみると，長期かつ多額の資金が固定化するのであるから，それに応じて稼働（結果として期待する収益をあげているか）しているかがポイントになる。 ③ 建物・構築物の取得価額は次のとおり。 ・購入の場合…購入代価＋手数料など直接付随費用＋事業の用に供するまでの直接の費用 ・自家建造の場合…適正な原価計算基準によって計算した原価＋直接付随費用＋事業の用に供するまでの直接の費用 ④ 建物・構築物（土地，建設仮勘定を除くその他の償却資産を含めて）は減価償却の手続によって，その取得原価を各事業年度に配分（費用への転化）していく。このときの減価償却の方法としては定額法と定率法がある。いずれをとるかは企業の自由であるが，採用した方法は正当な理由なく変更することはできない（継続性の原則）。なお，平成10年4月以降に新たに取得した建物は定額法によることになっている（税制の改正）。 ⑤ 減価償却の方法を変更することによって，利益を操作することができる。定額法，定率法によって算出される減価償却費（費用）額が異なるためである。	2.1百万円	2.3百万円	1.4百万円	1.4百万円
	（注） 従業員1人当りの数値で，万円位を四捨五入。 （関連分析指標） ・有形固定資産回転率 $\left(\dfrac{年売上高}{有形固定資産}\right)$ ・有形固定資産回転期間 $\left(\dfrac{有形固定資産}{平均月商}\right)$ ・労働装備率 $\left(\dfrac{有形固定資産}{従業員数}\right)$ 　（注）　建設仮勘定は除く。 ・有形固定資産対長期負債比率 $\left(\dfrac{有形固定資産}{長期負債}\times 100\right)$ ・固定資産回転率 ・固定資産回転期間 ・固定資産成長率 ・固定比率 ・固定長期適合率 ・固定資産構成率			

勘定科目	性質と範囲
機械・装置 （製造業） （関連勘定） 　減価償却費 　減価償却累計額	〈性質〉 ①　保有の観点からすると自己の経営目的のために長期にわたって使用することを目的とした資産（使用目的資産）である。 ②　資金の循環の観点からすると，企業活動に投下された資金運用の一つの形態であり，使用を通して費用（減価償却費）に転化していく非貨幣性資産（費用性資産）である。 〈範囲〉 各種の一般機械，特殊機械，製造設備，加工設備および機械・装置に付属する設備の総称である。 なお，付属する設備にはコンベアー，ホイスト，チェーン，起重機およびその他工場内に固定化されている搬送設備などがある。

分析上の留意点	標準数値（業界全体）			
	製造業	卸売業	小売業	建設業
① 生産資産の代表的なものであるが，機械と装置の区分が困難なことから，一つの用語として用いられている。 ② 取得原価は，購入代金のほか輸送費，および据付，試運転などその機械装置を使用可能な状態にするまでに要した費用が含まれる。 ③ 機械・装置の減価償却方法は，一般には定額法，定率法が採用されているが，技術の進歩などによって機械・装置の陳腐化する速度が速くなっているところから，税法では取替法（50%償却法），級数法といわれる特別な償却や割増償却を認めている。 ④ 機械・装置を修繕した場合，これに要した費用をいわゆる修繕費として費用支出（収益的支出という）するか，これを機械・装置の原価に組み入れて（資本的支出という）爾後，減価償却の手段で逐次費用化していくか，が問題となる。この判断基準としては一応，実質基準（通常の維持・管理程度か，あるいはその修繕によって機械・装置の使用可能期間や価値が増加したか，による区分）と形式基準（金額，修理の頻度などから規定した税法上の考え方）があるが，正確な判定は困難である。 ⑤ 収益の面からみると，資本的支出は利益の減を抑え（積極的に利益の造出とは考えにくい），収益的支出は利益の減に直結している点に関心を寄せるべきであろう。	2.0百万円	0.8百万円	0.4百万円	1.2百万円

（注）万円位四捨五入。従業員1人当りの数値である。

（関連分析指標）
- 労働装備率

$$\left[\frac{機械・装置}{従業員数}\right]$$

（注）分子の有形固定資産（p.84～85）を機械・装置に置き換えたもの。分析目的に応じて，適宜，変形すればよい（ただし，この場合は算式を明示する）。

- 設備新鋭度

$$\left[\frac{生産能力}{設備投下額}\right]$$

- 操業度

$$\left[\frac{生産実績}{生産能力}\right]$$

- 固定資産回転率
- 固定資産回転期間
- 固定資産成長率
- 固定比率
- 固定長期適合率
- 固定資産構成率

勘定科目	性質と範囲
工具・器具・備品 （製造業） （関連勘定） 　消耗工具器具備品	〈性質〉 ①　経営目的のために長期にわたって使用することを目的とした資産である。 ②　企業活動に投下された資金の運用形態の一つで，減価償却を通して費用化していく非貨幣性資産である。 〈範囲〉 企業が保有し，かつ経営目的のために使用している，耐用年数1年以上で相当額（現行税法では20万円）以上の工具，器具および一般管理用の備品をいう。 会社計算規制では「耐用年数1年以上のものに限る」としている（106条3項2号）
車輌運搬具 （関連勘定） 　減価償却費 　船舶および水上運搬具	〈性質〉 ①　経営目的のために長期にわたって使用することを目的とした，いわゆる使用目的資産である。 ②　企業活動に投下された資金の運用形態，すなわち非貨幣性資産で，使用に伴って費用に転化していく費用性資産である。 〈範囲〉 車輌運搬具としては次のものがある。 ・鉄道用，軌道用の車輌 ・タンク車，ミキサー車などの特殊車輌 ・運送事業用，貸自動車用の車輌 ・一般用の自動車，フォークリフト，トロッコなど

分析上の留意点	標準数値（業界全体）			
	製造業	卸売業	小売業	建設業
① 工具，器具，備品の区分は一応次のとおりであるが，一般には「工具器具備品」と一括して使用している。 ・工具（工作用具および機械の先端に取り付けられる加工用の道具をいう。たとえば測定工具，検査工具，治具，切削工具，打板工具など） ・器具（製品加工に直接使用する以外の道具および容器をいう。たとえば測定用，検査用機器，容器など） ・備品（たとえば事務机，椅子，キャビネット，応接セット，電気冷蔵庫など） ② 減価償却の方法としては定額法，定率法が一般的である。 ③ 現実には償却済みの古い資産が残存価格のまま残高に残っている場合があるが，金額的にはさほど重要性はない。	0.4百万円	0.5百万円	0.3百万円	0.7百万円
	（注）従業員1人当りの数値で万円位四捨五入。車両運搬具を含む。 （関連分析指標） ・固定資産回転率 ・固定資産回転期間 ・固定資産成長率 ・固定比率 ・固定長期適合率 ・固定資産構成率			
① 企業が所有し，かつ事業目的のために使用している人または物を，陸上において運搬または牽引するものをいう。 ② したがって，事業目的に関連しない，かつ他人使用の車輌運搬具は投資等に区分されるべきである。また，使用終了のものは廃棄資産または貯蔵品として区分される必要がある。 ③ 一般に利用される減価償却の方法としては，定額法，定率法，生産高比例法 $\left[(取得原価-残存価額)\times\dfrac{当該期の利用高}{総利用高}\right]$ がある。 ④ 残存使用期間が1年未満になっても1年基準を適用しないのは，その企業の経営活動に必要な資産規模を示すためと考えられる。	—	—	—	—
	（関連分析指標） ・実車率 $\left(\dfrac{実車キロ数}{総走行キロ数}\times100\right)$ ・稼働率 $\left(\dfrac{実働車輌数}{所有車輌数}\times100\right)$			

勘定科目	性質と範囲
土地 （関連勘定） 　投資不動産	〈性質〉 ①　自己の経営目的のために長期にわたって使用することを目的として保有している資産である。 ②　企業活動に投下された資金の面からみると，その運用形態の一つで，非貨幣性資産である。しかし，減価償却を通しての費用転化は行われないので費用性資産とはいえない。なお，政策目的から，一般の大会社（資本金5億円以上または負債総額200億円以上）では平成14年3月31日までの決算期に1度だけ事業用土地を時価で再評価し簿価を修正したことがあった（土地再評価法）。 〈範囲〉 自己が所有しかつ自己の経営目的のために現在使用中および使用する目的で保有中のもので，工場，事務所，営業所の敷地のほか社宅や寮の敷地，運動場などがある。 したがって，他人に賃貸する目的で所有しているものは投資不動産として区分される。 また，不動産業を営む企業が販売用に所有している土地は，企業自らが使用する目的ではないので，販売用不動産の勘定でたな卸資産として計上される。

分析上の留意点	標準数値(業界全体)			
	製造業	卸売業	小売業	建設業
① 土地の取得原価は購入価額のほか，購入手数料などの直接付随費用と事業の用に供するまでにかかった直接の費用も加算する。 ② 土地を利用する目的で建物とその敷地を取得して建物を取り壊した場合，建物の価格や取壊費用はその期の費用とはならず，土地の取得価額に加算することになる。 ③ 貸借対照表上の土地勘定については，その所在地，地形，面積，立地条件，使用状況，取得時期などに関心をもつべきである。土地の利用度合いから経営力，経営方針などがうかがえる。また，取得時期に関しては，現行の原価法による資産評価制度からみて含み益が発生していると考えられる（大会社は「土地再評価法」により「含み益」を利益計上したことがある。この場合は「業歴が古いのに，減価が比較的高い」という観察結果になる）からである。含み益は売却処分などをしない限り現実の利益とはならないものの，反面，企業の危機に対する抵抗力になると考えられる（土地が担保として差し入れられていたり，掛目を超えて借入している場合もあるので，注記などで確認することが必要である）。 ④ 土地だけに限らないが，遊休不動産の存在に関心をもつべきである。資産としての価値はともかく，本来企業活動に投下された資金がいわば循環過程から完全にはずれたまま停滞している状態だからである。 ⑤ 固定資産（主として不動産）に対する減損会計（p.68〜69，84参照）の導入により，減損額が生じた場合，これの対応策（売却処分したほうが有利なのか，事業を継続する方向で考えるのかなど）をどのように経営者が考えているのかに関心をもつ必要がある。	56百万円 (2百万円)	52百万円 (3百万円)	16百万円 (1百万円)	29百万円 (3百万円)
	(注) 10万円位四捨五入。なお，( )内は従業員1人当りの金額である。 （関連分析指標） ・固定資産回転率 ・固定資産回転期間 ・固定資産成長率 ・固定比率 ・固定長期適合率 ・固定資産構成率			

勘定科目	性質と範囲
建設仮勘定 （関連勘定） 　建物 　構築物 　建物付属設備 　機械装置	〈性質〉 ① 建設仮勘定は，建築物は建設が完了してはじめて使用することが可能になるところから，間接的な使用目的資産ということができる。 ② 資金的にみた場合，企業活動のために投下された資金の運用形態の一つであることに変わりがない。しかし，完成して使用されるまでは費用に転化しないので，現状では費用性資産とはいえない。 〈範囲〉 設備等の建設にかかわる着手から完工に至る期間に支出した手付金，前払金，材料費，諸経費などを一時的にこの勘定で処理しておくもので一種の通過勘定である。 したがって，建設工事などの完了とともに本勘定（建物勘定，機械装置勘定など）に振り替えられて消滅するものである。

分析上の留意点	標準数値(業界全体)			
	製造業	卸売業	小売業	建設業
① 建設工事などは，その着手から完了するまでに相当の期間を必要とするのが普通である。反面，この期間にはさまざまな名目の費用が支出され，かつ各費目ごとの支出総額が確定するまでにはかなりの期間が必要となる。この煩雑さ，不確定さを避ける意味で支出額を一時的にこの勘定で処理することにしたものである。	1百万円	0.4百万円	0.1百万円	0.2百万円

(注) 10万円位四捨五入。

(関連分析指標)
- 固定資産回転率
- 固定資産回転期間
- 固定資産成長率
- 固定比率
- 固定長期適合率
- 固定資産構成率

② この勘定はいわば通過勘定であるから
- 有形固定資産に属するが減価償却の対象としない。
- 建設完了後速やかに本勘定に振り替えて，この勘定残高は消滅させることとなる。

③ したがって，建設仮勘定残高が数期間同額で推移している場合は
- 建設計画がなんらかの理由で中断し放置されてしまった
- 会計制度が未成熟で，建設完了しているにもかかわらず，本勘定へ振り替えていない
- 完工はしているが非償却資産であることを利用して減価償却費を意図的に圧縮して利益捻出を図っている

などが考えられ，実態把握に努めるべきである。

④ 建設資金借入金の利子で建設期間にあたる部分を，完成した固定資産の取得原価に含めるか否かは議論のあるところであるが，現行では企業の選択に委ねられている（粉飾操作の要因にもなる）。

勘定科目	性質と範囲
リース資産 （関連勘定） 　賃借料	①　リース資産は，本来，貸手側は貸借対照表の資産に計上し，借手側は賃借料を損益計算書上の費用として処理し，その未払あるいは前払があるときに負債または資産に計上していた。 ②　これは法的形式面（権利，義務の明確なものを計上する）を重視した措置であるが，実務上，費用効果の観点から，リース資産が活用され，企業活動の中心化しつつあり，貸借対照表面と実態との乖離が目立つことになった。 ③　そこで，ファイナンス・リース取引（右欄参照）にかかわる資産については，一定条件のもとで資産に計上（オン・バランス）することにした。 ④　「一定の条件」とは，ファイナンス・リース取引契約のなかで，㋐リース期間終了までに物件の所有権が借手側に移転することが明記されている，㋑物件を廉価で購入できる権利が与えられており，その権利行使が確実なもののいずれかを指している。 ⑤　貸借対照表の資産に計上される価額は物件の取得原価である。一般にリース契約におけるリース料総額は物件の取得原価と利息相当額の合算額であるからこれを分別する。 　他方，リース開始時に，未経過利息相当額を除いた額（資産に計上した価額と同額）を負債に計上するので，これに関して損益は生じない。

分析上の留意点	標準数値(業界全体)			
	製造業	卸売業	小売業	建設業
① ファイナンス・リース取引とは，⑦契約期間内での中途解約ができない（ノン・キャンセラブル）こと，④物件からの経済的利益をフルに享受できる反面，物件の利用に伴って発生する費用をすべて負担する（フル・ペイアウト）ことの要件を満たす取引をいい，これ以外の取引をオペレーティング・リース取引という（平成6年，リース取引に係る実務基準）。 ② すべてのリース物件のオンバランスを避け，限定的に容認しているのは，資産の認識要素である法的所有権の有無を守りながら，他方，国際会計基準に近づける狙いからである。 ③ ただし，この限りでは資産性（担保力）がない点，十分留意する必要がある。 ④ 資産に計上したリース物件については，自己所有の固定資産と同じ方法で残存価額や耐用年数，償却方法を決めて償却する（間接償却）。 ⑤ 支払ったリース料については，これを元本返済分と利息支払分とに分け，元本返済分はリース負債を減額し，利息支払分は費用に計上する。 ⑥ 連結会社間でのリース取引は，⑦会計処理が統一（売買処理か賃貸借処理か）されている場合は通常の連結手続に従って関連項目の相殺消去を行い，④会計処理が統一されていない場合は，いずれか一方を修正し，両者を一致させたうえで相殺消去を行う。 ⑦ リース会計の見直しは，平成20年4月以降始まっているが中小企業や3百万円以下の少額物件は除外されている。	―	―	―	―

b 無形固定資産

勘定科目	性質と範囲
のれん（従来「営業権」と称していたもの） （関連勘定） 　合併差益 　連結調整勘定(旧)	〈性質〉 ① 本来の企業活動に投下された資金の運用形態の一つで貨幣性資産である。また，その効果の存続期間は有限であるところから減価償却によって費用化される。 ② 営業権それ自体には譲渡性はないが，商号や商品名などは売買の対象になりうる。 〈範囲〉 営業権は有償で譲受けまたは合併，分割，株式交換などにより発生したものに限り資産ないし負債への計上を認めている。 会社計算規則（11条〜29条）では，資産または負債に計上できる「のれん」（吸収合併，吸収分割，株式交換，新設合併，新設分割，株式移転および事業の譲受けにかかる「のれん」の発生）を詳述している。 なお，連結貸借対照表に表示する「のれん」には，連結子会社にかかる投資の金額が，これに対応する連結子会社の資本の金額と相違する場合の「のれん」（従来は連結調整勘定と称していた）を含むとしている（同116条）。
商標権 （関連勘定） 　意匠権 　実用新案権 　特許権	〈性質〉 ① 特許権同様，費用性資産（非貨幣性資産）である。また，効果存続期間も限られているところから減価償却の対象となる。 ② 法律の保護に基づき経済活動を有利に展開できるという排他的権利をもっている。 〈範囲〉 商標法に基づき登録することによって得られる。 また，他から商標権を買い取った場合もこの勘定に含める。

分析上の留意点	標準数値(業界全体)			
	製造業	卸売業	小売業	建設業
① 従来「営業権」といわれ，企業のとくに優れた収益力や含み資産などの価値を評価した無形の資産価値(超過収益力)をいう。 ② 企業の超過収益力は内外諸要因や日常の企業努力の結果創出されるものであるが，具体的な測定は困難であり，自己創設の営業権の資産計上は認められていない。 ③ 営業権の評価方法は，㋐その企業の超過収益力を資本還元率で除す「資本価値評価法」，㋑買収価額と純資産の差額とする「財産価値評価法」などで求める。 ④ 各無形固定資産に対する減価償却累計額および減損損失累計額は当然無形固定資産から直接控除しなければならない(会社計算規則112条)。	2.5百万円	2.2百万円	1.1百万円	1.1百万円
	(注) 無形固定資産の数値である。万円位四捨五入。 (関連分析指標) ・固定比率 ・固定長期適合率 ・固定資産構成率			
① 商標権が特許権，実用新案権など他の工業所有権と決定的に異なる点は，「新たに創りだされたものか否か」を問わない点である。 ② 商標とは，文字，図形，記号およびこれらの結合，あるいはこれらと色彩の結合から成り，この商標を付すことによって自己の生産，加工，販売にかかわる商品であることを主張するものである。 ③ 商標権は費用性資産であり，法律によって保護されている期間は10年であるから，存続期間内に償却する必要がある。しかし，意識の変化が激しい今日では陳腐化するおそれも高く，早期の償却も考慮する必要がある。なお，税法では10年の定額償却を規定している(残存価額はない)。	—	—	—	—
	(関連分析指標) ・固定比率 ・固定長期適合率 ・固定資産構成率			

勘定科目	性質と範囲
借地権 （関連勘定） 　地上権 　鉱業権 　漁業権 　入漁権	〈性質〉 ①　借地権は，他人の所有する土地を自己の経営目的に利用できるという経済価値に着目すると，そこに資産性を認めることができる。 ②　投下資金の一つの運用形態であり，費用性資産である。 ③　借地権は内容によって自由に譲渡できるものとできないものがある。 〈範囲〉 無形固定資産に計上される借地権は，実際には賃借権であるのが大部分で，地上権はめったに設定されていない。ただし，借地上に建物を所有しているので，実質的には地上権と同等の権利をもつことになる。

分析上の留意点	標準数値(業界全体)			
	製造業	卸売業	小売業	建設業
① 一般に他人の所有地を利用する権利を総称して借地権というが，これには地上権と賃借権の二つがある。 ② 地上権は法律上の物権（物を直接支配する権利）であるから，自由に譲渡することができる。一方，賃借権は法律上の債権（債務者にある行為を請求する権利）であるから，譲渡には賃貸人の承諾が原則として必要になる。したがって，権利の強弱からいえば，地上権は賃借権よりも強い。 ③ このことから現実に所有者である地主は賃借権なら認めるが，地上権の設定は好ましくないと考えるのが普通であり，地上権の設定契約を避けることになる。 ④ しかし，賃借権であっても借地人が借地上に建物を所有（登記）していれば，実質的には地上権と同じような強い権利をもつことになる。借地法は，建物所有の目的で利用する借地権を保護しているわけである。 ⑤ 借地権の価額（更地価額の7割前後が一般的）は，長い目でみれば更地の値上りにつれて上昇しているので，含み益がどの程度あるかに関心をもつ必要がある。 ⑥ 税法では，借地権を非償却資産と認識している。	－	－	－	－
	（関連分析指標） ・固定比率 ・固定長期適合率 ・固定資産構成率			

第2章　貸借対照表の勘定科目の読み方

勘定科目	性質と範囲
ソフトウエア （関連勘定） 　研究開発費 　無形固定資産	① ここでいうソフトウエアとは「コンピュータを機能させるように指令を組合わせて表現したプログラム等」（企業会計審議会の会計基準）をいうが，具体的には「プログラムだけではなく，システム仕様書，フローチャート等の関連文書も含まれる」（日本公認会計士協会の実務指針）としている。 ② ソフトウエアは市場販売目的分と自社利用分に類別され，前者については，⑦製品性を判断できる程度のプロトタイプが完成しているか，④プロトタイプを製作していない場合は製品として販売するための重要な機能が完成しており，かつ重要な不具合が解消している状態のものを「製品化された製品マスターの完成」と考えている（実務指針）。 ③ 一方，自社利用のソフトウエアについては，さまざまな製作形態のものがあるので一律に規定するのは困難であることから，⑦そのソフトを使用して受益者から対価が得られる，④業務を効率的または効果的に遂行できる（この場合，利用ソフトは自社製作の場合と市販ソフトの購入の場合がある）状態のものを例示している（実務指針）。 ④ 財務諸表等規則では，企業会計審議会の会計基準を一般に公正妥当な会計慣行と認識しているので，証券取引法適用会社などはこれを準拠すべきとしている。

分析上の留意点	標準数値（業界全体）			
	製造業	卸売業	小売業	建設業
① 従来，ソフトウエア製作費の会計処理については統一した基準がなかったので，米国の会計処理に準拠したり，レコード業界の会計処理方法を参考にするなど，企業ごとにさまざまな処理方法が採用されてきた。他方，ソフトウエア製作費と試験研究費および開発費の垣根も明確でなく，恣意的な資産計上もみられるところから，平成10年3月，ソフトウエアの会計処理を統一したものである。	－	－	－	－
② 市場販売目的のソフトウエアは「製品化された製品マスター」が完成するまでに要した製作費は研究開発活動的な性格があるので，全額が費用処理される。一方，この期以降の製作費は資産に計上される。				
③ 自社利用のソウトウエアは，将来の収益獲得あるいは業務上の費用削減が確実である場合には，将来の収益との対応の観点から，その取得原価を資産に計上することになる。				
④ 資産に計上されたソフトウエアは，合理的な償却方法（たとえば，市場販売目的分は見込販売数量，見込販売収益基準の方法あるいは定額法，自社利用分は定額法）により，原則として市場販売目的分は3年以内，自社利用分は5年以内に償却される。				
⑤ 資産に計上するソフトウエアは，市場販売目的，および自社利用を区分することなく，ソフトウエアその他当該資産を示す名称を付して無形固定資産に計上する。ただし，制作途中のソフトウエアについては，その制作費を無形固定資産の仮勘定として計上する。なお，機器組込みのソフト（ファームウエアという）を購入した場合は有形固定資産に「機械および装置」として計上する。				

C 投資その他の資産

勘定科目	性質と範囲
投資有価証券 （関連勘定） 　有価証券 　関係会社，親・子会社株式	〈性質〉 ① 企業資金の循環という観点からみると，その過程からはずれ他の企業に投下している状態（外部投資）で即時の現金化は不可能なところから非貨幣性資産である。 ② 反面，投資期限終了時点での利益享受が期待できる点に資産性が認識される。 〈範囲〉 長期保有目的の市場性のある有価証券および市場性のない有価証券で国債，地方債，事業債，出資証券，受益証券，外国債，特別法により設立された法人の発行する債券などである。

分析上の留意点	標準数値(業界全体)			
	製造業	卸売業	小売業	建設業
① 投資有価証券の保有目的は，長期的な利殖を目的としたものや，営業上または金融上の取引関係を長期的かつ円滑に維持する目的のものである。したがって，その処分は流動資産に計上されている有価証券に比して融通性は低い。 ② 投資有価証券の銘柄や数量の変化を観察することによって，その企業の経営姿勢や取引状況をおおまかにつかめる場合もある。 ③ 投資有価証券の評価は基本的には原価法が適用される。ただし，市場性のある有価証券については時価法の選択もできる。なお，原価法を採用している場合，時価が著しく低下し回復の見込みがあると認められないときは，時価まで評価を下げなければならない。 ④ 関係会社株式や子会社株式などは投資有価証券に含めず，別建で計上することが求められている。 ⑤ 投資有価証券の売却損益はその性格からみて臨時的なものであるから，損益計算書の特別損益に計上されるべきである。	39.7百万円	38.3百万円	11.1百万円	14.8百万円
	(注) 投資その他の資産の数値である。 (関連分析指標) ・1株当り利益 $\left(\dfrac{当期純利益}{発行済株式数}\right)$ ・1株当り純資産 $\left(\dfrac{資産-負債}{発行済株式数}\right)$ ・株価収益率 $\left(\dfrac{株価}{1株当り利益}\right)$ ・固定比率 ・固定長期適合率 ・固定資産構成率			

第2章 貸借対照表の勘定科目の読み方

勘定科目	性質と範囲
関連会社・子会社株式 （関連勘定） 　関連会社・親会社・ 　子会社社債	＜性質＞ 企業資金の循環の観点からすると，その循環過程外の外部への投資形態であるが，その目的は報酬の稼得よりもその企業の支配あるいは影響力の確保にある。 ＜範囲＞ ・関連会社…会社（子会社を含む）が他の会社の議決権を$\frac{20}{100}$以上$\frac{50}{100}$以下を実質的に所有し，かつその会社の財務，営業方針に重要な影響を与えている関係。 ・子会社…会社（子会社を含む）が他の会社の議決権総数の過半数にあたる株式を所有し，財務および事業の方針の決定を支配している関係。
出資金 （関連勘定） 　子会社出資金	＜性質＞ 資金提供に伴う出資者の持分が有価証券の形をとらないだけで，長期的な利益の配当を受ける目的あるいは取引上の関係維持目的などのためになされる外部投資である。 ＜範囲＞ 信用金庫，信用組合，中小企業協同組合等の組合または有限会社，合名会社，合資会社等に対する持分（拠出額）をいう。 ただし，上掲，有限会社は会社法施行により廃止（会社法整備法1条）されたので，新たな出資金は発生しない。

分析上の留意点	標準数値（業界全体）			
	製造業	卸売業	小売業	建設業
① 親会社，子会社，および関連会社を総称して関係会社といっている（財務諸表等規則）。 ② 関係会社株式を他の投資有価証券と区別して計上することにしているのは，法的に独立した企業であっても経済的には同一という性質をもっているから，投資家等がその企業を判断する場合，経済単位として統合した形で把握できるようにしたものである。 ③ 子会社株式の評価は取得原価による。たとえ取引所相場のある株式であっても同様である。ただし，強制評価法の適用および取引所相場のない株式の特定時（発行会社の財政状態が著しく悪化した場合）の減額評価については一般の株式と同様である。	―	―	―	―
	（関連分析指標） ・1株当り利益 $\left(\dfrac{当期利益}{発行済株式数}\right)$ ・1株当り純資産 $\left(\dfrac{資産-負債}{発行済株式数}\right)$ ・株価収益率 $\left(\dfrac{株価}{1株当り利益}\right)$ ・固定比率 ・固定長期適合率 ・固定資産構成率			
① 関連会社，子会社関係にある企業に対する出資金は別建て計上が求められている。 ② 旧有限会社等に対する出資についてその証として株券類似のものを発行している場合があるが，これは有価証券ではないので有価証券勘定で処理するのは誤りである。 ③ 出資金の種類や数量などを把握することによって，その企業の経営姿勢や実態をうかがうためのヒントを得られる場合がある。	―	―	―	―
	（関連分析指標） ・固定比率 ・固定長期適合率 ・固定資産構成率			

勘定科目	性質と範囲
長期貸付金 （関連勘定） 　従業員長期貸付金 　短期貸付金	<性質> 企業資金の循環過程からみると，典型的な外部投資形態の資産であり，回収を条件として一定の利息稼得がその目的である。ただし，現実には相手企業救済目的（利息たな上げ）のものもある。 <範囲> 金銭消費貸借契約に基づく企業資金の貸付のうち，回収期限が貸借対照表日の翌日から1年を超えて到来するものである。なお，返済期限が1年以内のものは短期貸付金に振り替えるべきである。
敷金 （関連勘定） 　差入保証金	<性質> 企業資金の循環の観点からすると，その過程の外にある，いわば外部投資形態である。ただし，投資に対する報酬を目的とするものではないので，その他の外部投資形態のものとは異質である。 <範囲> 不動産を賃借するに際して賃借人が賃貸借契約上の債務を担保する目的で手交する金銭をいう。
繰延税金資産	税効果会計の適用によって発生する，有形および無形固定資産，もしくは投資その他の資産に属する資産または固定負債に属する負債に関連するものである（会社計算規則106条3項4号）。

分析上の留意点	標準数値(業界全体)			
	製造業	卸売業	小売業	建設業
① 金融を主たる業務にしていない限り，一般の事業会社で長期貸付金が多額になることはまず考えられない。 ② 長期貸付金残高がある程度の水準を維持し，かつ数期継続している場合は，なんらかの資金支援，救済目的が考えられるので，その内容（相手先，回収約定，見通しなど）に関心をもつべきである。なお，不良債権などを振り替えている場合もある。 ③ 貸付金に対し利息の収授があるか（たな上げしていないか）は，損益計算書の営業外収益を精査することによって判断できよう。	ー	ー	ー	ー
	（関連分析指標） ・固定比率 ・固定長期適合率 ・固定資産構成率			
① 敷金は賃料の滞納や賃貸借契約の不履行に基づく損害賠償などを担保するために差し入れるもので，契約終了時に賃借人に債務不履行がなければこれを返還し，もし不履行があれば敷金のなかから当然債務に充当されることになる。 ② 正常な場合，原則として全額が返還されるのであるから減価償却は行なわない。 ③ 敷金は差入保証金の一種であるところから，差入保証金勘定で処理することもある。 特定の資産または負債に関連しない繰延税金資産もある。いずれも1年以内に取り崩されないと認められるものである。	ー	ー	ー	ー
	（関連分析指標） ・固定比率 ・固定長期適合率 ・固定資産構成率			

(3) 繰延資産

勘定科目	性質と範囲
創立費 （関連勘定） 　創立費償却	会社の負担となる設立費用，たとえば定款および諸規則作成の費用，株式募集のための広告，印刷などの費用，設立事務にかかわる賃借料，使用人の給料手当，金融機関や証券会社の諸手数料，設立総会の費用などを資産として計上した場合は繰延資産とする。 各繰延資産に対する償却累計額は，当該各繰延資産の金額から直接控除することになっている（会社計算規則115条）。なお，同計算規則では，「繰延資産として計上することが適当であるもの」にとどまり，個別表示がない（106条3項5号）ので，ここでは財務諸表等規則から掲出した。
開業費 （関連勘定） 　開業費償却	会社成立後，営業を開始するまでに支出した開業準備のための費用，たとえば土地・建物等の賃借料，広告宣伝費，通信交通費，従業員の給料手当，保険，ガス・水道光熱費など一切の諸経費をいう（財務諸表等規則ガイドライン36の2による）。ただし，税法では開業準備のため「特別に」支出した費用のみをさし，従業員給料手当など経常的な支出はその年度の費用とすべきこととしている。

分析上の留意点	標準数値(業界全体)			
	製造業	卸売業	小売業	建設業
① 創立費は企業の収益活動基盤または収益活動の条件を構築するためになされた費用であり，その収益効果は企業の存続期間に及ぶと認識されている。 ② ただし，理論上の認識はともかく擬制的な資産であるところから，短期間での償却が望ましい。なお，税法では「創業費」という名称を使用しているが，一時に償却してもよいし，また繰り延べて逐時償却してもよいことにしている。 ③ 償却額は損益計算書の営業外費用として計上される。	1.3百万円	0.8百万円	0.5百万円	0.1百万円
	(注) 繰延資産の数値である。 (関連分析指標) ・減価償却進捗率 $$\left(\frac{減価償却費累計}{資産簿価+償却費累計}\times 100\right)$$			
① 開業費については，これを資産計上するか否かは企業の自由であるが，計上した場合は短期間での償却が望ましい。 ② 開業費を資産として計上しても，それ自体に譲渡性はなく，財産としての価値すなわち債務支払能力がないのは創立費と同様である。 ③ 貸借対照表には未償却残高を計上し，償却額は損益計算書の営業外費用として表示する。 ④ 会社計算規則は，前述のように，繰延資産の内容，償却などの規定を置いてないが，今後，実務の推移からなんらかの規定ができるものと思われる。	―	―	―	―

勘定科目	性質と範囲
開発費 （関連勘定） 　試験研究費 **新株発行費** **社債発行費** **社債発行差金**	新技術または新経営組織の採用，市場の開拓などのために支出した費用および生産能率の向上や生産計画の変更などにより大幅な生産設備の変更をした場合などに要した費用をいう。なお，上記のうち経常的に支出される性質の費用は含めないものとしている。 ただし，税法では経営組織の改善，設備の大幅な変更などに要した費用は開発費と認識していない。 株式募集のための広告費，取扱手数料，印刷費，登録税など 社債募集のための広告費，取扱手数料，印刷費，登録税など 社債権者への償還金額と募集で得た実額との超過差額金 （財務諸表等規則ガイドライン3bの3，4，5，6）
[参考] **試験研究費** （関連勘定） 　開発費 　試験研究費償却 　研究開発費 [参考] **建設利息**	新製品の試験的製作や新技術の研究のために特別に支出した費用をいい，企業が現在生産している製品や採用している製造技術を改良するために経常的に支出している費用は，ここでいう試験研究費には含まれない。 なお，試験研究費と開発費の範囲が必ずしも明確でなく，また，資産への計上が任意であるところから，研究開発活動にかかわる費用はすべて発生時に費用処理されている。 従来，繰延資産に計上されていた「建設利息」は，資本の払戻しであり，それを資産に計上するのは債権者保護の観点から好ましくないとして会社法の成立に伴い制度自体が廃止された。

分析上の留意点	標準数値(業界全体)			
	製造業	卸売業	小売業	建設業
① 開発費は将来の収益発現を期待して支出されるものであるから，当然，収益発現期間に応じて償却されるべきものである。しかし，その対応関係は明確に特定できるものでもなく，また開発費(資産)自体に譲渡性のないところから早期の償却が求められている。 ② 剰余金の分配可能額の算出(後述 p.157)に際し，資産の部に計上されたのれん(営業権)の2分の1の額と繰延資産の合計額(ただし，資本金および準備金の合計する額を超過した分)が分配制限規定の適用を受けることになる(会社計算規則181条1号)。 ③ 償却は直接控除の方法で処理されるので，未償却残高が繰延資産となる。	－	－	－	－
① 旧商法施行規則では「研究費および開発費」の表現であったが，研究費の繰延経理が認められなくなった(研究開発費等にかかる会計基準)。 ② 税法上の繰延資産は上記6項目より広く「自己が便益を受ける公共的共同的な施設への投資」も対象にしている。	－	－	－	－

第2章　貸借対照表の勘定科目の読み方

2 負債項目

(1) 流動負債

勘定科目	性質と範囲
支払手形 （関連勘定） 　支払融通手形 　営業外支払手形 　関係会社支払手形	〈性質〉 企業資金の循環という観点からみると，企業活動に投下される資金の外部調達形態の一つであり，将来相手方に現金で支払わなければならない義務を負うものである。 〈範囲〉 通常の営業取引に基づいて振り出された手形であり，固定資産の購入や建設，金融取引のために振り出された手形はこれに含めない。 買掛金の支払のために支払手形を振り出した場合，それが「現金の支払に代えて」行なった旨の特約がない限り，法律上は買掛債務と手形債務が併存していることになる。現実には，このような特約がないのが大部分である。 ただし，会計処理上は法律的に強制力の強い手形債務を対象として，「支払手形勘定の発生，買掛金勘定の消滅」としている。

分析上の留意点	標準数値(業界全体)			
	製造業	卸売業	小売業	建設業
① 支払手形には営業循環基準が適用されるので，たとえ支払期日が1年超のものであっても，営業取引上発生した支払手形は流動負債に計上されることになる。 ② 設備や建物などの購入に際して振り出された支払手形は営業循環外のものであるから1年基準の適用を受ける。この場合，流動資産に計上される支払手形(支払期日が1年以内のもの)は「設備関係支払手形」として別建で表示されることが望ましい。 ③ ただし，設備関係支払手形を別建てにするケースは現実にはまれである(固定負債に計上する場合は当然のごとく表示する)ので，支払手形回転率などを算出するときには，この点を確かめる必要がある。 ④ 金融機関などから資金を調達する場合，借入金に対して手形を振り出して差し入れるケース(単名借入)が多い。本来は短期借入金として処理しなければならないところ，支払手形として処理することもある(とくに高利資金の利用や融通手形の場合はこれを隠す目的が多い)。	1.7ヵ月	1.8ヵ月	1.0ヵ月	1.4ヵ月
	(注) 買入債務回転期間である。 (関連分析指標) ・支払手形回転期間 　$\left[\dfrac{支払手形}{月平均売上原価または平均月商}\right]$ ・支払手形回転率 　$\left[\dfrac{売上原価または売上高}{支払手形}\right]$ ・仕入債務回転期間 　(注) 仕入債務=支払手形+買掛金+裏書譲渡手形 ・仕入債務回転率 ・流動比率 ・流動負債構成率 ・負債比率 ・売上債権対仕入債務比率			

第2章 貸借対照表の勘定科目の読み方

勘定科目	性質と範囲
買掛金 （関連勘定） 　関係会社買掛金 　未払金 　工事未払金 　　（建設業）	〈性質〉 企業資金の循環過程からみると，企業活動に投入される資金の外部調達形態の一つであり，将来，相手方に現金あるいは手形を振り出して支払わなければならない義務を負うものである。 〈範囲〉 商品や原材料などの仕入あるいは外注加工の依頼や役務の受入れなど通常の取引において発生した営業上の未払金である。したがって，固定資産の購入や建設にかかわる未払金はこの勘定に含めない。 なお，通常の取引に基づいて発生した役務の提供による営業上の未払金，たとえば電気・ガス・水道料などの未払金を買掛金に含めるか（財務諸表等規則ガイドラインでは含ませることができるとしている）どうかは実務上一定していない。

分析上の留意点	標準数値(業界全体)			
	製造業	卸売業	小売業	建設業
① 商品や原材料の仕入あるいはサービス(役務)を受けることによって買掛債務が発生する。この場合，商品などは納入から検収を経て入庫のプロセスをとるわけであるが，どの時点で買掛金が発生するかの問題がある。	1.7カ月	1.8カ月	1.0カ月	1.4カ月

(注) 上掲は買入債務回転期間である。

② 一般には，買掛金の発生時は検収完了時がとられている。この時点では金額，数量などが確定し事務処理(支払事務)も統一的に実施できるからである。売掛金の計上が相手方の検収前の出荷時点で行われるのと対照的であるといえる。

③ 実務上，毎月一定の日に締め切って相手方に請求書の提出を求め，これを買掛金元帳などと突合検証した後，特定の日に小切手や約束手形などを支払うことにしている。これによって買掛金は消滅することになる。

④ 買掛金には営業循環基準が適用されるので，たとえ支払期限が1年超のものでも流動負債に計上される。

⑤ 関係会社などとの取引に基づいて発生した買掛金は，原則として他の買掛金と区別して「関係会社買掛金」で処理されなければならない。

⑥ 実務上では買掛金と未払金の区別基準が必ずしも定着しておらず，企業それぞれの判断基準によって区別されているのが実情である。したがって，買掛金回転率などを求める場合は買掛金と未払金の残高比較などにより妥当性を検討してみることも必要である。

(関連分析指標)
・買掛金回転率
$$\left(\frac{売上原価または年売上高}{買掛金}\right)$$
・買掛金回転期間
$$\left(\frac{買掛金}{月平均売上原価または平均月商}\right)$$
・仕入債務回転率

(注) 仕入債務＝支払手形＋買掛金＋裏書譲渡手形

・仕入債務回転期間
・流動比率
・流動負債構成率
・負債比率
・売上債権対仕入債務比率

勘定科目	性質と範囲
未払金 （関連勘定） 　未払税金 　未払法人税等 　未払配当金 　未払役員賞与 　未払役員退職金 　未払費用 　工事未払金 　（建設業）	〈性質〉 企業活動に投入される資金の外部調達形態の一つであり，発生後比較的短期間に現金あるいは約束手形を振り出して支払われる性質のものである。 〈範囲〉 通常の取引に関連して発生する未払金や通常の取引以外の取引（固定資産や有価証券の購入取引など）により発生する未払金をいう。 通常の取引に関連する未払金とは広告料，販売手数料，売上割戻金，物品税などの未払額をいう。 未払税金（通常，費用処理される資産税，登録税など）は納税義務が発生している租税公課についての未払額をいうが，租税債務という性質から，他の未払金と区別して処理されるべきである。 なお未払税金は，納税義務は確定しているが金額が最終的に決まっていない（決算技術上および税務調査未了などによる）ため概算計上せざるをえない未払法人税等（または法人税等充当金）とは税金の範囲（法人税，法人住民税，事業税など）が異なっているため区分される必要がある。

分析上の留意点	標準数値(業界全体)			
	製造業	卸売業	小売業	建設業
① 未払金と未払費用の区分は，中小企業ではかなり混乱している模様である。諸経費の未払分をすべて未払費用勘定で処理しているケースも多いが，これは誤りであり，相手の給付(物品やサービスの提供)が完了し，または支払期日，決算期日の到来したものはすべて未払金で処理しなければならない。未払費用は通常，決算時に期末整理事項(期間損益を正確に算出するための収益・費用の修正)として計上される勘定である。 ② 未払金の定義からくる混乱もある。すなわち，未払金は「通常の取引に関連して発生するものおよび通常の取引以外の取引によって発生するもの」をいうが，この「通常の取引に関連する」という表現が諸経費すべてを包含していると誤解されるもとと思われる。 ③ 未払金の内容は「関連勘定」に掲出したほか未払給料，未払保険料，未払利息，未払賃借料，未払外注工賃(外注工賃は営業上の未払金であるとして買掛金で処理される場合もある)など多岐にわたるので，残高が比較的大きい場合には内容を検討し発生事由の妥当性を判断する必要がある。	－	－	－	－
	(関連分析指標) ・流動比率 ・流動負債構成率 ・負債比率			

第2章　貸借対照表の勘定科目の読み方

勘定科目	性質と範囲
工事未払金 （建設業） （関連勘定） 　未成工事支出金	工事未払金は完成工事および未成工事にかかわる工事原価，すなわち材料費，労務費，外注費および経費に算入しなければならない費用の未払額をいう。
短期借入金 （関連勘定） 　手形借入金 　1年内返済の長期借入金 　役員・従業員短期借入金 　関係会社短期借入金	返済期限が決算日の翌日以降1年以内に到来する借入金を短期借入金という。 したがって，長期借入金であっても返済据置期間が終了し分割返済が始まった場合，決算日の翌日を起算して以後1年間に返済を約定している金額相当分は流動負債に計上されることになる（勘定名は1年内返済の長期借入金となる）。 短期借入金には金銭消費貸借契約書によるもののほか，手形借入金，当座借越も含まれる。

分析上の留意点	標準数値(業界全体)			
	製造業	卸売業	小売業	建設業
① 工事未払金は建設業に特有の勘定科目であり，一般の事業会社が工事を発注した場合の未払額とは異なるものである(この場合は，工事未払金ではなく，未払金として処理されるべきである)。 ② 未成工事未払金は，その工事が完成するまでは損益に影響しないので，実務上は完成工事未収金ほど厳密な見積もりをしていないのが一般的である。 ③ 完成工事未払金の見積計上額が翌期に確定し，両者間に差額を生じた場合は前期損益修正損または益として損益計算書の特別損益に計上されることになる。	—	—	—	—
① 短期借入金は返済期限が比較的早く到来するので運転資金として利用されることが多く，その資金使途も商品仕入資金，賞与資金，決算資金，季節資金，つなぎ資金など多岐にわたっている。 ② 借入金については一般に借入先，借入金額，返済約定，資金使途，適用利率，担保の有無などについて関心をもつ必要がある。 　これらの項目は融資の可否判断の材料であるが，半面，返済財源，返済方法を確定(爾後の融資管理にも役立つ)する狙いがある。 ③ 短期借入金として経理されているが実質，回転利用(返済約定もない)している場合が多いが，このような場合は当初の資金使途も判然とせず好ましい状態とはいえない。 ④ 役員・従業員や関係会社からの借入金は区分して計上することが求められている。	0.3カ月	0.8カ月	1.2カ月	1.1カ月
	(関連分析指標) ・短期借入金回転期間 $\left(\dfrac{短期借入金}{平均月商}\right)$ ・短期借入金回転率 $\left(\dfrac{年売上高}{短期借入金}\right)$ ・預貸率 $\left(\dfrac{固定性預金}{短期借入金＋割引手形}\times 100\right)$ ・流動比率 ・流動負債構成率 ・負債比率 ・利子対有利子負債比率			

勘定科目	性質と範囲
前受金 (関連勘定) 　営業外前受金 　商品券 　仮受金	〈性質〉 資金循環の観点からすると企業活動に投下される資金の外部調達形態であるが，将来，現金をもって返済するという性質のものではなく，商品や工事などの引渡し，あるいはサービス(役務)の提供によって前受金という債務が履行され，直接売上高などの収益に振り替えられるか，売掛金と対等額相殺されてこの前受金は消滅することになる。 〈範囲〉 商品や製品の販売契約や工事の受注契約などの取引について生じた金銭の前受額をいう。 貸ビルなどの不動産業，倉庫業や映画業の賃貸料，保管料，映画配給料などの前受額がこれにあたる。すなわち前受金はその企業の主たる営業収益の前受金を処理する勘定といえる。したがって，それを業としていない企業が有価証券や固定資産を売却するにあたって前もって受け入れた金銭はここでいう前受金にあたらない(財務諸表等規則ではこれを「その他の流動負債」として表示する)。

分析上の留意点	標準数値(業界全体)			
	製造業	卸売業	小売業	建設業
① 前受金は建設業や特定の業種で多くみられるが、一般の事業会社では大きな金額にならないのが普通である。 ② したがって、業種的にみて若干過大と思われる場合は、その内容を検証する姿勢が必要である。 ③ 前受金の残高が残っているケースとしては ・受注工事が完了し引渡しも終わっているが、工事原価が確定していないのでその期の売上高に計上していない場合 ・一部完成し売掛金を計上したが、前受金と相殺せず両建で計上している場合 ・売掛金の入金分を前受金として受け入れ売掛金と両建で計上している場合 ・営業外取引である不動産売却にかかわる契約金などを前受金として処理している場合 などが考えられる。 ④ また、表面に出しにくい高利の借入を前受金で処理する場合もあるので、金額だけをみても、その実態がわからないことがある。 ⑤ 前受金以上に不透明な勘定に「仮受金」がある。前受金は基本的には受注品や受注工事などに関する前受けであり、受け入れた目的はとりあえず明瞭なのであるが、仮受金は収受した目的が未定であるとか、取引価格が不確定であるといった場合に処理する勘定である。いわば仮勘定(未決済勘定)といわれるもので、企業の意思で操作的に使われやすい勘定でもある。	―	―	―	―
	(注) 建設業では未成工事受入金となる。ただし、『中小企業実態基本調査』から算出不能。 (関連分析指標) ・流動比率 ・流動負債構成率 ・負債比率			

第2章 貸借対照表の勘定科目の読み方

勘定科目	性質と範囲
賞与引当金	〈性質〉 賞与引当金は従来の負債性引当金(この呼び方は廃止されているが，その意味がなくなったわけではない)のうちの条件付債務(賞与の支給日や支給額が確定すると債務になる)にあたり，それに備えて当期の負担に属する金額を見積もり計上したものである。 〈範囲〉 従業員に対し翌期中に支給予定のある賞与のうち，当期の負担に属する金額である。なお，役員に対する賞与は株主総会に個別議案として承認を求める（会社法361条1項。ただし，定款にその定めがない場合）ことになっているので，この勘定の対象とはならない。

分析上の留意点	標準数値（業界全体）			
	製造業	卸売業	小売業	建設業
① わが国企業では夏季と年末の年2回の賞与支給が慣行（就業規則作成義務企業で規則にこの定めがないものは少ない）となっているので，賞与引当金が設定されていない場合は，まず疑念をもつ必要がある（賞与支給期間と決算日との関係から計上金額の多寡は生ずる）。 ② 一般に引当金は企業の意思により操作できる勘定であるだけに，これが利益操作に使われやすいことがある。また，操作意図はなくても賞与引当金が設定されていない場合，その企業の労務管理上の問題点の有無に関心をもつべきである。 ③ 賞与支給は，支払賞与額と引当金取崩額の差額（支払額＞取崩額が普通）は製造経費または販売費・一般管理費に計上する。この逆の場合は前期損益修正益となる。 ④ 税法上の賞与引当金制度は，平成15年度以降廃止されている。ただし，これは課税所得計算上の問題であり，企業会計上の必要性を否定しているものでないのは当然である。	－	－	－	－
	（関連分析指標） ・流動比率 ・流動負債構成率 ・負債比率			

勘定科目	性質と範囲
未払法人税等 （法人税等未払金） （関連勘定） 　納税充当金 　納税引当金 　未払税金	①　法人税は事業年度終了時点で納税義務が発生するから，税額をその事業年度の未払金として計上する必要がある。 　　しかし，決算技術上の問題および最終的な税額確定は税務調査終了をまたねばならないことから，全額を不確定債務（金額は概算計算）として，通常の未払金と区別して計上することにしている。 ②　また，法人税と課税方法（利益を基準とする）を同じくする住民税，事業税（事業税の納付については実務上現金主義と発生主義のいずれかで処理されていた。未払事業税が発生するのは後者）も同様である。 ③　ただし，事業税については期間損益をより正確に把握するために発生主義に統一することにした。すなわち当期に属する事業税は支払の有無にかかわらず「法人税等」に含めることとし，未払の場合は未払法人税等に含めて計上することになる。

分析上の留意点	標準数値(業界全体)			
	製造業	卸売業	小売業	建設業
① 未払法人税等は左項「関連勘定」に表示したように法人税等未払金，納税充当金，納税引当金，法人税等引当金，法人税等充当金などさまざまな名称が用いられているが，意味していることに変わりはない。 ② 事業年度が6カ月を超える普通法人企業は，その事業年度開始後6カ月を経過した時点で，その後2カ月以内に中間申告(前年度実績による予定申告と仮決算による中間申告の2方法がある)をする義務がある。したがって，未払法人税等に計上される税額はその期の所得にかかわる法人税等の全額ではない。 ③ その期の所得にかかわる法人税等は損益計算書の「税引前当期純利益」の下欄に計上されるので，これと対比してみることも必要である。その差額が，中間納付した税額と考えてよい。 ④ 「法人税等」に含められる事業税は利益(所得)を基準にして課せられるものに限られている。ほとんどの業種は，これに該当するが，電気，ガス供給業等は事業収入を基準にしているので支払分は販売費・一般管理費に，未払分は未払事業税として負債にそれぞれ計上される。	―	―	―	―
	(関連分析指標) ・流動比率 ・流動負債構成率 ・負債比率			

勘定科目	性質と範囲
繰延税金負債 （関連勘定） 　法人税等調整額 　繰延税金資産 　　（資産勘定，p.82）	〈性質〉 ①　税効果会計（後述 p.214）の導入により生じた勘定科目で，会計上の利益と税務上の所得との差額のうち，費用・収益の認識時期の異なるもの（一時差異）で，将来の課税額を増加させる効果をもつものを計上する。 ②　たとえば，税法で認める固定資産の圧縮記帳積立金を利益処分方式で積み立てた場合，企業会計上は費用にならないが，税務会計上は損金となるので，その税率相当額だけ法人税等の額を減らすことになる。これについての企業会計上の処理は，「税率相当額」を法人税等調整額に計上（加算要素）し，他方，税率相当額を繰延税金負債として計上することになる。 ③　上例の繰延税金負債は，次期以降に逐次法人税等額に加算される性質をもっている。また，圧縮記帳積立金は「固定」資産にかかわるものであるから，その繰延税金負債は「固定」負債に計上することになる。 ④　同じ「一時差異」でも，その解消が次期以内で終息するもの（申告減算調整の対象となる引当金の損金不算入額を申告加算調整したことにより発生した税務上の製造原価差益など）の繰延税金負債は流動負債に計上される。 ⑤　いずれも「将来加算一時差異」であり，税金の一種の未払分とみてよい。 〈範囲〉 「一時差異額×法定実効税率」が負債計上額となる。 （注）「法定実効税率」は p.82参照

分析上の留意点	標準数値（業界全体）			
	製造業	卸売業	小売業	建設業
① 企業会計上の税引前利益と税務会計上の課税所得の額は一致していないのが普通である。したがって，課税所得から算出される法人税等の額は，税引前利益と対応しているとはいいがたい。 ② この相違は，両者の会計処理方法（費用・収益そのものおよび時期に対する認識）の違いから発生するもので，この違いを「一時差異」と「永久差異」とに分別している。これを例示すると， 　一時差異…利益処分方式で計上した措置法上の諸準備金，圧縮記帳積立金の容認額，未収還付事業税など 　永久差異…受取配当金の益金不算入額，収用の場合の所得の特別控除など であるが，永久差異は後日解消することはないので，これにかかわる対応関係の歪みは永久に調整されない（今回の税効果会計は，一時差異のみを対象とする）。 ③ 「将来加算一時差異」となる事例は，「将来減算一時差異」よりも，実務上少ないといえる。 ④ 連結会社相互間の債権と債務は消去されるので，これにかかわる貸倒引当金も減額調整されることになる。しかし，この引当金は法人税法上のものとして親会社（たとえば，子会社に対し貸付金があり，それに対して貸倒引当金を建てている場合）では損金算入されているので，連結ベースでは税務での損金算入が連結会計上の費用計上に先行した形であるから，「将来加算一時差異」となる。	―	―	―	―

第2章　貸借対照表の勘定科目の読み方

勘定科目	性質と範囲
製品保証等引当金 （製造業） （建設業）	〈性質〉 特定の業種で，その請負または製造にかかわる目的物の欠陥について，引渡し後企業の負担で無償補修をする場合の修繕費用に充当するために引き当てられた負債性の引当金（条件付債務に該当する）である。 〈範囲〉 この引当金が設定できる業種としては，建設業，造船業，自動車製造業，ファクシミリ，ＴＶ受像機，写真機，撮影機，電気冷蔵庫，ルームクーラー，電子レンジなどの製造業である。

分析上の留意点	標準数値（業界全体）			
	製造業	卸売業	小売業	建設業
① 工事の引渡しあるいは製品の販売後，一定期間その目的物の無償補修が契約において義務づけられている場合は，その費用を売上時に積み立てておき，補修費を支出した場合，この引当金を取り崩して充当することになる。 ② 法人税法では，製品保証等引当金の設定が認められる事業の要件と，その範囲，設定の条件および引当金の繰入限度額を厳密に規定している。 ③ 引当金の設定が認められる事業の要件は次のとおり。 ・当期収益にかかる費用が次期以降確実に支出される。 ・引当率につき客観的な経験値がある。 ・引当金計上額が大きく，これの有無が企業会計に相当影響する。 ・利益の有無などに関係なく引当計上の会計慣行が確立している。	―	―	―	―

（関連分析指標）
- 法人税法が規定する繰入限定額
  ① 補修実績率による法
    請負または製造に係る当期売上高（A）× 前２年間の補修費の割合
  ② 定率基準による法（簡便法）
    A×一定割合
  （注）一定割合は
    ・建設・造船など $\dfrac{1}{1000}$
    ・電子レンジ製造 $\dfrac{2}{1000}$
    ・自動車，ＴＶ，写真撮影機，冷蔵庫などの製造費 $\dfrac{5}{1000}$
- 流動比率
- 流動負債構成率
- 負債比率

(2) 固定負債

勘定科目	性質と範囲
長期借入金 （関連勘定） 　役員・従業員長期借入金 　関係会社長期借入金 　1年内返済の長期借入金 　短期借入金 　デット・エクィティ・スワップ（債務の株式化）	返済期限が決算日の翌日から1年を超える借入金を長期借入金という。 短期借入金は一般に手形借入による形式が多いが，長期借入金は金銭消費貸借契約証書による場合が多く，適用される利率も高い。かつ利息は一定期間ごとの後払方式によるのが普通である。 分割返済約定のある長期借入金は決算日の翌日から1年以内に返済期の到来する部分が出てくるが，貸借対照表への表示は流動負債へ区分する必要がある。
社債（私募債）	①　社債は外部から長期資金を調達する（直接金融）という点では株式と共通点があるが，期限付償還や確定利付，議決権の有無などの相違もある。 ②　私募債とは，非公募発行の意で，広く一般から募集せずに機関投資家など発行会社と特定の関係にある者から募集する社債である。 ③　旧商法では，社債の発行に一定の条件を設けていたが，会社法では，これを緩和し，かつ合名，合資および合同各社でも発行できることにしている（676条，2条1号）

分析上の留意点	標準数値（業界全体）			
	製造業	卸売業	小売業	建設業
① 長期借入金はその性質上、設備資金や長期運転資金に使われる場合が多い。 ② また、長期借入金の返済財源は「減価償却費＋当期純利益－配当金（ただし、役員賞与は費用処理している）」となる。 ③ したがって、長期借入金については借入先、借入金額、返済約定、資金使途、適用利率、担保状況に関心をもつと同時に、その企業の収益状況を把握する必要がある。 ④ 一般にわが国企業の過少自己資本傾向および増資環境の問題から、長期借入金を資本金代用（増資のかわりに他人資本を導入する）的に利用している場合がある。この場合には返済約定があっても不履行ないしは継続借入せざるをえない状態になることが多い。 ⑤ 中小企業などで、経営者個人からの借入金（一般に、無利息、無期限で長期化しているのが多い）がある場合、一定の条件（弁済期が到来していること、債権金額以下であること）の下で、資本金に振り替える手続が容易になっている（207条9項、208条2項）。これを債務の株式化といっている。	90.0百万円 2.3カ月	81.2百万円 1.1カ月	33.2百万円 2.0カ月	42.8百万円 1.8カ月
	(注) 上段は業界平均の残高、下段は平均月商対比の月数である。なお、万円位四捨五入。 (関連分析指標) ・利子対有利子負債比率 $$\left[\frac{支払利息・割引料}{[期首借入金残高＋期末借入金残高]÷2}×100\right]$$ ・借入依存度 $$\left[\frac{借入金総額＋割引手形}{総資本＋割引手形}×100\right]$$ ・返済能力（年） $$\left[\frac{長期借入金}{当期利益＋減価償却費}\right]$$ ・固定負債構成率 ・負債比率 ・固定長期適合率			
① 合同会社とは、会社法により創設された組織体で、法人格をもち、全構成員は出資の範囲内で有限責任であり、定款自治も条件付きながら確保されている会社類型の一つである。	8.0百万円	7.1百万円	0.9百万円	1.9百万円
	(注) 万円位四捨五入。 (関連分析指標)			

勘定科目	性質と範囲
退職給付（給与）引当金 （関連勘定） 　退職給与引当金(旧)	〈性質〉 退職給付（給与）引当金は従来の負債性引当金（この名称は現在廃されているが，意味そのものがなくなったわけではない）のうちの法律上の債務（条件付債務）たる引当金である。すなわち，退職金規定により退職者に支払われる退職金は，支払年度に全額費用として計上するのではなく，在籍期間の各年度でそれぞれ負担するために，各年度にその見積り額を引当金として設定するものである。なお，退職給付引当金は，退職一時金制度に基づく退職給与引当金とその後に始まった厚生年金制度や適格厚生年金制度などの企業年金制度にかかわる引当金を包括した名称である。この考え方が生じた背景には，①退職給与引当金繰入額は企業の恣意に委ねられており，かつ多額の積立不足が推定されること，②企業年金に関し統一した会計処理方法がなく，現実には大部分がオフバランスとなっていること，③景気低下，運用利回りが低下し，引当不足が膨大化していること，などからいわゆる「隠れ債務」を表面化させる狙いがある。 〈範囲〉 労働協約等に基づいて従業員が退職するに際して支払われる退職金が，この引当金の対象となる。
特別修繕引当金 （海運・鉄鋼業） （関連勘定） 　修繕引当金	海運業，鉄鋼業にあっては所有船舶や溶鉱炉・熱風炉・溶解炉などについて数年に一度大がかりな修繕を行う（定期検査などを受けるため）が，この修繕に要する費用にあてるため毎期これに対する引当金を計上する必要がある。これが特別修繕引当金であり，会計上は従来の負債性引当金のなかの債務でない引当金（会社計算規則107条2項2号「資産に係る引当金及び1年内に取り崩されることのない引当金」）にあたる。 税法では以上のように特定の事業，特定の資産についてのみ引当金の設定を認めているので，一般の修繕引当金と区分する意味からも特別修繕引当金と称している。

分析上の留意点	標準数値(業界全体)			
	製造業	卸売業	小売業	建設業
① 退職給付（給与）引当金が設定されていない場合は ・労働協約や就業規則などに退職金支給規程がない（税法では規程がない場合は認めない） ・慣行として退職金を支払っていない（あるいは少額） ・この引当金を利益操作的に使用しているなどをまず疑ってみる必要がある。 ② 貸借対照表に計上されなかった退職給付債務のうちの会計基準変更時（平成12年4月1日）差異（差額）は15年以内で均等償却することにしている。	9.1百万円	8.5百万円	3.1百万円	3.9百万円
	（注） 上掲はその他の固定負債である。万円位四捨五入。 （関連分析指標） ・固定負債構成率 ・負債比率 ・固定長期適合率			
① 特別修繕引当金に類似のものに修繕引当金がある。これは有形固定資産について修繕を要する事実があるが，操業等の都合から修繕の時期が次期以降となる場合，当期の負担に属する費用額を見積もって計上しておくというもので，会計上は負債性の引当金である。しかし，修繕引当金は費用額の見積りが容易でないことや税法が損金算入を認めていないことから，実務上は設定される例が少ない。 ② 特別修繕引当金は1年基準の適用を受けるので固定負債の部に計上されるのが原則である。	－	－	－	－
	（関連分析指標） ・固定負債構成率 ・負債比率 ・固定長期適合率			

第2章 貸借対照表の勘定科目の読み方

3 純資産項目

(1) 株主資本

勘定科目	性質と範囲
1．資本金 （関連勘定） 　新株式払込金 　新株式申込証拠金 　自己新株申込証拠金 　自己株式	①　資本金とは，原則として発行済株式の払込みまたは給付をした財産の価額の総額である。ただし，増資に際しては払込みまたは給付にかかる額の2分の1を超えない額は資本金に組み入れないで，資本準備金（払込剰余金）に積み立てなければならない（445条1項および2項）。 ②　平成13年6月の商法改正により，額面株式の制度はなくなり，無額面株式に統一された。したがって，設立に際して発行する額面株式の1株の金額制限（5万円を下らない）は廃止されたので，市価の動きに応じて弾力的な資金調達が可能となった。 ③　また，株式会社を設立するに際して作成する定款で「設立に際して出資される財産の価額又はその最低額」（27条4号）を定めることになっているが，その額について制限が設けられていない。したがって，この条項は従来の最低資本金制度（株式会社10百万円，有限会社3百万円）の廃止を意味しており，制度上，資本金を1円として設立することも可能になったのである。 ④　これに併行して，減資の際の減資額の上限規制もなくなった（447条2項）。この減資額（資本金減少差益）をその他資本剰余金へ移す手続をとるが，一部または全部を資本準備金に計上する（447条2項）こともできるようになった（損失塡補目的ではない減資の場合）。すなわち，剰余金への移動は分配可能額の増加，準備金への移動（金額）は分配の可能額に影響しない（446条から）に分かれる。このことは減資に対する株主総会の決議（前者は特別，後者は普通の各決議）の違いにつながっている。

分析上の留意点	標準数値（業界全体）			
	製造業	卸売業	小売業	建設業
① 資本金の額がどの程度あれば企業経営上妥当なのかは，業種や業態，企業規模などによって一概には決められない。しかし，最低資本金制度や減資時の減資額の制限撤廃，一定条件下での減資は株主総会の普通決議で可能など，資本金額に対する信頼度は従来より著しく変化したと認識しなければならない。 ② しかし，一般的に資本金の額自体は，債権者保護思想の立場から会社の純資産を社内に留保する最低限度の水準を示しているといえるが，半面これが企業活動を推進していく源（厳密には，純資産であるが）でもあるので，それによってどの程度の利益をあげているかの観点から資本金の額の妥当性を考えるのも必要ではなかろうか。 ③ 一般には資本金，資本剰余金，利益剰余金を合算した自己資本（財務分析上の用語）の動き，水準で信用力をみることにしている。すなわち，自己資本の充実度合いと企業の信用力，企業力は連動すると考えてよい。 ④ 自己資本が増殖する要因は有償(実質的)増資のほかは当期純利益（その他利益剰余金に包まれる）である。増資は頻繁には実施できないであろうから，主導的には当期純利益ひいては収益性いかんである。他方自己資本が減少する要因は，減資のほかは社外流出（剰	0.6百万円	1.0百万円	0.6百万円	1.2百万円
	(注) 従業員1人当りの資本金の額である。なお，万円位を四捨五入。 （関連分析指標） ・資本金回転率 $\left[\dfrac{売上高}{資本金}\right]$ ・資本金利益率 $\left[\dfrac{当期純利益}{払込資本金}\right]$ ・配当率 $\left[\dfrac{配当金（年額）}{期中平均払込資本金}\right]$ ・1株当り利益 $\left[\dfrac{当期純利益}{発行済株式数}\right]$ ・1株当り純資産 $\left[\dfrac{資産－負債}{発行済株式数}\right]$ ・株価収益率 $\left[\dfrac{株価}{1株当り純利益}\right]$ ・負債比率 ・自己資本比率 ・固定比率 ・固定長期適合率 ・自己資本利益率			

勘定科目	性質と範囲
	⑤　資本金を増加させることを増資というが，その形態は実質的増資（純資産を実質的に増加させるもの）と形式的増資（純資産は増加しない），あるいは有償増資（現金の払込みを伴う）と無償増資（現金の払込みがない）などに分類される。増資の具体的な事象としては次のようなものがある。 ・通常の新株発行（実質的増資） ・吸収合併による新株発行（実質的増資） ・資本準備金の資本組入れ（形式的増資） ・新株予約権付社債の新株予約権行使（実質的増資） ・無償・有償の抱合せ増資（形式的増資と実質的増資の混在）

分析上の留意点	標準数値(業界全体)			
	製造業	卸売業	小売業	建設業
余金の分配〈配当，自己株式など〉や特定資産の評価損など)である。この観点から，積極的には当期純利益に，消極的には分配などに関心を向けるべきである。 　なお，従来利益処分の対象であった役員賞与は今後は損金処理に統一されるので，その分当期純利益が減少していることに着目する必要がある。とくに，中小企業での役員賞与の額は恣意的になり易いので，財務分析上では「単なる経費」との認識はさけるべきである。				

勘定科目	性質と範囲
2．資本剰余金 (1) 資本準備金 （関連勘定） 　資本剰余金 　払込剰余金 　資本金・資本準備金 　　減少差益 　合併差益 　株式交換剰余金 　株式移転剰余金 （注）理解を助けるため，旧商法下での名称表現を残している。	①　資本準備金とは，会社法(445条3項，会社計算規則108条4項)の規定に基づいて積み立てなければならない準備金で，設立または株式の発行に際して，株主となる者が当該株式会社に対して払込みまたは給付した額の2分の1を超えない額は資本金としないことができるが，その額は資本準備金として計上しなければならないとしている。 　　資本準備金は，会計的には資本取引に基づく剰余金であるから，損益取引に基づく剰余金（代表的なものが利益準備金）とは厳密に区分されなければならない。 ②　資本取引とは増資，減資，合併など企業の資本に増減変化をもたらす取引をいうが，具体的に積み立てるべきケースを旧商法（288条ノ2）では限定列挙していたが，会社法では，これを省令（会社法施行規則116条9号による会社計算規則49条，56条および58条以下69条）に記載させている。これは，将来の多様な企業結合に伴う会計基準の動向変化に迅速に対応していくための措置と考えられる。 ③　その内容は旧来の「株式払込剰余金」「資本金，資本準備金減少差益」などのほか，「組織変更」「吸収合併」「吸収分割」「株式交換」「新設合併」「新設分割」「株式移転」など多岐にわたっている。

分析上の留意点	標準数値(業界全体)			
	製造業	卸売業	小売業	建設業
① 資本準備金は旧商法(289条)では，資本の欠損(欠損金)の補塡にあてる場合と資本に組み入れる場合以外は取り崩すことができないとしていた。ただし，株主に払い戻す場合でも資本金の4分の1を超える額については株主総会の普通決議で取り崩すことができた。逆に，この規制があるので，準備金をそれ以上取り崩したい場合は，資本金を先に減少させなければならないという矛盾が生じ，債権者保護の観点からは問題視されていた。	6.2百万円	4.8百万円	0.9百万円	0.9百万円

(注) 業界平均の資本剰余金の数値である。なお，10万円位を四捨五入。

(関連分析指標)
・負債比率
・自己資本比率
・固定比率
・固定長期適合率
・自己資本利益率

　今回の会社法（447条）は以上の含みから規制緩和の一環として取崩額の上限（資本金の4分の1）を廃止したものである。

② 資本準備金と利益準備金（P.142）をあわせて法定準備金というが，企業は取締役会の決議により法定準備金の全部または一部を資本（金）に組み入れることができるとしている（448条）。

　ただし，会社計算規則48条1項1号では，「448条の規定により準備金（資本準備金に限る）の額を～」と明示している。なお，会社法では資本準備金と利益準備金を包括して「準備金」と表現している。

③ 資本金減少額の上限規制廃止（447条）および準備金減少額の上限規制廃止（448条）により，財務分析上での「安定的な長期性資本」という性質が薄められるのは否定できない。実務上，取崩しが多発するとは考えられないが，その要因は経営者の資質，理念に求められるので，「定性分析」の必要性もさらに増加させることになる。

第2章　貸借対照表の勘定科目の読み方

勘定科目	性質と範囲
(2) **その他資本剰余金** （関連勘定） 　資本準備金 　資本剰余金	①　会社法では，資本剰余金を資本準備金とその他資本剰余金に区分（会社計算規則108条4項）することを求め，その額は原則として，㋑資本金の額を減少した場合，㋺資本準備金を取り崩した場合，㋩その他資本剰余金として増加させるに適切（資本取引に基づいて発生したもの）な場合の相当額（会社計算規則50条1項）が増加要素とされる。 ②　他方，50条2項は，㋑資本剰余金を取り崩して，資本金を増加させた場合，㋺資本剰余金を取り崩して資本準備金の額を増加させた場合，㋩資本剰余金として減少させるに適切（資本取引により発生したもの）な場合の相当額（いずれもその他資本剰余金に限る）が減少要素とされている。 ③　その他資本剰余金は，資本取引から発生する剰余金であるが，積立が強制されている資本準備金（主として増資，減資，合併などにかかる取引）と異なる。 　なお，財務諸表等規則（63条）では「法律で定める準備金で，資本準備金に準ずるもの」とし，同規則ガイドライン（63−1−2）では「①資本金及び資本準備金減少差益，②自己株式処分差益が含まれる」としている。

分析上の留意点	標準数値(業界全体)			
	製造業	卸売業	小売業	建設業
① 実務上は，内容に沿って適当な名称を付した項目に細分される。 ② 資本剰余金は，利益の留保額である利益剰余金とは厳密に区別される必要がある。これは，企業会計上の要請で，両者を混同すると，企業の経営成績（営業活動による損益）が適正に表示されないことになる。たとえば，新株の発行に際して資本に組み入れないことにした払込剰余金の額（資本準備金となる）から新株発行に要した諸費用を支払うといった類である。 ③ その他資本剰余金の減少は，㋑資本金への計上，㋺資本準備金への計上，㋩未処分損失（ただし，利益剰余金の残高がマイナスの場合）への計上となる。 　なお，会社法では資本剰余金と利益剰余金の混同は禁止しているが，利益剰余金の残高がマイナスである場合はこれにあたらないとしている（452条「損失の処理」に該当する）。	—	—	—	—
	（関連分析指標） ・自己資本比率			

勘定科目	性質と範囲
3．利益剰余金 (1)　利益準備金 （関連勘定） 　利益剰余金 　その他利益剰余金	①　利益準備金は，会社法(445条4項，会社計算規則108条5項)の規定により利益に基づく剰余金の配当をする場合，積み立てなければならない準備金をいう。 　　すなわち，利益準備金(資本準備金がある場合はその残高を含める)の残高が資本金の4分の1に達するまで分配した剰余金の額の10分の1（中間配当の場合も10分の1）の額を積み立てることを強制している（445条4項，会社計算規則45条2項）（会社法により「以上」が廃止された）。 ②　剰余金の分配により準備金を積み立てる場合に，積立の原資は分配する剰余金の原資と同じでなければならない（利益剰余金を原資とするものは利益準備金に積み立てる）。 ③　なお，従来認められていた利益準備金の資本組入れは，利益剰余金の資本組入れとともにできなくなった（準備金については448条，会社計算規則48条1項1号，剰余金については450条，同規則48条1項2号）。これは「資本取引と損益取引は明瞭に区分」するという原則に回帰したものといえる。

分析上の留意点	標準数値(業界全体)			
	製造業	卸売業	小売業	建設業
① 利益準備金は，損益取引による利益を源泉とする準備金であり，いわば利益の留保である。この点，資本取引による剰余金を積み立てる資本準備金とその性質が異なっている。 ② 旧商法では，利益準備金への積立は期末配当時「10分の1以上」（中間配当時は10分の1）となっていた。本来，準備金の積立は分配可能な剰余金を減少（現行計算方法による）させる働きがあることを勘案し，積立制度維持を前提に「以上」を廃止したと考えられる。 ③ 旧商法は「資本の欠損の塡補」と「資本組入れ」に限定していたが，会社法（448条1項および2項）では，これらの使途および金額の制限を廃止した。法定準備金の役割は資本と欠損のクッションと考えられていたが，その資本金がいつでも減額できる（447条1項，2項）ので，従来の意義がなくなったからである。なお，準備金は原則として，株主総会の普通決議で全額取り崩すことができる。 ④ 利益準備金の残高が資本金の4分の1を超えてなお積み立てられている場合がある。その超過分はいわば任意積立金であって，ここでいう利益準備金にあたらない。このことが企業に財務面のマイナスをもたらすものではないが，経理処理に関する知識欠如の証左と受け取られかねないので留意すべきである。	124百万円	110百万円	15百万円	50百万円
	(注) 業界平均の利益剰余金の数値である。なお，10万円位を四捨五入。また，この期，製造業に異常な要因が生じた模様で残高が増大している。 (関連分析指標) ・負債比率 ・自己資本比率 ・固定比率 ・固定長期適合率			

第2章　貸借対照表の勘定科目の読み方

勘定科目	性質と範囲
(2) その他利益剰余金 **繰越利益剰余金** （当期未処分利益） （関連勘定） 　当期純利益 　前期繰越利益	① 会社法では，利益剰余金を利益準備金とその他利益剰余金に区分（会社計算規則108条5項）することを求め，その増加額は原則として，㋑利益準備金の取崩額，㋺当期純利益額，および㋩その他利益剰余金として適切（損益取引に基づいて発生したもの）な額の相当額としている（会社計算規則52条1項，同条2項は減少要素を掲記）。 ② 損益取引上発生する剰余金のうち利益準備金を除いたものが，その他利益剰余金であり，さらにそのなかで任意積立金以外の部分が繰越利益剰余金（旧商法での当期未処分利益に相当する）であり，貸借対照表（純資産の部），損益計算書とを連結するキーとなるものである。 ③ 当期純利益に前期繰越利益を加え，さらに目的積立金の目的に沿う取崩額を加え，中間配当と中間配当に伴う利益準備金積立額を差し引いたものを当期未処分利益という（旧商法での概念。会社法では明示はないが，その考え方は継承している）。 ④ この当期未処分利益に任意積立金の取崩額（目的積立金の目的外および目的のない積立金の取崩し）を加えて，一義的な分配の対象原資とする（これを剰余金の配当という）。

分析上の留意点	標準数値(業界全体)			
	製造業	卸売業	小売業	建設業
① 旧商法が当期未処分利益を損益計算書上に計上することを要求しているのは,そこに配当可能利益を表示させる意図であり,またそのことは旧商法の債権者保護思想を鮮明にすることでもあった。 ② その基本思想は,本来,配当,役員賞与(ただし,平成18年5月1日以後終了事業年度より役員賞与は費用処理に統一された)などの社外流出は期間利益(不完全な意味合いもあるが)である当期純利益の範囲内で実施されるのが望ましいものであるが,これに目的をとくに定めていない任意積立金(一般には別途積立金)を取り崩して社外流出に引き当てるのは,財務体質の観点からは好ましいこととはいえない。それは過年度利益の蓄積を食いつぶすことにもなりかねないからである。 ③ なお,配当を行なう場合は,利益準備金,資本準備金の合計額が法定限度(資本金の4分の1)に達していない場合には,配当財源としては配当金額の1.1倍が最低,必要であることに留意する必要がある。	―	―	―	―

勘定科目	性質と範囲
(3) **任意積立金** (関連勘定) 　事業拡張積立金 　技術研究積立金 　配当平均積立金 　退職給与積立金 　別途積立金 　未処分利益	①　任意積立金は処分済利益(利益剰余金)のうち，会社法の強制ではなく定款の規定や株主総会などにより，設定目的，積立基準，処分方法などを任意に決定して積み立てられたものをいう。 ②　任意積立金には退職給与積立金や配当平均積立金などのように特定の積立目的をもったもの(目的を明示した積立金)と，別途積立金，特別積立金のように特定目的のない積立金とがある。 　目的を明示した積立金は，原則としてその目的に充当するために取り崩す場合は取締役会の決議だけでよい(ただし配当平均積立金だけは配当の支払目的のために取り崩す場合でも株主総会の決議が必要である。それは利益の配当は株主総会の専決事項だからである)。 　一方，目的を明示していない別途積立金の取崩しと目的明示の積立金を目的外に利用する場合の取崩しには，株主総会の決議が必要である。

分析上の留意点	標準数値（業界企業）			
	製造業	卸売業	小売業	建設業
① 財務分析上，純資産の部（株主資本，評価・換算差額等および新株予約権で構成されている）を総称して自己資本といっているが，企業の財務安定性の観点からは総資本のなかに占める自己資本の割合が高いほど良好というのが一般的な評価である。 ② 反面，大部分の中小企業の自己資本は株主資本で構成されているのでこの構成内容に限ってみると ・資本金の割合が少ないほうが配当コストの観点から好ましい ・法定の２つの準備金よりも任意積立金の割合が高いほうがよい（内部留保の蓄積観点から） ・繰越利益剰余金は社外流出，諸積立金積立額をカバーする程度であればよい ということが考えられ，財務安定性の面からはとくに任意積立金を注目すべきであろう。 ③ ただし，会社法の発効により，「純資産の部」の計数の変動（資本金，準備金，資本剰余金および利益剰余金間）が容易（447条１項，448条１項など）にできるようになっている点は留意しておく必要がある。 ④ 一般的な任意積立金について概説してみると次のとおりである。 ［事業拡張積立金］ 将来の事業拡張に備えて設備や費用にあてる資金を留保するために利益のうちから積み立てるもの。 （企業が成長するためには，好機をとらえて事業を拡張していく姿勢が大事である） ［退職給与積立金］ 役員に対する退職金の支給に備えて利益から積み立てておくもの。 ［別途積立金］ 企業の将来のなんらかの資金需要に備え，目的を特定しないで利益を留保するもの。	11.4百万円	8.1百万円	2.5百万円	5百万円
	（注）業界平均の「その他の純資産」（『中小企業実態基本調査』による）の数値である。なお，10万円位を四捨五入。 （関連分析指標） ・負債比率 ・自己資本比率 ・固定比率 ・固定長期適合率 ・自己資本利益率			

勘定科目	性質と範囲
4．自己株式 （関連勘定） 　資本金 　自己新株申込証拠金	①　従来，自己株式を流動資産に計上していたのは，その他の有価証券取引と同じ損益取引と考えていたからであるが，その後の商法改正および今回の会社法ではこれを資本取引とし，貸借対照表上純資産（旧の資本）の部にマイナス表示することにしている（会社計算規則108条2項）。 ②　会計的には法的手続（ただし，自己株式取得については，原則として株主総会の決議が必要）には従っていないが，実質的には減資の性質とみている。 ③　自己株式の取得は資本金の消却となるので，旧商法はその取得については，自己消却を含めて限定列挙し早期の処理を求めていたが，ストック・オプション制度の導入などから期間の緩和措置が講じられてきた。なお，旧商法での限定列挙の内容は，現在でいう「特定の株主からの取得（会社法160条～163条）」および「市場取引・公開買付による取得（同165条）」に該当するが，会社法では旧商法を引き継ぎ，さらに「不特定株主からの取得（同156条～159条）」を加えて3種規定している。
5．新株式申込証拠金 6．自己株式申込証拠金 （関連勘定） 　新株式払込金 　資本金 　資本準備金	①　申込証拠金は，株式会社が新株を発行する場合，あるいは株式会社が所有している自己株式を処分する場合，株式申込人が株式申込証に添えて払い込むことを求められる金額である。 ②　申込証拠金の額は自由に決められるが，慣習的には払込金額（旧の発行価額と同じ）の金額となることが多い。 ③　申込証拠金の残高が発生するのは払込期間（旧商法では払込期日）が決算日を超えて先の場合である。

分析上の留意点	標準数値（業界全体）			
	製造業	卸売業	小売業	建設業
① 株主資本を構成する一つとして「自己株式」がある。ただし，自己株式は純資産のマイナス項目（計算上）であるが，実質は資本金のマイナスである。したがって，資本金の大きさが企業信用度の尺度という考え方は捨てなければならない。 ② 自己株式の消却は，その他資本剰余金の金額から控除して行う（会社計算規則47条3項） ③ 自己株式に認められていない一般的な権利を列挙すると次のとおりとなる。 　イ．議決権（308条2項） 　ロ．剰余金の配当請求権（453条） 　ハ．新株予約権の割当て（241条2項） 　ニ．株式の無償割当て（186条2項） 　ホ．募集株式（199条）の割当て（202条2項） 　ヘ．残余財産の分配請求権（504条3項） などで，法的にはほとんど株式機能を失っているといえる。	1.4百万円 （注）万円位四捨五入。 （関連分析指標） ・自己資本比率	0.9百万円	0.2百万円	0.5百万円
① 旧商法では新株式の発行と自己株式の譲渡の手続を別個に定めていたが，会社法では両手続上での違いはないとして「募集」に統一して規定している（199条～213条） ② 申込証拠金は払込期日の翌日には資本金または資本準備金に振り替えられることから株主資本のなかに包含されているのである。 ③ 払込金額の一部を申込証拠金とした場合，その段階では株主の資格をもたないので，会計上の仮受金と考えられる。	－ （関連分析指標） （関連分析指標）	－	－	－

第2章　貸借対照表の勘定科目の読み方

(2) 評価・換算差額等

勘定科目	性質と範囲
1．その他有価証券評価差額金 （関連勘定） 　有価証券 　投資有価証券 　デリバティブ	① ここでいう「その他有価証券」とは，投資に属する有価証券のうち，㈦売買目的のもの，㈡満期まで保有する目的のもの，および㈢子会社や関連会社の株式のいずれにも分類できない有価証券（たとえば，持合い株式など）を総称したものである。 ② その他有価証券は時価評価（期末前一定期間の平均時価）が妥当とし，その評価差額金は税効果を調整のうえ，純資産に計上することとしている（金融商品にかかる会計基準） ③ 会社計算規則では，ヘッジ会計を適用する場合のヘッジ手段，土地の再評価に関する法律にかかる評価（いずれも別建で記載）を除き，デリバティブ取引を含めた資産または負債に時価を付した場合の評価差額（85条1号）としている。ただし，損益に計上するものは除外する。
2．繰延ヘッジ損益 （関連勘定） 　デリバティブ 　ヘッジ取引 　ヘッジ会計	① ヘッジ取引が一定の要件を満たした場合，適用されるヘッジ会計の原則的な処理方法から発生する損益をいう。 ② ヘッジ取引とは，ヘッジ対象の資産または負債が，それにかかる相場変動（価格，金利，為替などの変動）によって損失を受ける可能性を減殺するために，デリバティブ取引をヘッジ手段として用いる取引である。 ③ ヘッジ会計は，ヘッジ取引のうち一定の要件を充たすものについて，ヘッジ対象の損益とヘッジ手段（デリバティブ取引）の損益を同一期間に認識して，ヘッジ効果を会計に反映させることを目的としている（金融商品にかかる会計基準）。ヘッジ手段は原則として時価評価されているが，ヘッジ対象の期間途中の評価には難点が多い。そこで，ヘッジ対象の損益が認識されるまで，ヘッジ手段にかかる損益または評価差額を繰り延べ処理することにしているのである。

分析上の留意点	標準数値（業界全体）			
	製造業	卸売業	小売業	建設業
① その他有価証券の時価が取得原価を下回る場合は，その評価差額（損）を損益計算書に計上するか，純資産の部へマイナス計上するかの選択が可能である。これは，企業会計の保守主義の原則から「低価法での損益計算書計上」にそろえたものである。 ② 市場価格がなく客観的な時価を把握することができない場合は，取得原価または償却原価法に基づいて算定された価額で計上することにしている。 （注）償却原価法…満期がある場合の割引価額（打歩価額）あるいは債権金額と取得価額の差が金利相当額と認められる場合，この差額を毎期一定の方法で貸借対照表価額に加減する方法。	ー （関連分析指標）	ー	ー	ー
① 前項「その他有価証券評価差額金」に掲記しているデリバティブ取引（先物，為替予約，オプション，スワップなどの多様な取引がある）は，単独の金融商品取引を意味している。 ② 本項でのデリバティブ取引は，ヘッジ会計を適用する場合のヘッジ手段として利用されているものである。 ③ 繰延ヘッジ損益とは，ヘッジ手段としてのデリバディブ取引の損益または評価差額のことである。	ー （関連分析指標）	ー	ー	ー

勘定科目	性質と範囲
３．土地再評価差額金 （関連勘定） 　有価証券評価差額金	① 土地再評価差額金は，平成10年３月末に成立した「土地の評価に関する法律」により，施行後４年間に１度だけ会社が所有する事業に供している土地を時価で再評価したときの差額金である。 ② 企業会計では原則として取得原価で評価しているので，社歴の長い企業ほど低い簿価となっており，いわゆる「含み益」が特徴であったが，景気の低迷に伴い，政策的な「益出し」を図ったものである。 ③ 再評価差額金から法人税等の実効税率分（これは繰延税金負債）を控除した額が純資産の部に計上されている。ただし，剰余金の分配（配当可能限度額に含めない）対象にはならない。 ④ なお，純資産の部への計上は，会社計算規則85条３号による。
［参考］ ４．為替換算調整勘定 （連結貸借対照表に限る） （関連勘定）	① 為替換算調整勘定は，外国に所在する子会社または関連会社と連結する際に被連結会社の資産や負債および資本を円貨に換算することに伴い計上される。 ② すなわち，資産および負債については，決算時の為替相場により換算する。一方，資本に属する項目については，親会社が当該子会社の株式取得時の為替相場で換算する。この場合に生じる差額は為替換算調整勘定として純資産の部に区分計上する（なお，在外支店で財務諸表が外国通貨で表示されていて，かつ，本店と異なる換算方法を採った場合の換算差額は，当期の為替差損益として処理する）。

分析上の留意点	標準数値(業界全体)			
	製造業	卸売業	小売業	建設業
① 「土地の評価に関する法律」(土地再評価法ともいう)は大会社,公開会社を対象とし,時限立法であるので,新規の再評価差額金は発生しない。 ② この法律の適用は企業の判断に委ねられたので,実施していない企業もある。 ③ 再評価差額金は,当該土地の売却,あるいは減損会計の適用などに際して取り崩されることになる(繰延税金負債の処理も行われる)。 ④ 再評価差額金の純資産直入により,企業の「純資産」が実態に近づくことになった。	―	―	―	―
	(関連分析指標)			
① 会社計算規則では,連結貸借対照表を作成するにあたり,純資産の部の「評価・差額等」の構成項目として「為替換算調整勘定」を追記することを求めている(108条7項4号)。 ② 被連結会社の収益および費用の換算については,期中平均相場または決算時の為替相場による。ただし,親会社との取引による収益および費用の換算については,親会社が換算に用いている為替相場による。この場合に生じる差額は当期の損益として処理する。	―	―	―	―
	(関連分析指標)			

(3) 新株予約権

勘定科目	性質と範囲
新株予約権 （関連勘定） 　新株式申込証拠金 　新株引受権 　自己新株予約権	① 株式会社が新株を発行する場合，優先的に株式を引き受けることのできる権利であり，新株予約権は，株主に新株予約権の割当てを受ける権利を与える（241条1項）場合と第三者から募集する（242条）場合とがある。 ② 第三者に対する新株予約権の発行決議に際しては，新株予約権の内容と数量および払込金額の下限を定めることにし，従来は別個の議案であったものを一体化している（238条3項，239条2項）。 ③ 会社計算規則では，新株予約権の増加額として，㋑当該新株予約権と引換えになされた金銭による払込みの額，㋺金銭以外の財産の給付の額（現物による払込み），㋩当該株式会社に対する債権をもってなされた相殺の額（当該株式会社にとってはデット・エクイティ・スワップ—債務の株式化となる），および㊁その他適切な価格などをあげている（87条1項）。 ④ 新株予約権の金額表示は，自己新株予約権の額（実質上，引受けできないので計算上となる）を直接控除した残高を表示することになる（会社計算規則117条）。 ⑤ なお，株主に対する無償割当てについては，割り当てられた株主にとっては無償であっても，当該株式会社はその代価を用意（その他資本剰余金の取崩しなど）しなくてはならない（会計計算規則39条）。

分析上の留意点	標準数値(業界全体)			
	製造業	卸売業	小売業	建設業
① 従来，新株引受権という類似の概念があったが，整理して新株予約権の制度に吸収している。 ② 株主に対しての割当てには，新たに払込みをさせない（新株予約権無償割当て）こともできる（277条）。 ③ 株主割当てを行う場合，自己株式を保有している株式会社自身は，割当てを受ける権利はないとしている（202条2項）。 ④ 非公開会社の株主割当てについては，原則として株主総会の決議が必要であるが，定款にその定めがある場合は取締役（取締役会を設置している場合は取締役会）が増資に関する決定を行う（202条3項）。 （注）取締役会設置会社 　　株主総会の機関として，すべての会社に取締役会が置かれているとは限らない。公開会社は会社の規模を問わず設置が義務づけられている（327条1項1号）が，非公開会社にはこの義務はない。非公開・非大会社の機関は「株主総会」と「取締役」のみである（326条1項）。	―	―	―	―
	（関連分析指標） ・自己資本比率			

(4) 剰余金の分配 ［参考］

勘定科目	性質と範囲
剰余金の配当等 （関連勘定） 　利益剰余金 　その他資本剰余金 　株式等評価差額金 　自己株式	従来の制度では，利益の配当，中間配当，減資や準備金の取崩しによる払戻しおよび自己株式の有償取得などは，それぞれ個別に規定されていたが，今回の会社法では「剰余金の配当等」として財源規制を統一した（461条1項）。 しかも，利益の配当などの剰余金の分配は，いつでも実施可能（株主総会あるいは取締役会の議決）になったので，剰余金の分配可能額を簡明にする必要が生じた。そのために「統一的な財源規制」と「可能額の計算方法」（446条）を明示している。 なお，従来の例外措置であった「建設利息」は，同一効果のある分配ができるので廃止された。
役員賞与	①　役員賞与は役員の働きによって利益をあげた功績に報いるものであるから，役員の職務執行の対価である報酬にあたらないとする説と，利益をあげた功労は役員としての職務を執行した結果であるから，その功労に対する賞与も職務執行の対価であるという考え方が両立し，この考え方いかんで経費処理するか，利益処分にするかに分かれているが，実務上は利益処分案にかかる承認決議による経理処理が多い。 ②　しかし，会社法において利益処分案（損失処理案）が廃止され，また，役員賞与が「報酬等」に包含されたので，今後は費用処理に一本化される（361条1項）。 ③　また，企業会計基準委員会（平成16年3月）では，発生時に費用処理するのが妥当と判定しているので，剰余金の処分による役員賞与の支給は，事実上できなくなった。 ④　なお，法人税法上では，使用人兼務役員の使用人部分を除き，損金算入を認めていなかったが，平成18年度改正により一定の業績連動型報酬および一定の役員賞与について損金算入を認める方向である。

分析上の留意点	標準数値(業界全体)			
	製造業	卸売業	小売業	建設業
	－	－	－	－

① 会社法は，原則として株主総会の普通決議で，いつでも剰余金の配当ができるとしている。このことは，期中に何回でも実施可能の意を含んでいるが，実務上は従来慣行が優先するものと思われる。
② 企業経営の観点からすると，分配可能額の規制はあるものの，水準の高い社外流出は好ましくない事態である。
③ 分配可能限度額は，計算面からと実数面からの規制を受ける。
　イ）計算面からの規制
　　剰余金の分配可能額の計算方法は会社法446条および会社計算規則184～186条に詳細規定されている。若干の変更はあるものの基本的な考え方は旧商法を踏襲しているので，以下概略を示すことにする。ただし，基本的な考え方は変わっていない。
　　まず，剰余金の額を計算する（446条）。
　　　剰余金（資産額＋自己株式の簿価－負債－資本金・両準備金［以下同じ］）
　　　期末日から配当時までの剰余金の増減額（除く準備金）
　　　（±）自己株式処分差損益
　　　（＋）資本金・準備金減少差益（除く準備金・資本金振替）
　　　（－）自己株式の償却額（簿価）
　　　（－）剰余金配当額
　　　（－）配当に伴う準備金増加額
　　　（－）剰余金減少に伴う資本金・準備金増加額
　　分配可能額の計算（461条，会計計算規則184～186条）
　　　剰余金の額（上記）
　　　（－）自己株式の帳簿価額
　　　（－）自己株式の対価の額（処分した場合）
　　　（－）のれん等調整額
　　　（－）その他有価証券評価差額金
　　　（－）土地再評価差額金
　　　　（注）「のれん等調整額」とは，「のれん計上額×1/2繰延資産の合計額」を「資本金＋準備金」あるいは「資本金＋準備金＋その他資本準備金」の額と比較した超過額である（いずれと比較するかは，一定の条件に沿って決まるが，その説明は省略している）。
　ロ）実数面からの規制
　　資本金の額にかかわらず，純資産額が3百万円を下回る場合には，剰余金があっても株主に分配することができない（458条）。

（関連分析指標）
・配当率
$$\left(\frac{配当金(年)}{期中平均払込資本金}\times100\right)$$

・配当性向
$$\left(\frac{配当金}{当期純利益}\times100\right)$$

・社外分配率
$$\left(\frac{社外流出と配当・役員賞与}{当期純利益または繰越利益剰余金}\times100\right)$$

第3章

損益計算書の勘定科目の読み方

前章の様式（会社計算規則118～126条）に従って，損益計算書の主要勘定科目を紹介する。なお，本章の表中「標準数値（業界全体）」欄は，『中小企業実態基本調査』（中小企業庁編）から加工，算出した業界平均の数値（売上高構成割合，$\left[\dfrac{\text{勘定科目}}{\text{売上高}}\right] \times 100$）を参考までに掲出している。

　なお，様式の表題とした「営業損益」「営業外損益」「経常損益」の表現は，便宜上使用しているもので，それ以外の表現は会社計算規則に準じている。

　また，参考として記載している法規条項のうち，会社法についてはその表示を省略している。

1 営業損益

(1) 売上高

勘定科目	性質と範囲
売上高 （関連勘定） 　商品売上高 　製品売上高 　加工料収入 　完成工事高 　　（建設業） 　旅客運輸収入 　　（鉄道業） 　通運事業収入 　　（通運業） 　役務収益 　売上値引 　売上戻り高 　売上割戻	①　販売目的で所有する商品，製品およびサービス（役務）の提供を主たる業務とする企業では，その業務に関する売上高（サービス提供業では役務収益）をいう。これによって，企業活動に投下した資金が回収過程に入る。 ②　損益計算書に掲出される売上高は総売上高から売上値引や売上割戻および売上戻り高などを控除した純売上高で表示するのが一般的である（純額主義）。 ③　商品などを販売した場合，売上高をいつ収益として計上するかについてはさまざまな基準があるが，一般には販売基準がとられている。すなわち，販売をもって収益が実現したと考えるわけである。もっとも，業種によっては別の基準を適用する場合がある。たとえば建設業の工事進行基準，割賦販売業の割賦基準などである。 ［売上値引］ 売上品の量目不足，品質不良，破損など，商品自体が変化したことを理由に販売代価から控除される金額をいう。 　［売上戻り高］ すでに売上高として処理したもののうち，商品の品質不良，輸送上の荷傷み，誤送，契約取消しなどの理由から返品された金額をいう。 　［売上割戻］ 一定期間内に一定額以上の取引があった得意先に対し，取引総額の一定割合の金額を返戻したときの金額である。

分析上の留意点	標準数値(業界全体)			
	製造業	卸売業	小売業	建設業
① 売上高のなかには商品，製品のほか，半製品，副産物，作業くずなどの販売高，および加工料収入などの営業収入なども含まれる。これらが少額のときは売上高に含めてよいが，多額になる場合(純売上高の100分の10を超えるもの)は，当該売上高または収入を示す名称をつけて別建計上しなければならない(財務諸表等規則)。 ② 売上高の時系列推移をみる場合，表面的な金額比較だけでは不十分な場合がある。それはインフレによる貨幣価値の変動との関係で，たとえ売上高が前年比10%増加していても，その間インフレが年率8％に達していたとすると，その企業の実質的な売上伸び率は2％程度と考えざるをえない(消費財関連企業では消費者物価指数を，卸売業などは卸売物価指数を参考にするのも一方法である)。 ③ 外部分析の立場からは少なからぬ困難を伴うものの，売上高を「販売単価×販売数量」に分解して把握しようという姿勢が大切である。とくに販売単価のアップを円滑に行えない現状では，一義的には販売数量の動向が売上高を評価する場合のポイントとなる。	19.7百万円	55.3百万円	16.3百万円	24.7百万円
	(注) 従業員1人当り売上高を掲出している。なお，万円位を四捨五入。 (関連分析指標) ・売上高成長率 $\left(\dfrac{当期売上高}{前期売上高}\times 100\right)$ ・従業員1人当り売上高 $\left(\dfrac{売上高}{従業員数}\right)$ ・3.3m²当り売上高 $\left(\dfrac{売上高}{売場面積}\right)$ なお，「中小企業実態基本調査」による平均従業員数(業界全体)は 　製造業　24.0人 　卸売業　15.5人 　小売業　12.3人 　建設業　11.4人			

第3章　損益計算書の勘定科目の読み方

(2) 売上原価

勘定科目	性質と範囲
売上原価 （関連勘定） 　商品売上原価 　製品売上原価 　完成工事原価 　仕入値引 　仕入戻し高 　仕入割戻 　たな卸資産評価損 　たな卸資産減耗損 　原価差額（原価差異）	① 売上高に対応する商品，製品の仕入原価または製造原価をいう。売上原価は，その期の売上高に対応したものを把握（正確な期間損益を計算するため）しなければならないから，費用収益対応の原則は，売上原価の認識ならびに測定に対して最も重要な原則である。 ② 売上原価は「仕入単価×販売数量」でもあるので，売上原価の計算は仕入単価の計算と販売数量の確定といってよい。仕入単価は総平均法，移動平均法，先入先出法などの方法によって計算される。また，販売数量は販売の継続記録または期末たな卸高を継続記録法あるいは実地たな卸法などによって測定し，それからの逆算で把握する。 ③ なお，売上原価には原価性（通常発生する程度のものをいう）を有するたな卸資産評価損（低価法の採用に基づく評価損や商品の品質低下や陳腐化により売価が仕入価格を下回ると認められる場合の評価損），減耗損（保管中，運搬中の紛失，破損，盗難，蒸発などによる減耗損失）や原価差額（製造原価計算過程で採用した予定原価または標準原価と実際原価との差額）なども含まれる。 ［仕入値引］ 仕入品の量目不足，品質不良，破損など，商品自体が変化したことによって仕入代金から控除される金額。 ［仕入戻し高］ 仕入商品が品質上の欠陥，輸送上の荷傷み，誤送，契約の取消しなどの理由から返品されたものの金額 ［仕入割戻］ 一定期間内に多額かつ多量の商品を仕入れたことによって仕入先から受ける仕入額の一部返戻金である。仕入割引（営業外収益）とは異なっているので注意する必要がある。

分析上の留意点	標準数値（業界全体）			
	製造業	卸売業	小売業	建設業
① 損益計算書上では売上原価は次のように表示される。 ［商業の場合］ 　売上原価＝期首商品たな卸高＋期中商品仕入高－期末商品たな卸高 ［製造業の場合］ 　売上原価＝期首製品たな卸高＋当期製品製造原価－期末製品たな卸高 　（注）　当期製品製造原価は原則として，当期原材料費，労務費，製造経費の合計額（当期総製造費用）に期首仕掛品たな卸高を加え，期末仕掛品たな卸高を控除して計算する。 ② 売上原価を操作することによって利益（売上総利益段階）に影響を与えることができる。売上原価の操作はその算式構造からみて，期中商品仕入高を操作するか期末商品たな卸高に作為を加えるか（商業の場合）のいずれかおよび両方ということになる。期中仕入高の操作は，記録帳簿の問題もあり現実には期末商品たな卸高を操作することが多い。 ③ 期中仕入高の情報がない場合は，売上原価の算式から逆算し，これと売上高の割合を数期間分みることによって，その動きに異常性がないかどうかを検討してみることは一つの足がかりとなろう。 ④ 製造業での売上原価には材料費のほか労務費，製造経費などが算入されていることに留意しておく必要がある。財務分析において，たとえばその企業の減価償却費の総額を求める場合，ともすれば製造原価のなかに計上されている分を失念してしまうことが多いからである。	78.6% （関連分析指標） ・売上原価率 　$\left[\dfrac{売上原価}{売上高}\right]$ ・営業費用対売上高比率 　$\left[\dfrac{売上原価＋販売費・一般管理費}{売上高}\right]\times 100$	84.4%	69.8%	82.5%

勘定科目	性質と範囲	関連分析指標
製造原価 (製造業)	製造原価要素を財務会計における費用の発生を基礎に分類すると、「材料費」「労務費」および「製造経費」に分類されるので、以下に、原価要素ごとに概略説明を加えておくことにする。	
材料費	材料費とは、それを消費することによって原価(費用)が発生するものをいい、おおむね次のように分類されている。 ① 素材費(または原料費) 　製造に関して消費されるものであるが、原則として製品に形をかえて残るものの費用をいう。一般に物理的な操作を加えて製品に仕上げていくものを素材、化学的変化を与えて製品化していくものを原料といっている。 ② 買入部品費 　加工することなく外部から買い入れた状態のままで製品に取り付けられ、その組成部分となるものの費用をいう。 ③ 燃料費 　製品の原料的な性質をもつもので、石炭、重油など熱源として利用されるものの費用である。 ④ 工場消耗品費 　薬品、油脂類、釘、ねじ、研磨材、軍手、長靴など製造に際しあるいはたな卸資産、設備などの保全管理などのために費消される物品の費用である。 ⑤ 消耗工具器具備品 　主として手作業などによる加工、組立などに用いる工具あるいは修理のために用いる道具類および器具備品で1個、1組あるいは1揃いの価格が小さく、かつ耐用年数1年未満のものの費用である。	・材料費対売上高比率 $\left[\dfrac{材料費}{売上高}\right] \times 100$

〔1〕 営業損益

勘定科目	性質と範囲	関連分析指標
労務費	労働用役の消費によって生ずる原価をいう。 ① 賃金（基本給のほか割増賃金を含む） 　工員その他現業労務者の提供した労働力に対して支払われる給与をいう。 ② 給料 　工場長，部・課長，係長，工場事務員など工場の職員の提供した労働力に対して支払われる給与である。 ③ 雑給 　アルバイト，パートタイマーなど臨時的，一時的な雇用契約の労働者の提供した労働力に対して支払われる給与。 ④ 従業員賞与手当 　工場従業員に対する賞与および臨時に支給される給与をいう。 ⑤ 賞与引当金繰入額，退職給付(与)引当金繰入額 　賞与引当金，退職給付(与)引当金に対しその事業年度の負担に属する額を引当て計上するもの。 ⑥ 福利費（法定福利費を含む） 　工場従業員の健康保険料，厚生年金保険料，労働保険料（雇用保険料，労災保険料）など法定福利費の事業主負担分および従業員の医務衛生，保健，慰安などに要した費用の事業主負担分である。	・労務費対売上高比率 $\left[\dfrac{労務費}{売上高}\right] \times 100$ ―標準数値― （業界全体） 　製造業　11.2% 　建設業　8.3%
製造経費	これを直接経費と間接経費に分別すると，おおよそ次のようになる。 　直接経費…外注加工費，特許権等使用料 　間接経費…福利施設負担費，厚生費，減価償却費，賃借費，保険料，修繕費，運搬費，電力・ガス・水道費，租税公課，旅費交通費，通信費，保管料，たな卸減耗損，雑費など	

(3) 売上総損益金額

勘定科目	性質と範囲
売上総利益 （関連勘定） 　営業利益 　経常利益 　当期純利益	① 純売上高（総売上高から売上値引や売上戻り高などを控除した売上高）から売上原価（前項 p.164）を差し引いて把握される売上高の利益部分で，俗称「粗利益（あらえき）」である。 ② 売上総利益は，商品，製品の製造販売あるいは役務の提供など企業本来の活動がもたらす根本的な利益である。したがって，この利益の大きさは，損益計算の結果（当期純損益の計算）に大きな影響を与えることになる。 ③ また，売上高と売上総利益の割合（後述，売上高総利益率参照 p.266）は，商品力，製品力の強さを示すものであるから，時系列比較あるいは同業他社比較などによって経営管理上の判断材料を提供してくれる。

分析上の留意点	標準数値（業界全体）			
	製造業	卸売業	小売業	建設業
① 旧商法では，売上総利益の計上を求めていなかったが，財務諸表等規則83条（証券取引法）および会社計算規則120条（会社法）では計上を強制している。	4.2百万円	8.6百万円	4.9百万円	4.3百万円
② 売上総利益が前期比増・減している場合の原因分析は，売上総利益は，売上高と売上原価の差額概念であるから，両者の増減を把握することによって可能となる（売上総利益増減分析という）。この場合，売上高，売上原価はともに「価格」と「数量」の積として把握できるので，この要因の動きを分析することになる。作業プロセスは下記のとおり（金額は適宜である）。	(注) 従業員1人当りの売上総利益の額を示している。なお，万円位を四捨五入した。			

（関連分析指標）
- 売上原価率

$$\left(\frac{売上原価}{売上高} \times 100\right)$$

- 売上高営業利益率

$$\left(\frac{営業利益}{売上高} \times 100\right)$$

- 従業員1人当り売上総利益額

$$\left(\frac{売上総利益}{従業員数}\right)$$

（単位　万円）

売上高の変動	
売上価格の上昇による	3,000
販売数量の増加による	6,000
両者の混合による	600
計	9,600
売上原価の変動	
仕入価格の上昇による	1,950
仕入数量の増加による	7,400
両者の混合による	600
計	9,950
売上総利益の変動	
価格からの影響	1,050
数量からの影響	△1,400
混合要因からの影響	0
計	350

（注）　計算に際しては，「他方の要因は不変」とする。

⑷ 販売費および一般管理費

勘定科目	性質と範囲
販売費・一般管理費	販売費とは商品・製品の販売過程において発生する費用の総称であり，一般管理費とは事業活動全般を管理するための費用と定義づけられるが，それらは必ずしも明確に区分できるわけではない。ただ損益計算書上はおおむね販売費，一般管理費の順で記載するのが一般の慣行となっている。そこでここでは財務諸表等規則が例示しているなかから，主な費用を抜き出して以下に概略を説明することにする。
販売手数料 （関連勘定） 　販売奨励金 　販売促進費	商品・製品の販売や役務の提供などにより収益が実現したときに販売受託者や仲介人など外部の者に委託手数料などを支払った場合の費用である。販売に直接要した費用であるから販売費に属する。
販売奨励金	商品・製品等の販売を促進するために，特定の地域の得意先に対して交付する金銭または金銭に代わる物品をいう。

分析上の留意点	標準数値(業界全体)			
	製造業	卸売業	小売業	建設業
① 販売費・一般管理費は売上総利益（売上高－売上原価）から差し引かれる費用（売上総利益－販売費・一般管理費＝営業利益）であるだけに，これの増減変化は営業利益に直接影響する。したがって，販売費・一般管理費比率や売上総利益との割合推移は注視する必要がある。 ② 販売費・一般管理費比率に影響を及ぼすのは残高の大きい費目（一般的には人件費）である。したがって，このような費目の残高や売上高との割合をまず押えてみることである。	18.1% （関連分析指標） ・販売費・一般管理費比率 $\left(\dfrac{販売費・一般管理費}{売上高}\times 100\right)$ ・営業費用対売上高比率 $\left(\dfrac{売上原価＋販売費・一般管理費}{売上高}\times 100\right)$	14.2%	29.7%	16.4%
販売手数料と支払諸手数料とはその性格が異なっている。支払諸手数料は公認会計士や弁護士や行政書士などに支払う手数料をさし，これは主として一般管理費に属するものと考えられる。	0.3%	0.3%	1.1%	0.2%
① 販売奨励金と販売手数料の違いは，前者が将来の収益効果を期待して支出されるのに対し，後者は現に成立した販売契約などに対する仲介料や委託手数料であることである。 ② 販売奨励金は販売高などに比例して支出されるものでないから，売上割戻とは性質が異なっている。	—	—	—	—

勘定科目	性質と範囲
販売促進費 （関連勘定） 　販売手数料 　販売奨励金 　広告宣伝費	販売促進費は販売を促進するために支出する費用の総称であって，その内容は販売手数料，販売奨励金，広告宣伝費，販売関係の交際費などである。
広告宣伝費 （関連勘定） 　交際費	不特定多数の者に対して商品または製品や社名などを浸透させることを意図して支出する費用をいう。広告の媒体としては印刷媒体（新聞，雑誌など），電波媒体（テレビ，ラジオなど），屋外媒体（ネオンサイン，ポスターなど），交通機関媒体（中吊り，車体など），その他（ダイレクトメール，スライド，贈答品など）がある。

分析上の留意点	標準数値（業界全体）			
	製造業	卸売業	小売業	建設業
① 販売促進費という名称は経営分析などでは使用されるが，会計処理上ではこれに含まれる個々の費目で経理されるのが普通である。 ② しかし，現実には損益計算書に販売促進費として計上されるケースがみられる。これは販売促進の行事に対する支出を一括して処理するためと考えられる。	―	―	―	―
① 不特定多数を対象とする広告宣伝費と特定者を対象とする交際費とでは，現行税制の措置が異なっている。すなわち，前者は全額損金扱いが認められているのに対し，交際費は，損金に算入することのできる金額に制限を設けている。 ② 一時に多額の広告宣伝費を投入し，かつ，その効果が1年以上先と考えられる場合は繰延資産（税法上認めているもので，会社法上のものではない）として処理すべきである。 ③ 損益計算書に多額の広告宣伝費が計上されている場合は，広告媒体，支出効果などに関心をもつべきである（業績不振に陥ると，まず広告宣伝費，交際費，交通費などが削減の対象になるので，その残高推移も把握する必要がある）。	0.2%	0.2%	1.1%	0.2%

第3章 損益計算書の勘定科目の読み方

勘定科目	性質と範囲
交際費 （関連勘定） 　販売促進費 　会議費 　広告宣伝費 　売上割戻	営業上必要な接待および交際のために支出した費用をいう。税法上では，「交際費等」の名称が示すように一般に考えられる交際費より広範囲となっており，類似する費目との区分のため詳細な取扱いを定めている。具体的には交際費，接待費，機密費など名称のいかんにかかわりなく，法人がその得意先，仕入先，その他事業に関係ある法人，法人の役員，法人の従業員，株主などに対して接待，きょう応，慰安，贈答およびこれに類する行為のために支出された費用としている。 なお，交際費の類似費目としては，売上割戻(p.162)，福利厚生費(p.178)，広告宣伝費(p.172)，会議費などがある。
荷造費 （関連勘定） 　運搬費 　荷造運賃	出荷にあたって荷造梱包に要した材料費をいう。製造工程を終了した製品などを化粧箱に入れ包装紙をかける作業に要した費用は製造経費に入るので，ここでいう荷造費とは，その後得意先に発送するための，梱包作業にかかる一切の費用ということになる。 荷造梱包のみを外部に依頼している場合の費用もこの勘定に含める。

分析上の留意点	標準数値（業界全体）			
	製造業	卸売業	小売業	建設業
① 交際費のうち製造に関係する支出は製造原価に算入される。 ② 現行税法の損金不算入限度額は ・資本金が1億円以下の法人 　（支出額が400万円以下の場合） 　　交際費支出額×$\dfrac{\text{事業年度の月数}}{12}$×10% 　（支出額が400万円超の場合） 　　交際費支出額－400万円×$\dfrac{\text{事業年度の月数}}{12}$ 　　＋400万円×$\dfrac{\text{事業年度の月数}}{12}$×10% ・資本金が1億円を超える法人 　　交際費支出額全額 ③ 交際費は基本的に，得意先，仕入先など事業に関係のある先への支出であるから，社会通念を超える多額の残高となっている場合は，その支出効果，支出意図などに関心をもつべきである。逆に，この勘定を操作して簿外資産（いわゆる裏金）をつくるケースもある。	0.3%	0.2%	0.3%	0.5%
① 運送会社などに荷造梱包を含めて発送を依頼している場合，あえて荷造費と運搬費（または発送運賃，運送費など）を分別せず荷造運賃，発送運賃などの名称で一括する場合が多い。 ② 荷造梱包に要する資材は一括購入されることが多いが，購入時に「貯蔵品」とし費消のつど費用化するのが原則であるが，購入時に全額を費用として計上し，期末にたな卸をして「貯蔵品」に振り替える方法もある。	1.9% （注）	1.1% 上掲は	0.5% 「運賃荷造費	0.1% 」である。

勘定科目	性質と範囲
発送運賃 （関連勘定） 　運搬費	商品や製品を販売のため得意先に発送するに要した費用であり，自社で発送した場合および運送会社に依頼した場合の費用がともに含まれる。 なお，運送会社に荷造梱包もあわせ依頼した場合，荷造費もこのなかに含めるのが普通である。
従業員給料手当 （関連勘定） 　福利厚生費 　従業員退職金	販売および一般管理業務に従事する従業員に対する給料および手当の額をいう。なお，損益計算書上で「販売員給料手当」「その他従業員給料手当」と区分している場合もある。 給料には通常，賞与も含めている。また，手当とは役付手当，家族手当，時間外勤務手当などが含まれる。 給料手当，賞与，賃金，福利厚生費など，従業員にかかわる費用を総称して「人件費」という。とくに財務分析では売上高人件費比率，人件費対福利厚生費比率というように「人件費」ベースでの分析，評価を行うことが多い。

分析上の留意点	標準数値（業界全体）			
	製造業	卸売業	小売業	建設業
発送運賃と引取運賃は分別されなければならない。すなわち，発送運賃は販売にかかわる費用であるから販売費に属することになるが，引取運賃は商品や固定資産の仕入，購入にかかわる費用であるから取得原価に算入され，資産に計上されることになる。	－	－	－	－
①　税務上，現物給与も原則として含めることになっている。すなわち，課税の対象となる現物給与は給料手当として把握する必要がある。 　ただし，現物給与を支給のつど金額換算して給与として会計処理する必要はない。支給時には福利厚生費や交通費（定期乗車券の現物支給はこれにあたる）としておいて，給与所得の計算を行う際に加算すればよい。 ②　従業員給料手当をその企業の従業員数で除すと従業員1人当りの平均賃金（月額平均賃金を求める場合はさらに12カ月で除す）が算出できる。この水準を世間相場と比較してみるのも，その企業の労務状況をみるうえで重要な方法である。 ③　一般に給料手当はベースアップ，定期昇給などで年々上昇する傾向にあり，また一般的に販売費・一般管理費のなかに占める金額割合いも高い。このことから販売費・一般管理費の増減変化に影響をもたらす主因の一つと考えてよい。	8.8% (12.8%)	7.0% (0.6%)	14.6% (0.7%)	8.5% (7.7%)

（注）　売上高人件費比率（カッコ内は売上高労務費比率）を掲出している。

（関連分析指標）
・売上高人件費比率

$$\left(\frac{人件費}{売上高}\times 100\right)$$

・人件費対福利厚生費比率

$$\left(\frac{福利厚生費＋賄費}{人件費}\times 100\right)$$

・従業員1人当り平均賃金

$$\left(\frac{総支払賃金}{従業員数}\right)$$

・完成加工高対人件費比率

$$\left(\frac{人件費}{完成加工高}\times 100\right)$$

（注）　完成加工高＝完成工事高－材料費－労務費－外注費

・労働分配率

勘定科目	性質と範囲
福利厚生費	従業員の福利厚生のために支出される費用をいうが、このなかに法定福利費（健康保険、厚生年金保険、労働者災害保険、雇用保険に関する事業主の負担する保険料）を含める場合と含めない場合がある。 狭義の福利厚生費は、従業員の医務衛生、保健、慰安などに要した費用である。
従業員退職金 （関連勘定） 　退職給付(給与)引当金繰入 　退職給付(給与)引当金戻入	従業員の退職に伴い、退職給与規程に基づき支払われる退職慰労金をいう。 使用人が役員となった場合、退職給与規程に基づき使用人であった期間の退職金を支払うのが一般的である。
退職給付(給与)引当金繰入額	退職給付（給与）引当金の当期引当額である。この繰入額は「期末現在の自己都合による要支給額－期末現在の引当前退職給与引当金残高」となる。なお、先述（p.132）のように「退職給付債務」の考え方が導入されると、会計変更時差異（不足認識額）の15分の1（15年内での償却）などが費用化され退職給付引当金に繰り入れられることになる。
役員報酬手当 （関連勘定） 　役員賞与 　役員退職金	取締役、監査役などの役員に対して支払われる給料をいい、税法ではこれの損金算入を認めている。 ただし、過大な報酬と判定された場合や総会決議や定款規定の支給限度超過の場合には、その超過分の損金算入を否認している。 なお、会社法では「報酬等」の表現で役員賞与を費用項目と認識している（p.156, 180参照）。

分析上の留意点	標準数値（業界全体）			
	製造業	卸売業	小売業	建設業
① 福利厚生費に法定福利費が含まれていない場合は，これが別建で表示されているはずである。 ② 役員に対する福利厚生費は，特別な場合を除いて，従業員に対するものに含めているのが普通である。	―	―	―	―
① 一般には労働協約や就業規則などに基づいて退職給付引当金が計上されているので，退職金支給時にはこれを取り崩して補填する。この場合，引当金取崩額と退職金の差額が損益計算書上に表示されるのが普通である（純額主義）。 ② 引当金取崩額が退職金支給額より大きい場合，その超過分は前期損益修正益として特別利益に計上されることになる。	―	―	―	―
退職給付引当金繰入額が過少なのは，従業員数が減少しているのか，退職金を計算する場合の基礎給（一般には基本給を算定基礎としているのが多い）の上昇が少ないのか，などを検証してみる必要がある。	―	―	―	―
役員報酬は経営委任の対価として支払われるもので，その額は会社法の規定（取締役の報酬等〈361条1項〉）により，定款で定めるか，株主総会の決議で決めることとしている。一般には株主総会の決議によっているものが多い。それは，定款による場合，報酬額の変更は定款の変更（株主総会の特別決議が必要）を伴うからである。	―	―	―	―

勘定科目	性質と範囲
役員賞与 （関連勘定） 　役員退職金 　役員報酬手当	名称のいかんにかかわらず取締役や監査役に対する，退職金以外の，臨時的に支給される給与（経済的利益を含む）は役員賞与となる。これを利益処分で経理する企業が多かったが，会社法施行後は費用処理に一本化された（p.156）。税法ではこのような役員賞与の損金算入は原則として認めていない（なお，賞与の名称で定期的に支給されるものは報酬と認識される）。
役員退職金 （関連勘定） 　役員退職給与積立金 　繰入額	役員に対し退職という事実に基づいて支給される臨時的な給与をいう。 税法では損金算入を認めているが，その支給額が過大（在職期間，退職事由や社内的地位および同種，同規模企業の支給水準などからみて）である場合は，相当と認められる金額を超える部分の損金算入は認めていない。
租税公課 （関連勘定） 　法人税 　法人住民税 　事業税	国または地方公共団体が課す税金（法人税住民税および事業税を除く）で企業が費用として処理できるもの，および税金以外の公共的な賦課金（同業組合費，町会費，商工会議所費など）と罰金，科料などの課金の総称である。

分析上の留意点	標準数値(業界全体)			
	製造業	卸売業	小売業	建設業
① 原則として，役員賞与の損金算入は認められていないが，一部算入要件が緩和されている。すなわち，あらかじめの定めにより，確定時期，確定額を支給する場合（時期，金額は事前に届け出ること。中小企業など通常の場合）と利益を基礎として定める賞与が一定要件に沿って支給される場合（上場会社など）には損金算入を認めている。 ② なお，使用人兼務役員の使用人部分の賞与は原則として従業員賞与と同じ扱いとなる。	―	―	―	―
① 税法上の損金算入の時期は原則として「株主総会の決議などで支給すべき金額が具体的に確定した日を含む事業年度」である（定款に定めがない場合）。 ② 役員退職金は相当程度であれば，税法は原則として損金算入を認めているが，不相当に高いとされる額については容認しない。不相当か否かは，役員の在職期間，功績，退職事由，類似会社の支給水準などと対比して判断される。	―	―	―	―
① 租税としては，一般的に固定資産税，都市計画税，自動車税，登録税，印紙税，物品税，酒税，利子税などがある。これらは，事業税を除いて，所得の有無に関係なく一定の要件があれば負担しなければならない税金である。 ② かつて，損益計算書上，法人事業税を費用として計上していたケースもあったが，現在では期間損益をより正確に把握するために「法人税等」（法人税，法人住民税および法人事業税）に含めて計上されている（P.124, 212）。 ③ なお，租税公課のうち罰金や科料などは，税法上は損金不算入の扱いとなる。	0.6%	0.3%	0.5%	0.6%
	(注) 売上高に対する租税公課の割合を掲記している。			

勘定科目	性質と範囲
減価償却費 （関連勘定） 　減価償却累計額	①　固定資産の取得原価を，収益をあげられる期間に適正に配分することによって収益と費用が対応して計上できると考える。この費用の配分を減価償却（費）といっている。 ②　すなわち，機械・装置，建物，器具備品などは，取得したその事業年度だけに効果が発現するのではなく，以後数期にわたって効果が継続することになる。反面，その資産は時の経過とともに自然的な減耗，使用による磨滅など物理的に減価するとともに，陳腐化（新技術の開発などにより物理的には使用可能であっても機能的には劣り経済的に不利となること）や不適応（需要の変化や企業規模の変化からニーズに対応できない状態）などから機能的にも減価する。企業会計ではこのような資産の減価を費用として認識し，使用開始から廃棄するまでの期間を適正に見積もって，その期間にその費用を割り当てることが合理的と考えているわけである。 ③　この考え方は無形固定資産についても同様である。 ④　固定資産には償却資産（償却の対象になる資産）と非償却資産（償却の対象とならない資産）とがある。非償却資産とされている資産は将来的に価値の増加するものや価値が減少しない性質のものである。なお，建設仮勘定（p.92）も非償却資産であるが，これは過渡的な形態で資産として確定していないから，とりあえず対象外としているのである。

分析上の留意点	標準数値(業界全体)			
	製造業	卸売業	小売業	建設業
① 土地，建設仮勘定を除く有形固定資産(これを償却資産という)の減価償却計算の要素となるのは，取得価額，耐用年数，残存価額および減価償却方法の四つである。 ② 無形固定資産については地上権，借地権，電話加入権(これらを非償却資産という)を除いて償却対象とするが 　［耐用年数］——税法などでの法定年数を採用する 　［残存価額］——残存価額は0である 　［償却方法］——一定の無形固定資産については定額法のみである となっている。 ③ 減価償却費は費用配分の原則に基づき期間費用を算出すると同時に，資金的には利益の内部留保をもたらすものであるから，当期純利益とともに自己金融(実質的には両者の合計額から社外流出分を控除する)ともいわれ，企業力の増加に資するものである。 ④ 減価償却を実施することと，固定資産などの取替資金を積み立てることとはまったく別個の事柄であり，混同してはならない。 ⑤ なお，平成10年4月以降取得した建物(有形固定資産)については，税制の改正により定額法の適用が強制されている。	0.7% (2.0%)	0.5% (0.2%)	1.1% (—)	0.4% (0.4%)
	(注) カッコ内は製造原価のなかの減価償却費率である。 (関連分析指標) ・減価償却進捗率 $\left(\dfrac{減価償却費累計}{固定資産簿価+減価償却費累計}\times 100\right)$ ・減価償却費対売上高比率 $\left(\dfrac{減価償却費}{売上高}\times 100\right)$ ・減価償却率 $\left(\dfrac{当期償却額}{有形固定資産・土地・建設仮勘定+当期償却額}\times 100\right)$ ・キャッシュ・フロー 　(当期純利益+減価償却費) (注) ここでいう「キャッシュ・フロー」は従来から使用されている用語に従ったもので，後述(p.243)するキャッシュ・フロー計算書のものと意味合いが異なっている点に留意していただきたい。			

(5) 営業損益金額

勘定科目	性質と範囲
営業利益 (関連勘定) 　売上総利益 　経常利益 　当期利益 　営業損失	①　企業の主たる営業活動の結果稼得した利益を営業利益という。 ②　企業は商品を仕入れ，これを販売する。また，原材料を購入して製造過程に乗せ製品化してこれを販売する。あるいはまた役務を提供(販売)する。これら一連の企業活動を支えるために人的，物的な経営資源を投入する。企業会計上では，この経営資源の投入に係る費用を販売費・一般管理費と認識している。 ③　このような企業活動の結果獲得した利益が営業利益であり，したがって「営業収益(売上高)－営業費用(売上原価＋販売費・一般管理費)」で測定される。

分析上の留意点	標準数値（業界全体）			
	製造業	卸売業	小売業	建設業
① 財務諸表等規則，会社計算規則では損益計算書上，売上高から売上原価と販売費・一般管理費を控除して営業利益を求めることにしている（証券取引法の財務諸表等規則，会社法の会社計算規則ともこの間に売上総利益の計上を求めている）。このことは，営業活動を一体としてみている結果であり，それだけに最も企業活動実態を反映したものと認識している証拠とも考えられる。 ② 財務分析では諸種の理由から経常利益を注目しているが，純粋に企業本来の営業活動の実態を把握しようとするならば，営業利益段階で把握・分析することが必要である（これによって企業の販売活動，営業活動の効率の程度を測定することが可能である）。とくに企業の財務活動分野が拡大してくると，本業の不振を覆い隠す結果にもなりかねないからである。	3.3% （関連分析指標） ・売上高営業利益率 $\left(\dfrac{営業利益}{売上高}\times100\right)$ ・経営資本営業利益率 $\left(\dfrac{営業利益}{経営資本}\times100\right)$ （注）経営資本＝総資本－建設仮勘定－投資固定資産－遊休不動産－関係会社投融資 ・完成工事高対営業利益率 $\left(\dfrac{営業利益}{完成工事高}\times100\right)$	1.4%	0.4%	1.1%

2　営業外損益

(1) 営業外収益

勘定科目	性質と範囲
受取利息 （関連勘定） 　有価証券利息 　貸付金利息 　未収利息 　前受利息	企業本来の営業活動以外の活動から，あるいは営業活動に付随して派生する経常的な収益を一括して「営業外収益」と称している。具体的には，受取利息（有価証券の利息を除く），有価証券利息，受取配当金，有価証券売却益，仕入割引などが掲記されている（財務諸表等規則90条）。 ①　預貯金，公社債などの利子，公社債投資信託の収益の分配，貸付金の利息など金銭の運用に基づく収益をいう。 ②　ただし，公社債等有価証券の利息や貸付金の利息で多額のものは，それぞれ別建てで計上することも少なくない。 ③　ここでいう貸付金利息とは，関係会社，取引先，従業員などに対する金銭の貸付による受入利息である。 ④　関係会社から受け入れた利息が営業外収益の10%を超える場合は，それが関係会社からの受入れであることを明示した項目で別建てにする必要がある（財務諸表等規則91条2項）。

分析上の留意点	標準数値(業界全体)			
	製造業	卸売業	小売業	建設業
① 他に貸し付ける資金を借入調達している場合，貸付利率が借入利率を下回っていると，貸付先が役員であれば役員報酬，従業員であれば従業員給与，その他の者であれば寄付金と認定されるおそれがある(税務上)。 ② 受取利息は通常，収受したときに収益として計上する。したがって，期末には未収利息または前受利息を計算して未収収益または前受収益を建てる必要がある(税務申告上は収益に加算または収益から控除する)。ただし，金額的に重要性に乏しい場合や同一方法を継続的に実施している場合は，経過勘定を建てなくてもよいとしている。 ③ 受取利息の額が過大の場合は，その内容を吟味し収益の安定度合いを測定する必要がある。	1.5%	0.9%	1.3%	1.1%
	(注) 売上高と営業外収益の数値の割合である。 (関連分析指標) ・インタレスト・カバレッジ(倍) $$\left(\frac{営業利益}{支払利息・割引料-受取利息}\right)$$ ・営業外収支比率 $$\left(\frac{営業外収入}{営業外支出}\times 100\right)$$			

第3章 損益計算書の勘定科目の読み方

勘定科目	性質と範囲
受取配当金 （関連勘定） 　関係会社配当金	①　所有株式または出資金に対する配当の受取額をいう。 ②　具体的には所有株式（内国法人，外国法人）の配当金，中小企業協同組合，農業協同組合，漁業協同組合などの特別法人から受ける出資金の配当や分配金，旧有限会社（特例有限会社という），合名会社，合資会社からの利益分配金，証券投資信託の収益分配金などである。 ③　受取配当金は主たる営業活動に基づく収益ではないので営業外収益に計上される。
有価証券売却益 （関連勘定） 　有価証券 　投資有価証券	①　公債，社債，株式などの有価証券を譲渡したことに伴う売却益（売却価額と帳簿価額との差額）である。 ②　原則として営業外収益に計上される売却益（売却損は営業外費用に計上される）は，貸借対照表の流動資産に計上されている有価証券（一時所有目的）の売却分である。 ③　なお，固定資産，投資等の部に計上される投資有価証券の売却損益は，特別損益に計上されることになる。

分析上の留意点	標準数値(業界全体)			
	製造業	卸売業	小売業	建設業
① 受取配当金が過大になっている場合は，その内容を吟味し，妥当性，必要性の度合いを判定しておく必要がある。これは企業本来の活動ではないので，そこに多額の資金が滞留していることは資金効率の点から好ましいことではないからである。 ② 本業が不振ないしは頭打ち現象がでてくると，往々にして余剰資金は有価証券投資などへ回る傾向がある。支払手段としてみた場合は，現金資産が有価証券資産に振り替わっているだけであるから，いちがいに悪いとはいいきれないが，本来の営業活動に資金が投下されなくなると，活動力の低下は避けられないと考えるべきであろう。	―	―	―	―
① 流動資産に属する有価証券の売却損益は，原則として営業外収益または営業外費用に計上されることになるが，それが異常に多額である場合には特別損益に計上することも考えられる(経常利益に特殊要因による影響を与えないためである)。 ② 流動資産に属する有価証券は配当目的ではなく，キャピタル・ゲイン狙いのものが多い。したがって売買頻度，投資額などには関心をもつ必要がある。前項「受取配当金」でみたように，本末が転倒して主業である事業活動が副業であるはずの財務活動にとってかわられることは好ましくないからである。	―	―	―	―

勘定科目	性質と範囲
仕入割引 （関連勘定） 　仕入値引 　仕入割戻 　売上割引	①　支払期日前に仕入代金を決済したり，手形支払が約定であったのに特別に現金で支払った場合など，支払繰り上げによる金利相当額を仕入代金から控除したその金額をいう。 ②　仕入割引は金融収益的な性質のものであるから，仕入商品の品質不良などを理由の仕入値引(p.162)や大量購入の謝恩的意味合いの仕入割戻(p.162)とは性質が異なっているので，営業外収益に計上される（仕入値引や割戻は総仕入高の控除項目である）。

分析上の留意点	標準数値（業界全体）			
	製造業	卸売業	小売業	建設業
① 仕入割引は購買契約が成立し支払条件が確定ないしは履行後，先方都合などによって代金の決済方法が変更したときに発生するもので，購買交渉の過程で決済方法の変更があった場合は仕入価額自体を引き下げるべきである。 ② 金融逼迫の状況下では，資金繰りをつけるために要請されるケースがでてくる。逆にこのような状況下では現金で支払うことを条件に値引を強要することもある。いずれの場合も両社間に企業力，信用力の差が歴然としてくる。	—	—	—	—

(2) 営業外費用

勘定科目	性質と範囲
支払利息 （関連勘定） 　社債利息 　支払割引料 　手形売却損 　前払利息 　未払利息	企業本来の営業活動以外の活動から，あるいは営業活動に付随して派生する経常的な費用を一括して営業外費用と称している。具体的には支払利息，社債利息，社債発行差金償却，社債発行費償却，創立費償却，開業費償却，貸倒引当金繰入額または貸倒損失（営業費用として処理しなかったもの），有価証券売却損，売上割引などが掲記される（財務諸表等規則93条）。 ① 短期ならびに長期の借入金につき債務者(借主)から債権者(貸主)に対して支払う利息である。 ② 本来は運転資金のための借入金利息と設備投資のための借入金利息は，その借入元本の性格が違うので分別されることが望ましいのであるが，現実には合算して計上している。ただし，社債利息は支払利息と分別して計上されるべきである。 ③ 純粋な財務取引ではないが，商品などを仕入れる場合，現金払のところを手形で支払ったときや，手形のサイトを従来以上に長期としたときなどに，一定の利息をつけることがあるが，仕入代金と明らかに区分されているときには支払利息に計上すべきである。 ④ 関係会社からの借入金がある場合，これにかかわる支払利息の額が営業外費用の10％を超える場合は「関係会社支払利息」として別建計上することが必要である。 ⑤ 関係会社借入金に適用される金利水準が通常の利率より著しく低い場合は，不当に低い部分の金額は，関係会社からの贈与と認定されることがある。

分析上の留意点	標準数値(業界全体)			
	製造業	卸売業	小売業	建設業
① 支払割引料も一種の支払利息と考えることもできるが，原則としては別記すべきであろう。ただし，実務上は「支払利息・割引料」の科目で一括計上している場合が多い。	0.8%	0.4%	0.5%	0.7%

(注) 支払利息・割引料の割合である。

② 一般に支払利息(割引料も含めて)は金融機関借入に関するものが大部分であるが，反面，関係会社取引，社債取引や商品仕入取引にかかわる支払利息，さらには金融機関以外の法人，個人借入に関する支払利息が含まれている場合もある。

③ したがって，営業外費用に計上されている支払利息額(支払割引料と一括計上の場合が多いが)と貸借対照表上の短期借入金，長期借入金，「一括計上」の場合は割引手形の残高を合算し対比してみることも大切である。その割合を時系列に把握してみると，金利変動の影響はあるものの，異常な動き(売上高や固定資産，あるいは借入金，割引手形がさほど増加していないのに支払利息額が急増しているなど)をつかむこともできよう。もっともこの場合，次善の策として借入金，割引手形残高は期首と期末の平均値を求めるべきであろう。

④ 金融逼迫状態になると，金利水準の騰貴もあるが，概して支払利息勘定の動きは顕著になる傾向がある。それは金融機関以外からの高利資金の導入がでてくるからである。

⑤ その動きを隠すために高利支払分を仮払金などで処理する場合もあるので，関係各勘定への配慮も必要である。

(関連分析指標)
・金融費用負担率

$$\left(\frac{支払利息・割引料}{売上高} \times 100\right)$$

または

$$\left(\frac{金融費用}{売上高} \times 100\right)$$

・インタレスト・カバレッジ(倍)

$$\left(\frac{営業利益}{支払利息・割引料－受取利息}\right)$$

・営業外費用比率

$$\left(\frac{営業外費用}{売上高} \times 100\right)$$

・営業外収支比率

$$\left(\frac{営業外収入}{営業外支出} \times 100\right)$$

勘定科目	性質と範囲
支払割引料 手形売却損 （関連勘定） 　社債利息 　支払利息	①　受取手形を割引した場合に支払う金利相当分の金額である。 ②　手形割引は通常，銀行その他の金融機関で実施するが，子会社が親会社などに依頼して実施する場合もある（親会社で割り引いてもらう場合は，子会社などが設立して間がなく，対外信用も薄いところから金融機関で割引枠を設定するまでには至らない場合や，金融機関が割引しにくい［銘柄や手形サイト，手形発生事由など］受取手形により資金調達を図る場合がある）。 ③　手形割引の法律的な性格については消費貸借説と手形売買説とがあるが，手形の売買であるとするのが通説である。すなわち，手形は期限付債権なので，額面金額から期日までの金利相当分を差し引いたものが手形の現在の価値ということになり，手形割引とはこの価値をもってする手形の売買行為というわけである。したがって，額面から差し引かれる金利相当分を「手形売却損」と考えている（金融商品会計基準）。ただし，一般の金融機関では，「手形割引料」が定着している。 ④　手形割引に付された受取手形には資産価値としては問題があり，貸借対照表能力には疑義があることから，脚注表示を求めている（財務諸表等規則58条の2）。

分析上の留意点	標準数値(業界全体)			
	製造業	卸売業	小売業	建設業
① 実務上は「支払利息,割引料」の勘定で一括計上されていることが多い。割引料が単独で計上されている場合には,損益計算書脚注表示の「割引手形」残高と対比してその割合を時系列把握する。この場合,割引料は年間累計額であり,脚注表示の割引手形は期末一時点の残高である点を留意しておく必要がある(次善の策として期首と期末の残高を合算して平均値をとる)。	0.8% (1.2%)	0.4% (0.7%)	0.5% (0.5%)	0.7% (0.9%)

(注) 支払利息・割引料の割合を示す。なお,( )内は営業外費用の割合である。

(関連分析指標)
・金融費用負担率

$$\left(\frac{支払利息・割引料}{売上高}\times 100\right)$$

または

$$\left(\frac{金融費用}{売上高}\times 100\right)$$

・純金利負担率

$$\left(\frac{金融費用-金融収益}{売上高}\times 100\right)$$

・インタレスト・カバレッジ(倍)

$$\left(\frac{営業利益}{支払利息・割引料-受取利息}\right)$$

・営業外費用比率

$$\left(\frac{営業外費用}{売上高}\times 100\right)$$

② 「支払利息,割引料」で一括して計上されている場合は,長期,短期の借入金および割引手形の残高合計(関係会社借入金などが計上されている場合はこれも含める)と対比せざるをえないが,両者の関係は相当薄れるものと考えておくほうがよい。

③ 金融費用負担率の水準は,俗に7:5:3という。これは支払利子が売上高に対して7%を超えると破綻状態,5%を超えていると危険状態に,そして3%以下に収まっていればまず安泰状態と判断する一つの目安である。しかし,この水準は業種,業態,経営方針などによりさまざまで,あまり現実的ではない(7:5:3の水準は卸売業を想定している)。

④ したがって,現実には売上高営業利益率との対比でみるべきであろう。すなわち,金融費用は営業利益から支払われるものであるから,金融費用負担率は営業利益率の範囲内に収まるべきで,それによって企業の内部留保の源も確保できるからである。(この場合の金融費用は,「金融費用-金融収益」ではないことに留意する)。

勘定科目	性質と範囲
有価証券評価損	① 株式など所有有価証券を期末に評価換えしたときの評価額と帳簿価額の差額で，評価額＜帳簿価額の状態のときに発生する。 ② 原則として金融資産にかかる債券，有価証券は，その保有目的によって，㋑売買目的有価証券（流動資産に計上されている），㋺満期保有目的の債権，㋩子会社株式，関連会社株式，および㋥上記のいずれにも分類できない「その他有価証券（p.150）」に分別される。 ③ これらの債券，有価証券などの評価（貸借対照表価格および評価差額）については次のようになる。 　㋑ 時価の変動により利益を得ることが目的なのであるから，投資者にとっての有用な情報は「時価」である。よって時価で評価し，その差額金を損益に反映（営業外損益）させる。 　㋺ 満期まで保有することを前提に取得した社債その他の債券であり，満期までの価格リスクを認める必要がない（時価が算定できるものであっても）ので，原則として「償却原価法（p.151）」，により評価する。 　㋩ 子会社，関連会社の株式は，事業投資と同じく財務活動の成果と考えないので取得原価をもって貸借対照表価額とする。 　㋥ その他有価証券は原則時価評価し，その評価差額は，純資産の部（p.150）に反映させる（金融商品にかかる会計基準および会社計算規則5条6項）。 ④ 取引所の相場のある有価証券について評価法が原価主義をとっている場合において，時価が著しく低下し，その価格が取得価額まで回復すると認められない場合には，時価まで評価減を行なわなければならない。したがって，このとき評価損が発生する（会社計算規則5条1項，3項）。

分析上の留意点	標準数値（業界全体）			
	製造業	卸売業	小売業	建設業
① 従来の企業会計では有価証券の評価方法について取得原価主義または低価主義をとっていたので，一部社債の場合を除いて，原則として「評価益」は発生しなかったが，先般の時価法の適用では，時価が上がった場合には評価益を計上することになる。これは従来の会計基準を大きく変える考え方である。 ② 会社計算規則では，資産の評価は原則として取得原価としているが（5条1項），反面，その時価が著しく低下し回復の見込みがないと判断される場合には時価を付す（評価損の計上）ことを強制している（5条3項）。 ③ なお，「原則として」の意味は，「会社法，会社計算規則以外の法令に別段の定めがある場合を除く」ということである。したがって，「金融商品に係る会計基準」を受けて，証券取引法会計は「時価基準」をとっているので，ここでいう「有価証券」は前頁①〜③のように考えてよい。 ④ 上記②の説明のなかの「著しく低下」とは，一般に，その有価証券の平均的な変動幅を超える下落（税法では帳簿価額の50％未満としている）を意味し，「回復の見込み」は売却予定時点（税法では近い将来としている）までに回復する見込みがないことを意味している。 ⑤ 流動資産に計上されている有価証券は一時所有のものであるから，その狙いはキャピタル・ゲインにある。したがって，その貸借対照表価額が時価とどの程度乖離しているかが関心事になる。プラスに乖離している場合は，まず問題にはならないが，マイナスに乖離し，しかも意図的に評価損を計上しないのは，いわゆる「含み損」を内包しており，それだけ資産性を欠いていることになる。	0.4% （注）「その他の営業外費用」を掲記している。 （関連分析指標） ・営業外費用比率	0.2%	0.2%	0.2%

第3章 損益計算書の勘定科目の読み方

勘定科目	性質と範囲
売上割引 （関連勘定） 　売上値引 　売上割戻 　仕入割引	①　回収期日前に売上代金を現金などで回収したり，従来は手形回収が慣行であるのに特別に現金などで回収した場合に行う売上代金（売掛金）の割引額をいう。 ②　売上割引は金融的要因によって生ずるものであるから，商品の品質上のクレームなどによる売上値引や売上協力に対する謝恩の意味の売上割戻とは性格が異なるので，営業外費用に計上される。 ③　売上値引や売上割戻は原価性があるので売上高の控除項目である(p.162)。 ④　売上値引の処理のしかたについては業種によって一様ではなく，割引期間，割引率もさまざまであるが，一般の企業では売上高から控除してしまう場合が多い。

分析上の留意点	標準数値(業界全体)			
	製造業	卸売業	小売業	建設業
① 従来は手形取引であるが，販売交渉の当初からとくに現金で支払を受ける約束で販売価額の引下げを容認した場合には，その引下額を売上割引とせず，販売価額を相当額引き下げるべきである。 ② 売上割引が発生する事由は販売側（売手側）にあることが多い。とくに資金繰りがなんらかの原因で都合がつかない場合，販売先から早めに現金を回収して資金繰りをつけようとする場合がある。このようなときには，資金繰りの逼迫状態を察知されないために意識的に売上割引勘定としない場合もある。 ③ 資金繰りがさらに逼迫してくると，販売代金の早期回収では補塡しきれなくなり，商品在庫の値引販売（ダンピング販売）となる可能性がでてくる。この段階では，単に当面の資金繰りをつける目的だけであるから，収益性はまったく無視されることになり，やがては経営破綻につながりかねない状態に至る。 ④ このように売上割引は，単に勘定処理のための科目にとどまらず，その企業の資金繰状態を反映している場合もあるので，損益計算書上にこの勘定科目がある場合には，その背景を探求する姿勢が望まれる。	―	―	―	―
	（関連分析指標） ・営業外費用比率			

第3章 損益計算書の勘定科目の読み方

3 経常損益

経常損益金額

勘定科目	性質と範囲
経常利益 （関連勘定） 　売上総利益 　営業利益 　当期純利益 　経常損失	① 企業活動により毎期継続的，反覆的に発生する収益および費用の差額として把握される利益をいう。 ② 毎期継続的，反覆的に行われる企業活動としては主たる営業活動（その成果は営業利益として計測される）と営業活動に付随して発生する財務活動（営業外活動）がある。 ③ したがって，経常利益は営業利益に営業外利益を加え，営業外費用を控除して算出することにしている。

分析上の留意点	標準数値（業界全体）			
	製造業	卸売業	小売業	建設業
① 先にみたように企業本来の営業活動による成果は営業利益であるので，企業の実態を知るためには営業利益段階で把握することが望ましいといえる。 ② しかし，財務分析では，一義的には経常利益を把握することにしている。これは，わが国企業の一般的な傾向として過少資本・他人資本依存体質があり，その結果としての金融費用（とくに中小企業での営業外費用の大部分は金融費用である）の負担は，本来の営業活動を支えていくうえでの必須条件と考えざるをえないからである。 ③ もっとも，一時期のように企業の財務活動が余資の運用に比重がかかっていた場合には，上記の考え方はすこぶる稀薄化することになるが，本来的には，営業活動と金融費用は不離一体と考えてよいであろう。	3.6%	1.6%	1.1%	1.3%
	（注）実数から算出。端数処理の関係で「営業利益率±営業外損益比率」と一致しない場合がある。 （関連分析指標） ・売上高経常利益率 $\left(\dfrac{経常利益}{売上高}\times 100\right)$ ・総資本経常利益率 $\left(\dfrac{経常利益}{総資本}\times 100\right)$			

4 特別利益・特別損失

(1) 特別利益

勘定科目	性質と範囲
前期損益修正益 （関連勘定） 　貸倒引当金戻入益 　償却債権取立益 　減価償却修正益 　たな卸資産評価修正益	企業の経常的な経営活動とは直接関係しない，臨時的あるいは多額に発生する利益項目と前期の損益を修正することによって生じる利益項目を収納している。 ① 過年度の損失を当期に修正したことによって発生した利益をいう。なお，修正により損失となった場合は前期損益修正損として特別損失に計上されることになる。 ② 企業会計原則が例示している前期損益修正には次のようなものがある。 ・過年度における引当金の過不足修正額 ・過年度における減価償却の過不足修正額 ・過年度におけるたな卸資産評価の訂正額 ・過年度に償却済みの債権取立額 〔貸倒引当金戻入益〕 貸倒引当金の前期繰越残高が当期に設定を要する貸倒引当金の残高よりも多い場合，その差額は戻し入れられなければならない。これは前期に設定した引当額が過剰であったことを意味するので，その戻入益は前期損益の修正となる。 〔償却債権取立益〕 過年度に回収の見込みがないと判断して損益計算上，貸倒損失として処理した債権の回収額である。償却債権取立益は一種の前期損益修正益であるから，原則として特別利益に計上される。ただし，金額的に過少な場合には営業外収益に含めてもよいことになっている。

分析上の留意点	標準数値（業界全体）			
	製造業	卸売業	小売業	建設業
① 現行の企業会計では，期間損益を計算する場合，すべてを確定した金額で把握することはむずかしく，そこでは見積り金額や近似的な金額が混入してくるのを防ぐことは不可能である。その結果，これらの計算結果と実際額との差異がのちに判明することがある。この差異を処理する勘定が前期損益修正である。 ② 前期損益修正損益は，当期の収益または費用に属さない過年度の損益修正であるから，当期の経常損益からは除外して特別利益または特別損失に計上することにしている。 ③ ただし，金額的に僅少な場合や毎期経常的に発生する場合などは，営業外収益や営業外費用に含めてもよいことになっている。 ④ 貸倒引当金戻入益の会計処理については差額方式と洗替方式がある。 ・差額方式——前期の繰越残高と当期の設定残高との差額を戻し入れる方法（戻入益は特別利益に計上。なお，前期繰越残高が当期設定残高より少ない場合は，その差額は貸倒引当金繰入として販売費・一般管理費に計上される）。 ・洗替方式——貸倒引当金の前期繰越残高全額が戻し入れられ（戻入益として特別利益に計上）新たに当期設定残高全額が繰り入れ（貸倒引当金繰入として販売費・一般管理費に計上）られることになる。	0.6%	0.4%	0.3%	0.7%
	（注）特別利益の割合を示す。			

勘定科目	性質と範囲
固定資産売却益 （関連勘定） 　固定資産売却損 　固定資産除却損	①　土地，建物などの固定資産を売却したときに発生する損益で，売却価額が帳簿価額を超える場合はその差額が売却益となり，売却価額が帳簿価額を下回る場合の差額が売却損である。 ②　固定資産の売却に伴うあっ旋手数料などの諸費用は売却益から控除することになる。したがって，「売却益＝売却価額－帳簿価額－諸手数料など」となる。 ③　企業が保有する固定資産は，一部の業種を除いて，本来は長期間使用する目的のものであり，販売を目的としているものではない。したがって，それの売却によって生ずる損益は多分に臨時的，例外的な性格をもつものといえる。この観点から，企業会計上は経常的な損益，すなわち期間損益に影響させないために期間外損益，すなわち特別損益に計上することにしている。

分析上の留意点	標準数値(業界全体)			
	製造業	卸売業	小売業	建設業
① 固定資産の売却損益は，その性格からみて特別損益項目（売却益は特別利益，売却損は特別損失に計上）であるが，中小企業の損益計算書では，往々にして営業外収益・費用に計上されている場合が多い。固定資産の売却が比較的経常的に行われている（備品，金型など）場合や売却損益額が僅少の場合は営業外収益・費用への計上も認められているので，この考えに沿ったものと考えられる。 ② 企業の保有する固定資産は，本来的には主たる営業活動を支える基盤ともいうべき資産であるから，これの売却によってどれだけの益出しをしたかよりも，この売却によって営業活動がどう影響されるかに関心をもつべきである。 ③ したがって，固定資産売却損益が計上されている場合は，売却資産の内容や売却理由（資産の陳腐化や不使用，取替え，さらには事業縮小，転換など）を質し，事業への影響度を判定する必要がある（売却損の計上の場合には陳腐化などの理由が多いと想像される）。 ④ 関係会社との間での固定資産取引は基本的には，その名称を付して別建計上（または注記）することが求められているが，それが純粋の売買取引であれば，まず問題は少ないと考えられる。しかし，不況による業績不振時には，名目的な利益を造出する目的で，買戻特約をつけた売買や，単に帳簿上だけの売買が行われることがある。これによって，実態悪を隠し表面上の信用を維持しようとするものであるから，これらは期間損益（このような場合，営業外利益に計上されるケースが多い）から排除して分析しなければならない。	―	―	―	―

勘定科目	性質と範囲
投資有価証券売却益 （関連勘定） 　有価証券売却益 　投資有価証券売却損	①　貸借対照表の固定資産の部（投資その他の資産）に計上されている有価証券を売却したときに発生する利益で，売却価額が取得価額（帳簿価額）を超える場合は，その差額が売却益となり，売却価額が取得価額を下回る場合の差額が売却損となる。 ②　投資有価証券の売却に伴う手数料などの費用は売却益から控除されるのが普通である。 ③　投資有価証券売却益が金額的に僅少である場合には，営業外収益に計上してもさしつかえない（なお，流動資産に計上されている有価証券の売却損益は営業外収益・費用に計上されることになる）。

分析上の留意点	標準数値（業界全体）			
	製造業	卸売業	小売業	建設業
① 投資有価証券が保有される目的は長期的な利殖を目的とするものと定義づけられているが，現実には長期的に営業取引や金融取引を円満に維持していこうとする目的のものが多いと考えられる。このような場合での保有は，お互いの株式などを持ち合ったり，先方の依頼に基づいて所有するといったケースが多い。それだけに，所有する側の一方的な意思だけで手放すということは，本来的には考えにくいといえよう。 ② したがって，このような目的で保有している投資有価証券を処分するためには，当然，発行会社との合意が必要となる。この処分の結果，営業取引や金融取引にどのように変化が起こるのか，そして，それが事業にどの程度の影響をもたらすものなのかについて関心をもつことが大切である。 ③ このような風潮は，日本的経営の特質の一つでもあったが，これは資本市場の国際化に伴って稀薄になったといってよい（特定会社の一定率以上を取得した場合の報告義務は資本市場の流動化も意識してのことといえよう）。	―	―	―	―

第3章　損益計算書の勘定科目の読み方

(2) 特別損失

勘定科目	性質と範囲
臨時損失 （関連勘定） 　固定資産売却・除却損 　災害損失 　固定資産臨時償却 　保険差益	企業の経常的な経営活動とは直接的には関係がなく，臨時的あるいは多額に発生する損失項目と前期の損益を修正することによって生じる損失項目を収納している。 ① 経営活動の過程において毎期継続して発生するものではない損失をいう。 ② これに属するものとしては ・固定資産の売却損 ・転売目的以外で取得した投資有価証券などの売却損 ・各種災害や労働争議などの偶発的な事故による損失 などがあげられる。 ③ 臨時損失は経常的に発生するものではないが，その金額が僅少の場合には，営業外費用に計上してもよいことになっている。 〔固定資産売却　除却損〕 ① 固定資産を売却した場合に，売却価額が帳簿価額を下回ったときに発生する差額を売却損という。 ② 固定資産を除却（売却しない，あるいは売却できない状態で，取り除き処分すること）した場合，資産勘定から差し引いて損失として計上すべきでその固定資産の帳簿価額相当額を除却損という。 ③ 売却，除却にあたって，そのために要した費用は，それぞれの損に加算される。 〔火災損失〕 ① 火災により有形固定資産およびたな卸資産などが滅失ならびにこれに伴い支出した費用の総額をいう。 ② 火災損失額はその資産の帳簿価額に火災処理費（滅失資産の取壊し費用，焼跡整理費，消防費，類焼者への賠償金など）を加えた金額となる。 ③ 火災保険に加入していたため保険金を受け入れた場合や見舞金の収受額は火災損失から控除するか，特別利益に別建計上するかのいずれかになる。

分析上の留意点	標準数値(業界全体)			
	製造業	卸売業	小売業	建設業
① 臨時損失は偶発的に発生するものであって、一般にその金額は少なくないことが多い。	1.0%	0.5%	0.5%	0.7%
② したがって、できるだけその内容を明らかにする科目名で計上することが求められているのであるが、その内容が判然としない場合は、財務分析上の立場からも、追求していく姿勢が必要である。それによって主たる営業活動にどの程度の支障がでるのかの判定と同時に、その企業の危機管理能力の水準を推定する一つのきっかけともなるからである。	(注) 特別損失の割合を示す。			

〔固定資産売却　除却損〕

　固定資産を売却または除却したときの帳簿価額は、土地、建物などの資産については固定資産台帳などで個別に明らかにされるので問題はないが、機械装置や一部の構築物では総体として償却(総合償却資産という)している場合にその一部を売却ないしは除却したときのその資産の帳簿価額は別途算出する必要がある。

〔火災損失〕

　建物などの償却資産が火災などで滅失した場合、受領した保険金額が滅失資産の帳簿価額を上回ったときの差額を保険差益という。この場合、保険金収入（特別利益）と火災損失（特別損失）は別個に計上されるのが普通であるが、両者を差引計算して差額（保険差益あるいは火災損失）だけを損益計算書上に表示することも考えられる。

　このような場合は当然、金額が小さくなり、災害実態の深刻さを薄めかねないので、金額よりも勘定科目が計上されたという意味合いに力点を置く必要がある。

5 税引前当期純損益

(1) 税引前当期純損益金額

勘定科目	性質と範囲
税引前当期純利益 （関連勘定） 　売上総利益 　営業利益 　経常利益 　当期純利益 　税金等調整前当期純利益 　（連結の場合）	①　企業活動の結果として稼得した利益といえるが，このなかにはその期の所得にかかる法人税等の額が含まれているので，最終的な留保利益とはいえない。 ②　税引前当期純利益は，経常利益に前期の損益修正損益や臨時的多額の非経常的な損益（特別損益）を加減して把握される。

分析上の留意点	標準数値（業界全体）			
	製造業	卸売業	小売業	建設業
① 財務分析の分野で税引前利益が対象となるケースは比較的少ない。しかし，たとえば利益成長率をみる場合に，本来は当期純利益をとるべきであるが，これに代えて税引前利益をとるケースがある。これは比較する期での法人税等充当額に大きな差があった場合，これを含めた利益（税引前当期純利益）段階で比較するほうが企業実態をより正しく把握できると考えるからである。 ② 税引前当期純利益は，過年度の損益修正や臨時的，偶発的な事象による影響を直接受けているので，その企業の正確な期間損益を表していないことを認識しておく必要がある。この点からすると，税引前利益よりも経常利益のほうがより企業実態を表しているといえる。	3.2%	1.5%	0.9%	0.8%
	（注） 実数から算出。端数処理の関係で「経常利益率±特別損益比率」と一致しない場合がある。			

第3章 損益計算書の勘定科目の読み方　211

⑵ 法人税等

勘定科目	性質と範囲
法人税等 （関連勘定） 　法人税・住民税・事業税 　未払法人税等 　法人事業税 　法人税等充当額	① 当期の所得にかかる法人税，住民税および事業税の確定申告に基づく税額である。 ② 「法人税等」のなかには，住民税が法人税と同じく所得に対して課せられるものであるから必ず含まれる。 ③ 法人事業税（地方税）は本来，地方公共団体から与えられる便益に対する対価としての性質をもつ税金である。したがって，企業の所得いかんとは直接関係のないものであるが，徴税技術上，所得に一定率を乗じて計算され，会計処理上も，発生主義の会計に沿って「法人税等」に含めることにしている。ただし，利益に関連する金額を課税標準として課される事業税（財務諸表等規則95条の5）についてである（p.124）。 ④ 法人税等の更生，決定等による納付税額または還付税額がある場合には，「法人税等」の次に記載する（財務諸表等規則95条の5）。

分析上の留意点	標準数値（業界全体）			
	製造業	卸売業	小売業	建設業
① 企業会計上，当期の所得にかかる法人税等の税金も期間費用の一つと認識しているので，その税額は貸借対照表の負債項目として計上することになる。ただし，貸借対照表に計上される税額は中間納付税額を控除した，期末時点において未払の税額である。 ② 法人税等の内容は確定申告書によらざるをえないが，税引前当期純利益との割合から過少感がある場合には，収益面での修正あるいは損益計算書と確定申告書の二重作成などを検証してみる必要がある。 ③ 法人税の中間納付額の計算は 　前期分の法人税 × $\dfrac{6}{\text{前事業年度の月数}}$ を利用することが多い。 なお，税額が10万円以下の場合や前期が赤字で税額がない場合は中間申告の必要はない。	1.4%	0.7%	0.5%	0.6%
	（注）当期純利益率（実算）から逆算。ただし，製造業は異常要素の影響と推定される。 （関連分析指標） ・実効税率 $\left[\dfrac{\text{法人税等充当額}}{\text{税引前当期純利益}} \times 100\right]$			

第3章 損益計算書の勘定科目の読み方

勘定科目	性質と範囲
法人税等調整額 （関連勘定） 　繰延税金資産 　繰延税金負債 　税効果会計	①　ここでいう税金は，企業の所得（利益）を基準として課せられるので，法人税，住民税および事業税がこれにあたる。ただし，所得以外の収入などが課税基準となる事業税（たとえば保険業など）は除かれる。 ②　一般に収益には税金を増加させる働きが，また費用には税金を減少させる働きがあり，この「働き」を「税効果」といっている。 ③　そして，この限りでは，企業会計上の利益と税務会計上の所得は一致し，それを基準とした税金も同額になるはずである。 ④　しかし，現実には両者に会計処理上の違いがあるので，「利益＝所得」とはならず，企業会計の立場からすると，利益と費用（税金も費用と考える）は対応関係にないことになる。 ⑤　そこで，会計処理上の違いを一時差異（次期以降に解消する性質の差異）と永久差異（永久に解消することのない差異）に区分し，とりあえず一時差異を調整することによって，利益と税金費用を極力対応させることにしている。この会計上の調整手法を「税効果会計」という。 ⑥　一時差異の調整額を収納する勘定が損益計算書上の「法人税等調整額」で，これによって「法人税等」の額を加・減算して当期純利益を算出する。すなわち，当期分として納付の確定している法人税等のうち次期分となるもの（前払分）は減算し，当期分となるもの（未払分）は加算することになるので，いわば「税金の期間配分」といってよい。

分析上の留意点	標準数値(業界全体)			
	製造業	卸売業	小売業	建設業
① 法人税等調整額の計上は，あくまで企業会計の技術上の問題（税引前利益と税金費用を極力対応させようとする狙い）であって，これによってその期に納付すべき税額（確定申告書によって算出される）が変わるものではない。 ② 税効果会計では回収可能性（繰延税金資産〔p.82〕に計上されるのは将来減算一時差異としての税金のいわば前払分であるが，差異の解消時期に解消額以上の課税所得が得られるという可能性）がないと判断される一時差異は，繰延税金資産として計上できない。なお，繰延税金負債（p.126）については，この問題は生じない。 ③ 繰延税金資産と繰延税金負債が併存している場合の貸借対照表に計上される金額は両者の差額で，金額の大きい勘定科目の部に表示される。したがって，法人税等調整額も，将来減算一時差異と将来加算一時差異の法定税率相当額が相殺され，ネットで計上される。そこで，財務諸表等規則では，繰延税金資産および繰延税金負債の発生の主な原因別内訳などを注記するよう求めている。 ④ 法人税等調整額の損益計算書上の表示（金額例示）は，次のとおり。 　………… 　税引前当期純利益　　　　25,000千円 　法人税，住民税および事業税　11,570 　法人税等調整額　　　　　△600 　当期純利益　　　　　　　14,030 　…………	－	－	－	－

第3章　損益計算書の勘定科目の読み方　215

(3) 当期純損益金額

勘定科目	性質と範囲
当期純利益 (関連勘定) 　売上総利益 　営業利益 　経常利益 　税引前利益 　前期繰越利益 　当期純損失	① 企業活動総体の結果として稼得した利益である。したがって，企業本来の営業活動に基づく成果と，それに付随する財務活動の成果によって構成されている。 ② 経常利益に特別損益を加減した額（税引前当期純利益）から，その所得に課税される法人税，法人住民税および法人事業税を控除した残額として把握される。 ③ したがって，会社計算規則に準拠して算出された損益計算書上の最終利益といえる。
包括利益	会社計算規則では，「損益計算書等には，包括利益に関する事項を表示することができる」としているが，それ以上の指定はない（126条）。
株主資本等変動計算書	会社計算規則では，純資産の増減に係る事項はすべて「株主資本等変動計算書」にまとめることにしているので（127条），いわゆる「損益計算書の末尾部分」はなくなった（p.221）。

分析上の留意点	標準数値(業界全体)			
	製造業	卸売業	小売業	建設業
① 当期純利益は一事業期間の企業活動の最終利益であるから，爾後はこれをどのように処分するかの問題に関心が寄せられる。 ② 継続企業（ゴーイング・コンサーン）としての経営の観点からは，当期純利益は極力，企業内部に留保され，設備の更改や技術の改良などに振り向けるべきと考えるであろうし，株主などの投資家からすると増配期待を高めることになる。内部留保率の適正水準は業種，業態および経営方針などにより一概に決められないが，理論的には50％以上が望ましいといえよう。 ③ 当期純利益の前期対比伸び率を売上高の前年対比伸び率と比較してみる。理論的には当期純利益の伸び幅が大きいほうが良好といえるが，現実には逆になるケースが多い。 包括利益は包括主義（当期業績主義の反対語）に基づいて，その期に生じた収益・費用の一切（経常・非経常および当期・次期の別はない）を計上して包括的な損益（ここでは利益）を算出すべきとする立場からの利益をいう。現行の損益計算書は，ほぼ当期業績主義に基づいている。	1.8％	0.8％	0.4％	0.2％
	(注) 製造業は異常要因がある模様。 （関連分析指標） ・配当性向 $\left(\dfrac{配当金}{当期純利益}\right)$ ・内部留保率 $\left(\dfrac{当期純利益－配当金－役員賞与}{当期純利益}\times 100\right)$ ・資本金当期利益率 $\left(\dfrac{当期純利益}{資本金}\times 100\right)$ ・利益成長率 $\left(\dfrac{当期純利益}{前期当期純利益}\times 100\right)$ ・キャッシュ・フロー （当期純利益＋減価償却費） (注) ここでいう「キャッシュ・フロー」は従来から使用されている用法に従ったもので，後述（第6章p.243）するキャッシュ・フロー計算書のものと意味合いが異なっている。			

第4章

その他の計算書類

1　株主資本等変動計算書

　会社法は，株式会社が作成すべき計算書類として，①貸借対照表，②損益計算書，およびその他法務省令で定めるものとしているが（435条2項），この省令に沿った書類が，③株主資本等変動計算書と④個別注記表である（会社計算規則91条1項）。

(1) 株主資本等変動計算書とは

　株主資本等変動計算書は，貸借対照表の純資産の部を構成する資本金，準備金，剰余金およびこれらに影響を与える諸項目の期中の動きを一覧表にまとめたものである。すなわち，旧商法での損益計算書の末尾部分（当期純損益以下の諸事項〈前期繰越損益，目的積立金の目的に沿った取崩額，中間配当金，中間配当に伴う利益準備金積立額など〉）や利益処分計算書の諸要素を引き継ぎ，また，附属明細書に記入されていた関係事項を加えて一表にまとめたものといってよい。

　純資産の部の変動を一覧できるようにしたのは，会社法のもとでは，期中の剰余金の分配や資本の計数移動が従来より容易化されているので，これに伴い純資産の部の変動が頻繁になると，資本移動の記録が分散しているいままでの計算書類では明瞭に把握するのは困難と考えたからである。

　なお，当該計算書での「資本」は，株主資本（株式会社），連結資本（連結会社），および社員資本（持分会社）の3種に分別している。

(注)　持分会社とは，旧商法下での合名会社，合資会社に，会社法により創設された合同会社（全構成員の有限責任が確保され，定款を会社運営の規律に関する基本文書とした会社類型）を総称したものである。

(2) 株主資本等変動計算書の記載項目・内容

会社計算規則では，記載すべき項目およびその内容（一部について）を明示しているが（127条），様式は示していない。

そこで，条文の項目を一表にまとめてみると，下記のとおりとなる。

項　　目	法定記載事項（カッコ書きは記載の推定）
１．株主資本	
(1)　資本金	㋑前期末残高，㋺当期変動額，㋩変動理由およびその額，㋥当期末残高
(2)　新株式申込証拠金	（変動額，新株発行，権利行使，失効など）
(3)　資本剰余金	㋑前期末残高，㋺当期変動額，㋩変動理由およびその額，㋥当期末残高
①　資本準備金	（変動理由，変動額など）
②　その他資本剰余金	（自己株式処分差額，資本準備金への振替，配当など）
(4)　利益剰余金	㋑前期末残高，㋺当期変動額，㋩変動理由およびその額，㋥当期末残高
①　利益準備金	（変動理由，変動額など）
②　その他利益剰余金	（利益準備金への振替，当期純利益，剰余金の配当，任意積立金積立，取崩しなど）
(5)　自己株式	㋑前期末残高，㋺当期変動額，㋩変動理由およびその額，㋥当期末残高
(6)　自己株式申込証拠金	（変動額，変動理由など）
２．評価・換算差額等	
(1)　その他有価証券評価差額金	（純額表示。売却，減損処理による損益振替）
(2)　繰延ヘッジ損益	（純額表示。ヘッジ対象の損益の繰延，ヘッジ会計の終了による損益の増減）
(3)　土地再評価差額金	（純額表示。土地売却による利益剰余金へ振替など）
(4)　為替換算調整勘定（連結会社の場合）	（純額表示。為替レートの変動，子会社，関連会社の株式売却など）

3．新株予約権 　(1)　新株予約権 　(2)　自己新株予約権	㋑前期末残高，㋺当期末残高，㋩差額，㊁主要な変動額およびその理由 控除項目として表示
4．少数株主持分（連結会社） 　(1)　少数株主持分	㋑前期末残高，㋺当期末残高，㋩差額，㊁主要な変動額およびその理由

(注)　1．（連結会社）表示は，連結株主資本等変動計算書に追加される項目。
　　　2．純額とは前期末残高との差額。
　　　3．新株予約権，少数株主持分の㊁の項は任意記載である。

　なお，企業会計基準委員会が提示している株主資本等変動計算書の様式（横展開方式と縦展開方式の2種類ある）の横展開方式は，次のとおりである。

純資産の各項目を横に並べる様式例

株主資本等変動計算書

	株主資本									評価・換算差額等(*2)			新株予約権	純資産合計(*3)
	資本金	資本剰余金			利益剰余金(*1)				自己株式	株主資本合計	その他有価証券評価差額金	繰延ヘッジ損益	評価・換算差額等合計(*3)		
		資本準備金	その他資本剰余金	資本剰余金合計(*3)	利益準備金	その他利益剰余金		利益剰余金合計(*3)							
						××積立金	繰越利益剰余金								
前期末残高	×××	×××	×××	×××	×××	×××	×××	×××	△×××	×××	×××	×××	×××	×××	×××
当期変動額(*4)															
新株の発行	×××	×××		×××						×××					×××
剰余金の配当					×××		△×××	△×××		△×××					△×××
当期純利益							×××	×××		×××					×××
自己株式の処分									×××	×××					×××
××××××															
株主資本以外の項目の当期変動額(純額)											(*5)×××	(*5)×××	×××	(*5)×××	×××
当期変動額合計	×××	×××	—	×××	×××	×××	×××	×××	△×××	×××	×××	×××	×××	×××	×××
当期末残高	×××	×××	×××	×××	×××	×××	×××	×××	×××	×××	×××	×××	×××	×××	×××

(*1) その他利益剰余金については、その内訳科目の前期末残高、当期変動額及び当期末残高の各合計額を注記により開示することができる。この場合、その他利益剰余金の前期末残高、当期変動額の合計額及び当期末残高の各合計額を個別株主資本等変動計算書に記載する(第4項参照)。
(*2) 評価・換算差額等については、その内訳科目の前期末残高、当期変動額及び当期末残高の各合計額を注記により開示することができる。この場合、評価・換算差額等の前期末残高、当期変動額の合計額及び当期末残高の各合計額を個別株主資本等変動計算書に記載する(第5項参照)。
(*3) 各合計欄の記載は省略することができる。
(*4) 株主資本の各項目の変動事由及びその金額の記載は、概ね個別貸借対照表における表示の順序による。
(*5) 株主資本以外の各項目は、当期変動額を純額で記載することができる(第9項から第12項参照)。また、変動事由ごとにその金額を個別株主資本等変動計算書又は注記により表示することができる(第9項から第12項参照)。変動事由ごとに記載する場合には、概ね株主資本の各項目に関係する変動事由の次に記載する。

2 個別注記表

(1) 個別注記表とは

個別注記表は、旧商法での貸借対照表および損益計算書の注記事項と、旧商法施行規則において営業報告書（会社法では「事業報告」とし、計算書類に含めていない）の記載事項とされていたものの一部（他の一部は、株主資本等変動計算書に記載）を原則として引き継いでいる。

個別注記表に新しく掲記を求められている項目としては「継続企業の前提に関する注記」（会社計算規則131条）および「関連当事者との取引に関する注記」（同140条）がある。

「継続企業の前提に関する注記」は、「財務指標の悪化の傾向、重要な債務の不履行など、財政破綻の可能性」など事業を継続していくうえで「重要な疑義を抱かせる事象が発生あるいは存在している場合には、状況、内容の説明を求め、また、改善するための計画の提示」を求めたものである。

「関連当事者との取引に関する注記」は、関連当事者（個人ならびに法人）との重要な取引については、取引内容、取引金額、取引条件および取引によって生じた債権・債務の残高などを、関連当事者の氏名、株式会社との関係を含めて明示することを求めている。ただし、その取引が公正な一般競争入札に基づくものや、取引条件が「市場価格その他公正な価格を勘案」して定められていることが明らかな場合には要しないとしている。

(2) 各種計算書類に関する注記

会社計算規則は注記表に関し、128条から144条にわたって規定しているが、ここでは貸借対照表、損益計算書および株主資本等変動計算書（それぞれ連結

計算書は割愛）に関する注記の概略を説明しておく。

a 貸借対照表等に関する注記（134条，139条，141条，144条）

項　　目	注　記　内　容
資産が担保になっている場合	・担保提供していることの明示 ・その資産の明細と金額 ・担保にかかる債務の額
資産にかかる引当金を一括して直接控除した場合	・各資産項目別の引当金額
資産にかかる減価償却累計額を一括して直接控除した場合	・各資産項目別の減価償却累計額
減損損失累計額と減価償却累計額を合算処理している場合	・減価償却累計額に減損損失累計額が含まれている旨の表示
負債の部に計上されていない債務がある場合	・保証債務，手形遡求債務，重要な係争事件の損害賠償義務およびこれらに準ずる債務の明細と金額
関係会社に対する金銭債権・債務を一般のものと区分しないで計上している場合	・金銭債権・債務が属する項目ごとの金額または一括した金額
取締役，監査役，執行役との間に取引がある場合	・その取引から生じた金銭債権または金銭債務の総額
親会社株式	・表示区分別の金額
ファイナンス・リース取引について，通常の売買取引に準じた会計処理をしていない場合	・事業年度末の取得原価相当額，減価償却累計額相当額，未経過リース料相当額など
1株当りの価額	・1株当りの純資産額および1株当りの当期純利益（または純損失）の額
その他	・株式会社の財産または損益の状態を正確に判断するために必要な事項

b 損益計算書に関する注記（135条，138条）

項　目	注　記　内　容
関係会社との取引	・営業取引による取引高の総額 ・営業取引以下の取引による取引高の総額
税効果会計	・繰延税金資産（相殺控除した分も含む）および繰延税金負債発生の主たる原因

c 株主資本等変動計算書に関する注記（136条）

項　目	注　記　内　容
発行株式 種類別発行株式	・発行済株式数 ・種類ごとの発行株式数
（注）　種類別株式とは，株式会社が発行する「議決権制限株式」（会社支配に一定の制限を加える目的），「取得条項付株式」（一定の条件のもとで，新株または自己株式と交換する），「優先株・劣後株」，「譲渡制限株式」（一部または全部の発行株式に付することができる），「役員選任権付株式」（非公開会社のみ）などをいい，複数種の株式を発行することができる（会社法108条）。	
自己株式	・自己株式の数および種類ごとの自己株式の数
中間配当	・年度中に行った剰余金の配当の情報
期末配当	・年度末後に行う剰余金の配当の情報
新株予約権	・発行目的となる株式（または種類株式）の数

第5章

連結財務諸表の読み方

1 連結財務諸表の作成

　企業規模の拡大に伴い，企業活動も分社化，集団化することが多い。この場合では，企業集団の財政状態や経営成績などは，個々の財務諸表だけでは把握できない。しかし，個々の財務諸表を合算しても，親子会社間で商品，サービスなどの売買取引をしている場合には，合算額がその企業集団の実力を示しているとはいえない。親子会社間での商品売買取引は，企業集団全体からみれば内部取引であり，また，取引された商品が子会社に残っている限り，親会社で計上される販売利益は実現していない（子会社から，外部に販売された段階で実現する）ものだからである。したがって，個々の財務諸表を合算するに際し，企業集団間での内部取引や未実現利益の消去，債権・債務の相殺，投資と資本の相殺など連結固有の処理をすることによって合算した財務諸表が企業集団の実態をよりよく反映させるようにした。これが連結財務諸表である。

　連結財務諸表の制度は，昭和52年4月以降，証券取引法適用会社（主として上場会社）に義務づけられたが，子会社の判定基準が持株比率によっていたため，意図的な「連結はずし」も可能であったことや，個別財務諸表が主，連結財務諸表は従の位置関係にあったため実効があがらなかった。そこで平成9年6月の当制度の見直し（企業会計審議会）を経て，平成11年4月以降，連結財務諸表を中心とした新しい制度（連結キャッシュ・フロー計算書・中間連結財務諸表の開示，子会社などの判定に「実質基準」を導入，税効果会計の強制適用など）が成立し，連結ベースのディスクロージャー制度を充実させたのである。

　なお，本章は「連結財務諸表規則」と「連結財務諸表ガイドライン」に基づいてまとめ，必要に応じて会社法に関する記載を加えている。

(1) 子会社，関連会社の範囲

連結する子会社の範囲は，従来の持株基準から「支配力基準」に変更された。つまり，子会社とは親会社に支配されている会社ということになるが，「支配」とは子会社の財務，営業および経営方針などの決定機関である取締役会を支配している状態をいっている。したがって，この支配状態にある場合は，たとえ持株比率が50％以下であっても子会社となる。

一方，関連会社（持分法によって連結される）とは，持株比率が20％未満であっても，その会社に対し人的（取締役，財務部長，営業部長などの要職に出向させている），資金的（重要な融資や債務保証または担保提供をしている），物的（重要な技術の提供，営業上の契約など）に濃密な関係があり，財務および営業の方針決定に影響を与えることができる子会社以外の会社をいう（影響力基準）。

このように連結する範囲の判定基準が支配力基準，影響力基準に移行したが，そのベースには従来の持株基準があることに変りはない。

(2) 連結財務諸表作成の手順

連結財務諸表の作成は，連結貸借対照表と連結損益計算書を並行して作成するが，その手順を個別に示してみると次のようになる。ただし，税効果会計の処理ならびに連結株主資本等変動計算書（精算表），連結キャッシュ・フロー計算書などについては割愛している。

a 連結貸借対照表の作成手順

① 合算貸借対照表を作成する
　親会社と子会社の個別貸借対照表を各勘定科目ごとに単純合計して一表にまとめる。
② 投資と持分に関する連結仕訳を行う（これを開始仕訳という）

連結財務諸表を継続して実施している場合は，前年度末の連結仕訳を当期首分とする。なお，支配獲得日が期中の場合は，その時点または便法としてその時点に真近の子会社の決算を利用して連結仕訳を行う。また，支配獲得日が当期末の場合は，連結貸借対照表のみの作成となる。

連結仕訳は，子会社の貸借対照表を対象にして「のれん（子会社の資本に対する親会社持分と投資勘定との相殺差額をいい，従来は「連結調整勘定」の用語を使用していたもの）」と「少数株主持分（子会社の資本に対する少数株主帰属分）」および連結剰余金（利益準備金と剰余金の合計額）などを確定するものであるが，この場合，子会社の資産・負債を時価で評価し，その差額を子会社資本に加減算する。また，評価については，全面時価評価法（資産・負債を支配獲得日の時価で評価する）と，部分時価評価法（株式取得のつど，親会社持分に相当する割合だけ時価で評価し，少数株主持分に相当する割合は簿価で評価する）がある。

③ 連結会社間の債権・債務などを相殺消去する

一般には連結会社間での商品売買取引により発生する売掛金と買掛金，受取手形と支払手形の相殺がこれにあたるが，経過勘定である「前払費用と前受収益」「未収収益と未払費用」でも，内部取引に基づくものは相殺対象となる。また，連結会社間の「貸付金と借入金」も相殺されるが，たとえば子会社からの受取手形の一部を親会社が銀行で割り引いている場合（ただし，親会社の割引手形は脚注表示）は，割引相当分は「借入金」に計上される。

④ 未実現利益の排除などによる連結剰余金を修正する（付．少数株主持分の修正）

債権・債務の相殺消去は連結決算上，純損益には影響しないが，連結手続のなかには純損益に影響し，連結剰余金（親会社に帰属する剰余金）を増減させるものもある。たとえば，

・親会社との商品売買取引で，期末に商品が残っている場合──「期末在庫×粗利益率」が未実現利益として減額対象となる。

- 親会社が子会社に対する債権分として引き当てた貸倒引当金——子会社に対する債権は相殺消去されるので，その分は修正され連結剰余金の増額対象となる。
- 親子会社間で商品以外の資産の売買があった場合——一般に，買い手側の貸借対照表価額には売り手側の利益（未実現利益）が含まれているので，その分連結剰余金を減額する。
- のれん（従来の連結調整勘定。本章内，以下同じ）の減価償却費——のれんは20年以内に償却（定額法）することになっているので，当年度償却額分だけ減少する。
- 子会社が計上する当期純利益のうち少数株主帰属分（当期純利益×少数株主持分割合）——その分少数株主持分に加算されるので，連結剰余金が増加するのは差額分である。
- 子会社の支払配当金，利益準備金積立額は連結剰余金を増減させない——ただし，少数株主持分がある場合，「配当金×少数株主持分割合」分だけ，少数株主持分から減算する。

⑤ 連結剰余金勘定を整理する（付．少数株主持分の整理）

以上の説明項目を下敷きにして連結剰余金を作成すると，下記のようになる。

- 親会社の利益準備金，剰余金の合計額（当期末，個別貸借対照表計上分）
  　　　　　　　　　　　　　　　　　　　　　　　　　　　×××
- 子会社の利益準備金，剰余金の合計額（当期末，個別貸借対照表計上分）
  　　　　　　　　　　　　　　　　　　　　　　　　　　　×××
  　　　　（合　計）　　　　　　　　　　　　　　　　　　×××
- 投資と資本の相殺消去〔資本連結〕（子会社の利益準備金と剰余金の前期末分）　　　　　　　　　　　　　　　　　　　　　　△×××
- 子会社の内部取引による商品の未実現利益（当期末商品×粗利益率）
  　　　　　　　　　　　　　　　　　　　　　　　　　　△　××

> - 親会社の子会社債権に対する貸倒引当金の修正額　　　　××
> - 前期計上ののれんの償却額（当期償却分）　　　　△　××
> - 子会社の当期純利益のうち少数株主帰属額（当期純利益×少数株主持分割合）　　　　△×××
> - 少数株主への配当金額（配当金×少数株主持分割合）　　　　××
> 　　（差引合計）　　　　×××

なお，少数株主持分の額は，

前期末少数株主持分（資本連結）＋子会社当期純利益の少数株主帰属分

により把握される。

⑥　連結精算表（連結貸借対照表）を作成する（p.237参照）

親子会社の合算貸借対照表を上述諸修正項目の連結仕訳によって連結貸借対照表を作成する。この場合の連結仕訳は仕訳帳でなく連結精算表に記録される。

b　連結損益計算書の作成手順

①　合算損益計算書を作成する

親会社と子会社の個別損益計算書の各勘定科目ごとに単純合計して一表にまとめる。

②　内部取引（連結会社相互間の取引）を相殺消去する

連結損益計算書のなかだけで相殺消去の対象となる勘定は「売上高と仕入高（売上原価）」「受取利息と支払利息」「賃貸料と賃借料」など，いずれも内部取引により発生する「収益と費用」である。一般には，親会社が子会社に商品を販売する，資金を融通する，あるいは資産を貸与することなどから，親会社が収益を計上し，子会社が費用を負担するケースが多い。

③　未実現利益などを消去する

連結会社間での資産の売買は，それが連結集団内にとどまっている限り単

なる資産の内部振替えにすぎず，当該売買に含まれている利益も未実現利益である。しかし，売り手側の損益計算書上では収益として計上されているので，連結損益計算書では未実現利益として消去されることになる。換言すれば，その分，当期純利益が減額されることになる。このように，当期純利益に影響を与える連結手続としては，

- 親会社との商品売買取引で，期末に商品が残っている場合——前②項でみたように，「売上高と仕入高（売上原価）」の収益，費用は相殺消去されるが，期末商品に含まれている利益部分（一般に，期末在庫×粗利益率で把握する）も当期純利益から減額しなければならない。
- 親会社が子会社に対する債権分として引き当てた貸倒引当金——連結会社間での債権，債務は相殺消去されるので，当該繰入額（販売・管理費に計上）は消去し，その分，当期純利益が増額される。
- のれんの減価償却費——償却は原則として計上後20年以内に主として定額法で行うことになっている。なお，のれんが資産に計上されている場合，償却費は連結損益計算書の販売・管理費に計上（その分，当期純利益は減額），負債に計上されている場合は営業外収益に計上（その分，当期純利益は増額）される。
- 子会社からの受取配当金——受取配当金は親会社の個別損益計算書上は営業外収益に計上されているが，子会社では損益計算上の費用とはなっていない（利益処分項目）。したがって，合算損益計算書上では，当期純利益が，その分過大になっているので，親会社の受取配当金を消去し当期純利益を減額する。なお，この場合，親会社に対する配当はなかったとみなすので，連結剰余金の計算上の支払配当（マイナス要素）もなくなるため，期末の連結剰余金残高には影響しない。

④ 少数株主の損益を計上する

　子会社の当期純利益は，持分割合に応じて親会社と少数株主に分割され，少数株主に帰属する利益相当分は合算当期純利益から差し引かれる。なお，

少数株主利益は連結損益計算書上では「法人税等」の次に費用として計上する。

⑤ 連結精算表（連結損益計算書）を作成する（p.239参照）

親子会社の合算損益計算書を上述諸修正項目の連結仕訳によって連結損益計算書を作成する。この場合，連結貸借対照表の作成と同様に連結精算表を使用する。

以上の説明に沿って連結精算表の作成例を示すと，次のようになる。

〔連結精算表（連結貸借対照表）作成例1〕　　　　　　　　（単位：百万円）

勘定科目	個別B/S 親会社	個別B/S 子会社	合算B/S	連結仕訳 借方	連結仕訳 貸方	連結B/S
現金・預金	210	100	310			310
受取手形	550	400	950		⑤400	550
売掛金	880	650	1,530		④300	1,230
貸倒引当金	△12	△10	△22	⑦ 5		△17
商品	500	680	1,180		⑥ 65	1,115
貸付金	200	0	200		③ 80	120
有形固定資産	720	100	820	①100		920
子会社株式	440	0	440		②440	0
のれん				② 20	⑧ 4	16
(資産合計)	(3,488)	(1,920)	(5,408)			(4,244)
支払手形	800	520	1,320	⑤400		920
買掛金	650	370	1,020	④300		720
未払法人税等	100	30	130			130
借入金	900	550	1,450	③ 80		1,370
少数株主持分					②105 ⑨ 20	125
資本金	500	200	700	②200		500
資本剰余金	180	50	230	② 50		180
評価差額				②100	①100	0
利益剰余金	358	200	558	② 55 ②120 ⑥ 65 ⑧ 4 ⑨ 20	⑦ 5	299 0
仕訳欄計				(1,519)	(1,519)	
負債資本合計	(3,488)	(1,920)	(5,408)			(4,244)

第5章　連結財務諸表の読み方　237

（連結仕訳項目対応の事象）　　　　　　　　　　　　　　（金額単位：百万円）

① 支配獲得日（前期末）の子会社有形固定資産の時価は200（簿価100）と評価されている。

② 前期末の資本連結に関する連結仕訳は

　　（借方）資本金　　　　200　　（貸方）子会社株式　　440
　　　　　　資本準備金　　 50　　　　　　少数株主持分　105
　　　　　　利益準備金　　 55
　　　　　　剰余金　　　　120
　　　　　　評価差額　　　100
　　　　　　のれん　　　　 20

　で，これを開始仕訳とする（少数株主持分割合20％）。

③ 子会社に対する貸付金80がある。

④ 子会社に対する売掛金は300である。

⑤ 子会社の支払手形のなかには，親会社宛のものが400含まれている。

⑥ 子会社の期末商品のうち，親会社からの仕入分は650で，売上総利益率は10％である。

⑦ 親会社の子会社向け債権に対する貸倒引当金は5である。

⑧ のれんに対する償却の当期負担分は4である。

⑨ 子会社の当期純利益は100，うち少数株主持分は20（100×0.2）となる。

⑩ 連結剰余金の計算は，

利益準備金と剰余金の合算残高558－②175－⑥65＋⑦5－⑧4－⑨20＝299である。

（注）　従来は，連結貸借対照表の純資産の部に法定準備金を表示していたが，連結財務諸表は旧商法のように配当可能利益の算出を直接目的にしているものではないので，資本剰余金，利益剰余金として一括して計上することにしている。

　　　　また，「自己株式」および「子会社の所有する親会社株式」は，資本の部に控除する方式で計上する。なお，海外にある子会社が連結の対象となる場合は「為替換算調整勘定」が純資産の部に表示される。

〔連結精算表（連結損益計算書）作成例2〕　　　　　　　　　（単位：百万円）

勘定科目	個別P/L 親会社	個別P/L 子会社	合算P/L	連結仕訳 借方	連結仕訳 貸方	連結P/L
売　上　高	3,750	2,500	6,250	①2,000		4,250
受取利息	30	0	30	②　　1		29
（収益合計）	(3,780)	(2,500)	(6,280)			(4,279)
売上原価	2,820	1,840	4,660	③　　65	①2,000	2,725
販売・管理費	660	482	1,142	⑤　　4	④　　5	1,141
支払利息	22	8	30		②　　1	29
法人税等	130	70	200			200
少数株主利益				⑥　20		20
（費用合計）	(3,632)	(2,400)	(6,032)			(4,115)
当期純利益	148	100	248	④　　5	③　65 ⑤　　4 ⑥　20	164
仕訳欄計				(2,095)	(2,095)	

（連結仕訳項目対応の事象）　　　　　　　　　　　　　　　（金額単位：百万円）

① 親会社の売上高には子会社向けの分が2,000含まれている。

② 親会社からの借入80に対し，1の利息を支払っている。

③ 子会社の期末商品には65の未実現利益が含まれている。

④ 親会社の子会社向債権に対する貸倒引当金は5である。

⑤ のれんに対する償却の当期負担分は4である。

⑥ 少数株主に帰属する利益は20（100×0.2）である。

　（注）　当期純利益の上欄に「法人税等調整額」が計上される。

2 連結株主資本等変動計算書

　会社法が，連結会社に作成を求めている計算書の一つに連結株主資本等変動計算書がある（会社計算規則91条1項および連結財務諸表規則70条）。この計算書は会社法の発効により，剰余金の配当や純資産の部の計数移動が，いつでも容易に行われる（定款の記載や株主総会または取締役会の決議が前提ではあるが）ようになったため，資本の部の変動を明瞭にすべく一表に集めたものである。

　従来は，利益処分・損失処理案や貸借対照表および損益計算書の末尾部分などに分散掲記していたものを中心に付加・統合して，ディスクロージャーを充実させたといってよい。

　この計算書の項目内容，様式などは株主資本等変動計算書（第4章 p.221-1）に準じているが，連結会社にかかる変動項目としては「少数株主持分」および評価・換算差額等に「為替換算調整勘定」（海外所在の子会社が連結対象の場合）が加わっているが，逆に「資本準備金とその他資本剰余金は資本剰余金」へ，また「利益準備金とその他利益剰余金は利益剰余金」へそれぞれ一本化している（会社計算規則127条）。

3 連結財務諸表の分析

　基本的には，個別財務諸表の手法が適用されるが，連結特有の勘定項目や財務諸表の構成があるところから，採用指標などの意味合いが若干異なってくるので，留意する必要がある。たとえば，

① 連結財務諸表は経営的実態の集約であって，法律上の権利，義務は別問題である。──子会社は親会社から対外的に保証されているわけではない。

② のれんには，支配獲得時点での資産・負債の時価評価相当分が含まれている──→投下された資本だけではなく，資産などの運用損益が加算されている。
③ 純資産の部（資本金，資本剰余金，利益剰余金に自己株式や評価・換算差額金を加減）から，少数株主持分が控除されている──→いわゆる自己資本は「純資産－少数株主持分」となる。
④ 連結当期純利益から，少数株主持分の利益が控除されている──→期中に稼得した利益ではなく，集団に帰属する利益の性格が強い。利益剰余金も同様と考えられる。

などである。なお，この場合は，次のような考え方を追加したほうがよい。
① 親会社個別と連結の残高を比較する
　　たとえば，大きさの程度の問題もあるが，
　　純資産の大きさが，親会社個別＜連結の場合──→集団の規模，実力，留保
　　　　　　　　　　　　　　　　　　　　　　　　　　利益の優秀性
　　経常利益，当期純利益の大きさが，個別＜連結の場合──→健全な企業集団
とみてよい。
② 「運転資本＝（固定負債＋自己資本）－固定資産」の大きさをみる
　　この大きさが十分（とくに基準となるものはないが，流動負債との割合から）
と判断される場合は，運転資金繰りは安定しているとみてよい。
③ のれんの計上場所をみる
　　借方計上（親会社の資本持分＜投資額の場合）──→「営業権（のれん）」の評
　　　　　　　　　　　　　　　　　　　　　　　　　　価が高い
　　貸方計上（親会社の資本持分＞投資額の場合）──→廉価購入は低評価を意味
　　　　　　　　　　　　　　　　　　　　　　　　　　する
　　それぞれの評価に対して理由，根拠に妥当性があるかが問題となる。
④ 連単倍率（連結の勘定÷親会社個別の勘定）をみる
　　たとえば，
　　当期純利益──→集団に対する子会社の利益貢献度合い

売上高（親会社から仕入れている場合）──→集団とくに子会社の販売力の程度

流動資産，流動負債──→短期（運転）資金の状況

集団内容が極端に変化しない限り，連単倍率の時系列比較は集団の成長性をみるのに有効である。

⑤ 総資産事業利益率（ROA）を分解する（ただし，事業利益＝営業利益＋受取利息・配当金）

$$\frac{事業利益}{総資産} = \frac{事業利益}{売上高} \times \frac{売上高}{総資産}$$

から，集団活動の良否が判断できる。

⑥ 自己資本当期純利益率（ROE）を分解する

$$\frac{当期純利益}{自己資本} = \frac{当期純利益}{売上高} \times \frac{売上高}{総資本} \times \underset{(財務レバレッジ)}{\frac{総資本}{自己資本}}$$

から集団活動の改善点，追加投資（投資機会があった場合）の可否判断などができる。

第 **6** 章

キャッシュ・フロー
計算書の読み方

1 キャッシュ・フロー(CF)計算書の作成

証券取引法適用会社などでは、平成11年度以降の決算期にキャッシュ・フロー計算書（以下、「キャッシュ・フロー」を「CF」と表示する）の作成が義務づけられた。他方、金融機関側でも融資先の信用判断にCFの把握を重視する姿勢が顕著になってきている。これは、従来の損益計算書は、①会計処理の恣意的な変更（たとえば、償却方法を定率法から定額法に変えるなど）によって損益が簡単に変動してしまうことや、②損益計算書から企業の成長力を把握しようとしても情報不足の感が否めないこと、さらには「黒字倒産」という言葉が示すように、企業の存続を支えるのは利益だけではなく資金繰り状態も大きなウエイトを占めていることなどによるものと考えられる。従来も資金情報は重視され、企業が提示する「資金収支の状況（有価証券報告書）」や「資金移動表」を判断材料としていたが、今後は監査法人または公認会計士が監査した、信頼性の高い資金表が提供（公開企業）されることになったのである。

これにより企業経営の指導指標も「売上高」から「利益」へ、「利益」から「CF」へと移ってくる。この意義は中小企業経営でも同じである。したがって、中小企業でもCF計算書を自発的に作成し、それを分析することによって自社の問題点や改善すべき課題を把握して、企業存続の資とすべきである。

(1) CF計算書における「キャッシュ」の範囲

ここでいう「キャッシュ」には、現金や流動性預金だけではなく、「現金同等物」も含めている。現金同等物とは、①容易に換金可能で、②換金額が担保されている、③短期（3カ月以内）の投資をいっている。したがって、上場株式、外貨建定期預金、満期日、償還日が3カ月を超える定期預金、現先、公社債投信などは除かれる。これは、支払能力の観点から、支払手段として現金が

もっている機能と実質的に同等である資産を想定しているからである。なお，従来「キャッシュ・フロー」の用語で「当期利益＋減価償却費」を表現しているが，ここでの「ＣＦ」とは概念範囲が異なっているので留意する必要がある。

(2) ＣＦ計算書の様式および作成方法

a ＣＦ計算書の区分表示

ＣＦ計算書は一会計期間中の企業活動全体にかかわる重要な情報を提供するものであるが，その判断を容易にするために活動全体を三つに区分し，それぞれのＣＦの状況を示すことにしている。この三区分とは，営業活動，投資活動および財務活動であり，その活動内容は概念的には次のように考えられる。

① 営業活動……定款に記載している本業の事業活動である。この活動にかかわる取引の成果は，主として損益計算書の営業損益，営業外損益に対応するものと考えられる。

② 投資活動……上記営業活動を継続していくうえで支えとなる設備投資，取引先の株式取得あるいは金銭の貸付などの活動である。これらの取引は貸借対照表の期中増減額，損益計算書の営業外損益および特別損益に対応するものと考えられる。

③ 財務活動……上記の営業活動，投資活動を支える資金の調達および余資の運用などにかかわる活動である。これらの活動は，主として貸借対照表の期中増減額に対応するものと考えられる。

したがって，これらの活動から創出されるＣＦは，たとえ損益計算書上の勘定科目が同じであっても，ＣＦ計算書上では活動別に分別されることになる。

b ＣＦ計算書の様式と作成方法

ＣＦ計算書の作成方法については直接法と間接法（ただし営業活動によるＣＦ

のみ2法ある。投資，財務活動によるＣＦは統一）があり，その様式については連結キャッシュ・フロー計算書等作成基準注解に例示している。そこで，一般に多用されていると思われる間接法の様式を掲出（説明の都合上，連結関連項目は除外し，また活動別に分割する）し，並行して各項の作成方法を解説する。

I 営業活動によるＣＦ

①	税金等調整前当期純利益	×××
②	減価償却費	×××
③	貸倒引当金増加額	×××
④	受取利息および受取配当金	
		△×××
⑤	支払利息	×××
⑥	為替差損	×××
⑦	有形固定資産売却益	△×××
⑧	損害賠償損失	×××
⑨	売上債権増加額	△×××
⑩	たな卸資産減少額	×××
⑪	仕入債務減少額	△×××
⑫	…………	×××
	小計	×××
⑬	利息および配当金の受取額	
		×××
⑭	利息の支払額	△×××
⑮	損害賠償金の支払額	△×××
⑯	……	
⑰	法人税等の支払額	△×××
	営業活動によるＣＦ	×××

（注） 項目頭部の記号は説明のため付している。
　　　なお，△印は減算の表示。

① 税引前利益を計上する。これにより法人税等支払額が営業ＣＦ収支のなかに明示することができる。

②，③ 損益計算上費用となっているが，キャッシュの流出がないので加算する。なお，③の減は減算。

④，⑤ これは「利息受払前，受取配当前利益」をまず算出し，後段⑬，⑭で改めて加減算する。これは，④，⑤の発生主義の処理を⑬，⑭で現金主義に変える操作である。④，⑤と⑬，⑭が同額のときはこの項目の操作は不要である。

⑥ 為替差損金は後段の「現金，現金同等物」にかかるもので営業ＣＦから除く操作。差益は減算。

⑦ 損益計算書上の売却益を対象にする。これを減算するのは，売却益を含まない利益に修正するためである（投資活動に再掲される）。

⑧ 発生主義の会計処理を現金主義に変換するため加算。

⑨ 前期比増は，その分キャッシュは入っていないので減算。逆に前期比減分は加算することになる。なお，割引手形控除後の売上債権の残高差額を採る。

⑩,⑪ 資産の科目で前期比増分は減算項目，負債の科目で前期増分はキャッシュのプラス項目とする。前期比減の場合はそれぞれ逆の取扱いとなる。

⑫ その他項目としては「未払消費税」「未払法人税等」「退職給付引当金」「その他の流動資産・負債」「役員賞与」など実情に即して掲示する。その加・減算は前項⑩，⑪に沿って行う。ただし，「役員賞与」は従来は利益処分による処理であったが，今後（平成18年5月以降）は費用処理（販売費・一般管理費）になる。その場合は計上不要である。

⑬,⑭ 前述④,⑤の趣旨から再掲している。ただし，ここでの計上額は実際に受払した金額である。

⑮ 前述⑧の趣旨から当期中に支払った賠償金額を計上する。

⑯ 以上に包含されない資産，負債，損益などの項目の増減額および金額。関係会社からの経営指導料収入，技術支援収入，営業債権のファクタリング，長期性資産の評価減（加算）など。

⑰ 法人税・住民税および事業税の当期支払額（前期末未払法人税等＋当期の予定中間納付の法人税等）

Ⅱ 投資活動によるＣＦ

```
① 有価証券の取得による支出
                    △×××
   有価証券の売却による収入
                     ×××
② 有形固定資産の取得による支出
                    △×××
   有形固定資産の売却による収入
                     ×××
③ 投資有価証券の取得による支出
                    △×××
   投資有価証券の売却による収入
                     ×××
④ 貸付けによる支出    △×××
   貸付金の回収による収入 ×××
⑤ …………          ×××
   投資活動によるＣＦ    ×××
```

① 有価証券の購入，売却にかかわる授受金額の総額を計上。売却損益（簿価比）が損益計算書上に計上されている場合は，営業ＣＦで修正されているはずである。

② 取得による支出は総額（不詳の場合は「当期末残高＋当期減価償却費－前期末残高」），並行して売却資産がある場合は前算式に「売却資産簿価」を加算する。売却収入は「売却益＋売却資産の簿価」である。

③ 貸借対照表「投資その他の資産」に計上されている有価証券の取得，売却にかかわる金額を計上する。なお，売却収入は「売却益＋売却資産の簿価」で把握する。

④ 従業員，関係会社などに対する金銭の貸付，回収にかかわる金額を総額表示する。

⑤ その他，将来の利益獲得，経営の維持あるいは資金運用などの目的をもつ勘定科目にかかわる収入，支出を総額表示する。たとえば，定期預金，差入保証金，国庫補助金，無形固定資産に属する諸勘定など。

Ⅲ 財務活動によるＣＦ

①	短期借入による収入	×××
	短期借入金の返済による支出	
		△×××
②	長期借入による収入	×××
	長期借入金の返済による支出	
		△×××
③	社債の発行による収入	×××
	社債の償還による支出	△×××
④	株式の発行による収入	×××
⑤	自己株式の取得による支出	
		△×××
⑥	…………	×××
	財務活動によるＣＦ	×××

①，② 総額表示が原則である。ただし，短期借入金については純額で表示してもよいとしている。なお，借入返済額は「当期借入額−（当期末残高−前期末残高）」で把握する。

③，④ 社債，新株の発行費用を控除した総額（ネット調達額）で計上する。

⑤ 自己株式の取得は，一時的な場合とストック・オプション付与などの長期保有の場合とがある。なお，自己株式は純資産の部（マイナス表示）に計上されている。

⑥ その他，資金の調達・運用にかかわるＣＦ，たとえば，ファイナンス・リース債務の返済による支出，配当金の支払額などがある。

Ⅳ	現金および現金同等物に係る換算差額	×××
Ⅴ	現金および現金同等物の増加額	×××
Ⅵ	現金および現金同等物期首残高	×××
Ⅶ	現金および現金同等物期末残高	×××

・外貨預金などの円価換算差額。（当期末残×為替レート）−（前期末残×為替レート）で把握する。
・「増加額」は営業活動ＣＦ＋投資活動ＣＦ＋財務活動ＣＦ＋換算差額
・「期首，期末残高」は，貸借対照表の現金・預金（「現金・預金」がすべて「現金および3カ月以内の短期投資」である場合）の残高。この差額が前記「増加額」に一致する。

2 ＣＦ計算書の分析評価と留意点

　一般に企業は本業の事業活動から十分なＣＦを造出し，これを企業存続・発展のための設備などに投下し，残余を債務の弁済や株主還元にあてるのが望ましい姿と考えられる。この資金の流れに沿ってＣＦ計算書は作成されているので，以下，活動ＣＦ別にまとめることにする。

(1) 営業活動によるＣＦ

① 企業が存続していくためには，このＣＦがプラスであることが前提となる。これがマイナスの場合は，一時的には借入などで対応できるとしても，マイナスが常態化してくると企業の存続が危ぶまれる。

② このＣＦの内容を旧来のキャッシュ・フロー（税引利益＋減価償却費）と運転資金その他の部分に分け，いずれの変動幅が大きいかをみる。これによって，改善策などの考究に資することができる。

③ とくにＣＦがマイナスであったり，時系列的にみて振れ幅が大きい場合は，事業環境や収益構造に変化が生じていないか，経営戦略や債権管理，在庫管理などに問題はないかを十分調べる必要がある。

④ 一般に営業活動ＣＦが悪化する主因は「運転資金」部分にあると考えられる。すなわち，回収条件の悪化，不良債権の発生，不良在庫，滞貨の発生，力関係による仕入条件の短縮などに関心をもつべきである。

⑤ このＣＦ額の水準は一概に示すことはむずかしいが，その性質から考えて，設備投資や借入金の返済が賄える金額を一応の「めやす」としてよいのではなかろうか。

⑥ 主たる指標としては，売上高営業ＣＦ比率（営業ＣＦ÷売上高×100。売上高利益率に準じた考え方。水準よりも時系列比較［動き］を重視する。売上高は，

間接法のＣＦの場合はＰ／Ｌの売上を採用），設備投資等負担率（[設備投資純額＋借入返済額]÷営業ＣＦ×100。投資，返済負担をどの程度カバーしているか。指標の構成からみて，100％以下が理想の水準），営業ＣＦ対流動負債比率（営業ＣＦ÷流動負債×100。流動比率に準じた考え方。水準よりも時系列比較[動き]を重視すべき）などが紹介されている。

(2) 投資活動によるＣＦ

① 将来の利益確保および余資活用のためにどの程度の資金を投入（または運用）し，また回収（または調達）したかの情報が得られる。ただし，一般に投資活動ＣＦがプラス（調達＞運用）になるのは少ないと思われる。

② このＣＦがマイナスの場合，当然，営業活動ＣＦや手許資金取崩しや金融機関借入などの財務活動ＣＦで賄うことになるが，それぞれの補塡率は，（営業活動ＣＦ＞財務活動ＣＦ）が望ましいバランスである。

③ 投資活動のなかで将来的な視野での設備投資とその他の投資の割合のいずれが高いかに関心をもつ必要がある。その他の投資（有価証券，貸付金など）は往々にして本業を支えるという要素が少ないからである。

④ 設備投資（先述様式では「有形固定資産の取得」に包含されているとみてよい）の内容が時流に沿ったものかなどはＣＦ面からは把握できない。したがって，投資規模としてどうかを営業活動ＣＦ，財務活動ＣＦ（場合によっては，原資料であるＢ／Ｓ，Ｐ／Ｌなども）の関連から判断する姿勢をとるべきである。

⑤ 「営業活動ＣＦ－投資活動ＣＦ」をフリー・キャッシュ・フロー（以下，ＦＣＦと表示する）という。これは，経営者の立場からみて，自らの意思で，自由に使える手許資金といってよい。したがって，ＦＣＦがゼロかあるいはマイナスの企業は，経営者の意思決定や自主性のある経営が十分果たせないと考えてよい。

⑶ 財務活動によるCF

① このCFは，企業の営業活動，投資活動を維持するために，どのように，またどの程度資金を調達しあるいは返済しているかの情報をもたらすものといえる。
② 伝統的な財務理論では運転資金（ここでは営業活動CFがこれにあたる）は短期資金で，設備資金など（ここでは投資活動CF）は長期資金でそれぞれ充当することを原則としている。したがって，本CFの長・短資金を営業CF，投資CFにそれぞれ対応させて，バランスの良否を検討すべきである。
③ 配当金支払額は，このCFの控除項目となっているが，これは調達資本のコストと考えているからであろう。この趣旨からすると，借入金利，社債金利も同じであるが，選択適用項目（営業活動か財務活動に）となっている。
④ 営業活動CF，投資活動CFがともにマイナスの場合は，当然借入依存状態が深刻となる。この状態が2～3期続くと資金繰りは破綻状態になるとみてよい。
⑤ 配当性向（配当金÷営業活動CF×100。CF面からみた配当性向）の指標があるが，財務分析の観点からすると，（配当金÷FCF×100。FCFの社外流出割合）の算式も一考に値するといえる。

⑷ 経営指標の水準

「中小企業の財務指標」に掲出されている指標水準（業界全体から抜すい）は，次のとおりである。

	（製造業）	（卸売業）	（小売業）	（建設業）
フリーＣＦ概算額	9.8百万円	△3.9百万円	△2.2百万円	0.7百万円
営業ＣＦ概算額	50.9百万円	11.2百万円	12.4百万円	5.8百万円
財務ＣＦ概算額	△9.6百万円	0.7百万円	2.7百万円	△4.0百万円
ＣＦインタレストカバレッジレシオ	3.4倍	1.8倍	1.3倍	1.5倍
営業ＣＦ対有利子負債比率	4.1%	0.7%	△0.2%	0.2%
営業ＣＦ対投資ＣＦ比率	122.8%	68.0%	65.4%	59.7%

（注1） ＣＦインタレストカバレッジレシオ＝(営業ＣＦ＋支払利息・割引料＋税金)÷支払利息・割引料

（注2） 昨今，収益性，安全性の観察については静態的な指標の水準よりも，CFの量に関心をもつ傾向がでてきている。「勘定合って銭足らず」の状態は遠からず「資金不足→支払不能→破綻」につながるからである。したがって，資金創出の源泉である営業活動のCFを重視する。これが多額で投資活動（将来の営業活動の根幹となる）をカバーする（いわゆるフリーCF余剰）のを最良と考えている。確かに一理あるが，翻って営業活動CFの算出方法からみると，資金創出の大宗は運転資金項目（売上債権，たな卸資産および仕入債務）の増・減額から成っている。しかも，これらの資金項目は企業側が作為的に増減可能（粉飾操作）しやすいものである。この点を加味すると「CF分析さえしっかりやっていれば～」を過信しないことが肝要。やはり各種分析手法，指標をバランスよく利用して総合判断をする姿勢が大事である。

第7章

経営諸指標を使った分析

経営分析は，財務分析とも財務諸表(決算書)分析ともいわれている。これは主として貸借対照表や損益計算書などの財務諸表を対象にして，企業の経営状態を分析するところからきている。貸借対照表は企業の財政状態を，損益計算書は企業の経営成績を表わしているから，これを分析，検討することによって経営状態の良否がわかり，それを手がかりとして改善提案や対策が講じられることになる。もちろん，企業は財務と非財務の両面をもっていることから，この両面での分析，検討が必要なことはいうまでもないが，財務面での分析手法や理論づけは相当進んでいるので，その分析，検討によるだけでも貴重な情報が入手できるはずである。

　ただし，そのためには，分析に欠かせない経営諸指標を十分使いこなす必要がある。一般に，算式は覚えており数値をあてはめての計算はできるが，算出された数値をどう読むのか，また各経営指標(数値)を組み合わせてどのようなストーリーを構築していくのかについては，自信のなさを露呈するケースが意外と多い。これは財務諸表を十分熟知していないこともあるが，経営諸指標を計算式として把握しているだけで，その指標が何を狙いにしているのか，どのような意味をもっているのかを理解していないためと考えられる。

　したがって，本章では実務上多用されている経営諸指標の意味，狙いと利用の留意点をまとめてみた。そして，財務分析の切り口としては一般に収益性，安全性，生産性，成長性(ただし，紙幅の都合上，成長性は割愛)の4分野に分けられるので，それぞれの分野で主に利用されている経営指標を順を追って紹介する。ただし，実務上，それぞれの指標は各分野で必要に応じて利用されるので，あまり分野にこだわらず経営指標そのものの理解を深めて戴きたい。

　ここでは，①指標名，②算式，③算式の意味，④計算するうえでの留意点，⑤算出後，判断するうえでの留意点，⑥指標水準の目安(理論上および実際上[『中小企業実態基本調査』(中小企業庁編)より随時]の水準)について一表にまとめることにした。

第7章　経営諸指標を使った分析　257

1 収益性の指標

(1) 収益状況を総合的にみる

指標名 算式とその意味	計算上の留意点
総資本経常利益率（ROA） $\dfrac{経常利益}{総資本} \times 100$ ① 企業活動に投下された資本総額に対してどれだけの割合の利益を獲得しているのかを測定する。 ② いわば投下した資本の利回りから収益状況を判定しようとするもので，財務活動における資金の運用利回りの考え方を適用したものといえる。 ③ この指標は，収益性比率分析の代表的指標とされている（ただし，分子と分母の性格の違いから異説もあるが，金融機関ではこの指標を採用している）。	① 総資本は具体的には貸借対照表の貸方，すなわち他人資本と自己資本の合計額（金額的には総資産と同額）である。 ② 経常利益は営業利益に営業外の損益（財務活動や主たる営業活動以外の活動から生じた損益）を加減した利益である。 ③ 分子の経常利益は1事業年度に稼得した利益の累積額であるから，これと対応させるためには分母の総資本も期末一時点の残高よりも期中平均残高をとるのが望ましいといえる。 ④ ただし，外部分析の立場からは平均残高を算出するための詳細な情報は入手できないので，便宜的に期首と期末の残高の平均を求めることにしている（これも2期の財務諸表がある場合で，1期分だけの場合は期末残高をとらざるをえないことになる）。 ⑤ 現行の貸借対照表では，割引手形は脚注に表示されているので，この金額を総資本に加えるか否かは議論の分かれるところである。それぞれに一理あるので，断定はむずかしいが，割引手形も投下資本の一形態（ただし，資産の二重計上ともなる）と考えると，総資本経常利益率の意義から考えて，加算するほうがベターといえよう。 （注）本章でいう「他人資本」「自己資本」は財務分析上の用語で，貸借対照表で，他人資本は負債の部を，また自己資本は純資産（旧商法では資本）の部をその範囲としている（本章では以下同じ）。

分析(判断)上の留意点	水準の目安			
	製造業	卸売業	小売業	建設業
① 企業活動の成果である収益状況を検討する場合は、まず、この比率を算出し、その水準を同業他社水準(一般には『中小企業の財務指標』を利用)と比較する。 ② 並行して時系列比較(分析対象企業の前年度以前の数値との比較)を欠かしてはならない。これによって収益状況の傾向をつかむことができる。同業他社と比較して分析対象企業の水準が高かったとしても、傾向的に低下している状況であれば、現在の高水準も「まったく良好」といいきれないことになる。 ③ この意味から、また同業他社の情報は1年ぐらい遅れて刊行されるものが多いので、時系列比較を重視すべきである。 ④ 低水準または悪化傾向にあるときは、とくにその原因分析をする必要がある。この指標だけでみる場合は、結局のところ、前期比伸び率が経常利益よりも総資本のほうが大きいことによる。したがって、総資本(総資産)のうちの何の伸びが大きいか(売上債権か、たな卸資産か、あるいは有形固定資産か)を概括する。 ⑤ 一般的には、原因把握のために「総資本経常利益率=売上高経常利益率×総資本回転率」に分解することにしている (p.37)。	4.1% (注) 『中小企業実態基本調査』掲出の財務諸表分析から転記。 ① この指標の水準がどの程度でなければならないという確定値はないが、 ・運用利回りという観点からはその水準は最低でも短期市場金利(どの指標をとるかによって若干、水準は変わる)水準を確保すべきである。 ・企業を継続・発展させるための必要利潤という観点に立てば、自己資本(純資産)に対する利子相当分と危険補償料(将来、発生するかもわからない危険に対して費用として積み立てられていない部分の備え)の合計額は最低確保すべきである。たとえば、自己資本(純資産)利子率10%、総資本対危険補償料率3%、自己資本比率15%、法人税負担率50%とすると、必要総資本利潤率は、([10%×15%]+3%)÷(100%−50%)=9.0%となる。	3.2%	2.0%	1.7%

第7章 経営諸指標を使った分析

指標名／算式とその意味	計算上の留意点
経営資本営業利益率（ROI） $\dfrac{営業利益}{経営資本} \times 100$ ① 企業本来の営業活動に純粋に投下した資本と，それによって生み出された成果物との割合がどの程度あるかを測定する。 ② 基本的な考え方は総資本経常利益率と同じであるが，その範囲を営業活動に絞って，収益状況をみようとするものである。 ③ 現在の企業活動は多角化の進展とともに，一口に「本来の営業活動」，といっても，その内容は多種多様化しているのが実情である。したがって営業活動における収益状況も，業務をより細分化して分析する必要がでてくるであろう。 ④ この指標は企業経営者にとってはより関心の高いものといえる。	① 損益計算書上の営業利益は営業活動を推進するうえで要した諸費用（販売費・一般管理費）を控除した後の利益である。 ② 経営資本は固有の営業活動に直接投下され，運用されている資本をいい，具体的には総資本から ・建設仮勘定 ・投資その他の資産 ・遊休固定資産 ・貸与固定資産 などを控除した差額で把握する。 ③ 経営資本を把握するための控除項目のうち，建設仮勘定や投資その他の資産は貸借対照表から一応把握することはできるが，遊休資産，貸与資産については外部分析の立場からは把握しがたい事情がある。したがって，純粋の経営資本を把握することはむずかしいといわざるをえない。

分析(判断)上の留意点	水準の目安			
	製造業	卸売業	小売業	建設業
① 正確に経営資本の額をつかむことは，貸借対照表だけでは無理があるので，対象企業に問診することは欠かせない。ただし，中小企業の場合には結果として総資本と同額ないしは近似値になるケースが多い。したがって，経営資本営業利益率が総資本営業利益率と同値になることがある。このことから，実務上は中小企業ではとくに必要がない限り，経営資本≒総資本と考えてよいであろう。	3.8%	2.8%	0.8%	1.5%

(注)「総資本」を採用している。

① この指標の水準についてとくに理論的な確定値はない。しいてあげれば，総資本経常利益率と同様，短期市場金利水準ないしは必要総資本利潤率がその下限水準と考えてよいであろう。
② 理論上は「経営資本」にほうが妥当であるが，外部から推測することはできないので，一般には総資本利益率を利用している。

② 企業本来の営業活動による収益状況を把握するためには，まずこの指標が利用される。ただし，企業活動において営業活動に並行して財務活動も活発となり，一時期では財務収益が本業の営業不振をカバーすることもあった。このこと自体は継続企業としての企業経営にとっては好ましい状態ではないが，これが現実の企業活動の実態であると考えると，外部分析の立場からは，まず総合としての総資本経常利益率を算出し，次いで部分としての経営資本営業利益率を算出し，両指標の動きをみながら収益状況の判定を心がけることも大切である。
③ 経営資本営業利益率が低水準であるのは，営業経費がかかりすぎているか，投下資本の利用効率が低いか，あるいは両原因の複合した結果である。この指標の原因分析は，総資本経常利益率の場合と同様，売上高営業利益率と経営資本回転率に分解することになる。
④ この指標も同業他社比較以上に時系列比較を重視し，その動き，傾向から，次期予測につなげていく姿勢が大切である。

指標名 算式とその意味	計算上の留意点
自己資本（純資産）当期純利益率（ROE） $\dfrac{当期純利益}{自己資本（純資産）} \times 100$ ① 企業活動に投下した資本のうち，安定的な自己資本に対し営業経費，他人資本コストおよび税負担を控除後の利益がどの程度の割合となっているかを測定する。 ② 当期純利益はその他利益剰余金の大宗を成すものであるから，剰余金処分の源泉である。このことから自己資本に対する分配と考えてよい。 ③ 自己資本とは，財務分析上の用語で，旧商法の「資本の部」，会社法の「純資産の部」がこれにあたる。	① 分子には，税金控除後の当期純利益をとっているが，比較する企業があまり税金（法人税等）を納めていない場合には税引前当期純利益を採用すべきである。 ② 分母の自己資本は貸借対照表純資産の部の合計額であり，その内容は原則として資本金，資本剰余金，利益剰余金から成っている。ただし，会社法では上記以外に「自己株式，その他有価証券評価差額金，繰延ヘッジ損益，新株予約権など」項目を加えていることに留意する必要がある。 ③ 自己資本の額は，期首と期末の残高の平均値をとるのが望ましい。 ④ 当期欠損となっている場合は，この指標利用の意義は薄められる。 ⑤ 企業規模が拡大する（並行して自己資本が増資や内部留保の蓄積などで増加する）に従って比率数値は低くなる傾向がある。したがって，規模格差の大きい企業との水準比較は意味がない。 ⑥ また自己資本に占める資本金の割合が大きい場合は，増資時にこの指標水準が急低下することがある。したがって，資本金の動き，割合も並行して検討しておく必要がある。

分析(判断)上の留意点	水準の目安			
	製造業	卸売業	小売業	建設業
① 当期純利益はすべて自己資本に帰属するものであるから、この限りでは、この指標の分子(当期純利益)と分母(自己資本)は対応関係にある(その他の資本利益率はだいたいにおいて、分子と分母の対応関係は薄い)。このことから、自己資本当期純利益率を総合的な収益性の指標とする説もあるが、企業活動は自己資本という元手のほか他人資本の投入によって活発化するものであるから、自己資本のみを重視するのは不完全の感は否めない。その意味から、この指標は部分指標と考えたい。 ② この指標はどちらかというと経営者や株主などの投資家が注目するものである。なぜならば当期純利益(当期純利益のほかに前期繰越利益や剰余金の取崩額も加わるが)は、配当、内部留保などに分配されていくだけであり、配当政策などの確定に影響するからである。 ③ 当期欠損である場合、この指標を算出してもなんの意味もない。この点からも、この指標が総合指標たりえないと考えられる。 ④ 同額の当期純利益を計上していても自己資本過少の企業は高水準となり、自己資本の潤択な企業は逆に低水準となる。本来、自己資本過少な企業は長期的な安定性を欠くと考えられているが、自己資本当期純利益率は逆に高くでるので、一見矛盾した動きとなる。したがって、この指標水準だけではなく自己資本(および比率)の水準も並行して観察する必要がある。	5.5%	4.9%	2.9%	0.9%
	① 『中小企業実態基本調査』より算出。 ② この指標水準は、一応高いほど収益性は良好と考えてもよい。ただし、その利益がどういう源泉(営業活動か財務活動その他)からもたらされたものであるかは、この指標の限りでは不明である。 ③ 企業存続のための必要利潤率からの考え方では、一般に自己資本利益率を10%とすることが多い。 ④ 自己資本は、また純資産(資産－負債)でもあるので、運用利回りの観点からすると最低でも金融機関の短期性預貯金や債券の金利水準を満たしていないと、苦労してなんのための企業経営かという疑問もでかねないであろう。			

第7章 経営諸指標を使った分析

指標名 算式とその意味	計算上の留意点
資本金当期純利益率 $\dfrac{当期純利益}{払込資本金} \times 100$ ① 処分対象利益の大宗である当期純利益を払込資本金と対比し，その割合を測定する。 ② 当期純利益(これに前期繰越利益や剰余金の取崩額が加わるが)は利益処分によって，配当，内部留保などへ分配されていくが，このうち，資本金(株主)にかかわるものは配当である。したがって，この指標水準が高いことは，そこに復配，増配の期待感がでる。 ③ したがって，この指標は，いわば株主のための収益性指標(もっとも，経営者にとっても配当政策を決定するうえで関心をもっている指標)である。	① 分母の払込資本金は期中平均残高をとるが，実務上は期首と期末残高の平均値で代用する。もっとも，新株予約権付社債の発行や短期間での増資実施が考えられない中小企業にあっては，期末残高＝期中平均残高となるケースが多い。 ② 当期欠損となっている場合，△表示で算出しているケースもあるが，この指標は高配当期待の可能性を測定しようとするものであるから，欠損であればまったく意味のないことである。 ③ 算式の分母にある払込資本金とは，株主により当初払い込まれた資本，および中途において増資された資本金をいうが，広義には株式払込剰余金や合併差益などの資本準備金も含めている。ただし，実務上では，払込資本を狭く解釈し，株主の払い込んだ資本と考えるのが通例である。したがって，払込資本金は資本金と同義と考えてよい。 (注) 「一株当り当期純利益金額」の注記(財務諸表等規則95条の5の2)が求められているが，この場合は潜在株式(普通株式を取得することができる権利もしくは普通株式への転換請求権，またはこれらの権利が付された証券や契約などをいう)にかかわる権利行使があったものとして算出する必要がある。

分析（判断）上の留意点	水準の目安			
	製造業	卸売業	小売業	建設業
① この指標が利用できる対象企業は，上場会社を含めた中堅以上クラスで，一般の中小企業ではまず算出しても意味のないことが多い。	56.3%	43.8%	10.4%	4.8%

① この指標が利用できる対象企業は，上場会社を含めた中堅以上クラスで，一般の中小企業ではまず算出しても意味のないことが多い。
　一般に，中小企業での株主構成は圧倒的に経営者，家族および同族から成っており，配当などもその時々の資金繰りの都合などから，恣意的になりやすく，かつ，そのことに対するクレームも生じないからである。
② 投資家がその企業の株式を購入する動機としては配当期待とキャピタル・ゲイン狙いが一般的であろう（わが国の場合はこれ以外に，系列の形成や業務提供などの営業目的のための持合いもあるが）。この場合，資本金当期純利益率が高水準であると高率配当の期待がでてくる。また，株価の値上り期待についても，資本金当期純利益率の高水準が購買決意につながる要素をもっている。すなわち，株価の判定方法の一つに株価収益率 $\left[\dfrac{株価}{1株当り利益}\right]$ がある。1株当りの利益と株価の割合（倍率）から購買の意思決定に資するものであるが，1株当りの利益が高いことは資本金当期純利益率の高いことと同義と考えてよいからである。
③ この指標は前項の自己資本当期純利益率と同様，企業規模の拡大や自己資本のなかの資本金の割合によって影響を大きく受ける利益率であり，収益力，収益状況を把握する指標としては弱点をもっているといえる。

① 『中小企業実態基本調査』より算出。
② この指標水準は，高いほど収益性は一応良好と考えてよい。しかし，たとえば当期純利益が同額であっても，過少資本金の企業のほうが高くでるので，水準だけでの判定は避けるべきである。
③ また，この指標水準は企業規模の拡大につれて低下傾向を示すことがある。
④ 標準的な指標水準については確たる理論的根拠はないが，中小規模の企業においては，資本金の少なくとも過半以上（60%以上）の当期純利益を計上することが望ましいと考えられる。それは，この規模の企業の配当率は比較的高く設定されているので，高い水準の資本金当期純利益率がないと，企業の維持存続の原動力である自己資本への蓄積（内部留保）が薄くなってしまうからである。

(2) 収益状況を利幅からみる

指標名 算式とその意味	計算上の留意点
売上高総利益率 $\dfrac{売上総利益}{売上高} \times 100$ ① 売上高1単位当りどれだけの利益を獲保しているかを測定することによって，収益状況にどの程度貢献しているかを判定しようとするものである。 ② 売上高総利益率は荒利率，粗利益率ともいわれているが，これは売上高営業利益率，売上高経常利益率を含む利益率であって，営業活動および営業外活動の効率に影響されない本源的な収益力を示すものである。	① 分子の売上総利益は，純売上高からこれに対応する売上原価（製造原価）を控除した額を採用する。 ② 分母の売上高は総売上高から売上値引，売上戻り高などを控除した純売上高を利用する。 ③ 売上高総利益率は $\dfrac{売上総利益}{売上高} = \dfrac{売上高 - 売上原価}{売上高}$ $= 1 - \dfrac{売上原価}{売上高}$ に転換できる。$\dfrac{売上原価}{売上高}$は売上原価率であるから，両指標は逆の関係にあることがわかる。 ④ 旧商法施行規則では「売上総利益」の計上を求めていなかったが，会社計算規則では「売上高から売上原価を減じた額は，売上総利益金額として表示」しなければならないとしている（120条）。

分析(判断)上の留意点	水準の目安			
	製造業	卸売業	小売業	建設業
① 商業の分野ではとくにこの指標を重視している。それは，本源的な収益源であると同時に競合他社との競争優劣を測定する指標ともなるからである。	21.4%	15.6%	30.2%	17.5%

(注) 整合性のため，売上原価率（p.165）からの逆算。

① 商業の分野ではとくにこの指標を重視している。それは，本源的な収益源であると同時に競合他社との競争優劣を測定する指標ともなるからである。

② 以上の意味から売上総利益の水準は，その企業の販売力，商品力の強さを表明していると考えてよい。このことは単に収益力の強さを示すだけではなく競合企業とのせり合う力の優劣も示している。したがって，売上高総利益率の水準は時系列比較以上に同業他社との比較を重視すべきである。

③ 次いで，売上総利益は営業利益と営業経費の合計額であることを認識する必要がある。この認識から，売上高総利益率の水準が低いということは営業利益率の低さもさることながら，営業経費率も低いということになる。少ない営業経費では，なんの販売戦術も販売促進もできないのである。このような状態では企業の維持，存続も無理と考えざるをえないのである。

④ 一般に，売上高総利益率の低下は急激に発生することは少ない。目にみえない程度にじわじわ低下する傾向がある。したがって，時系列比較は長い期間のトレンドを追ってみる必要がある。そして，一度低下しはじめるとよほどの荒療治(販売チャンネル，商品構成，販売方法，販売エリア，販売先階層，あるいは取引条件などの革新)がない限り回復はむずかしいという傾向が強いものである。

① この指標の水準は，業種，業態などによってまちまちである。一般的には，建設業など請負主体の業種では，販売費が少ないので，その分総利益率は低くなり，小売業，製造業，不動産業，貴金属販売業などは高い。反面，卸売業などは総利益率の低い代表的な業態の一つである。

② 業種別での売上高総利益率の格差はおのずからその販売方法の違いとなって現われてくる。たとえば，売上高総利益率の低い業種では必然的に薄利多売方式をとらざるをえない。総利益率の低さを販売数量の増加でカバーしない限り，予定の利益を確保することがむずかしいからである。売上総利益率の高い小売業や製造業では，さらに総利益率の高い商品構成への組替え，販売努力を志向することになる。また製造業では固定費をクリアすれば利益率は急増して，いわゆる量産効果がでてくることになる。

指標名 算式とその意味	計算上の留意点
売上原価率 $\dfrac{売上原価}{売上高} \times 100$ ① 売上高に対して売上商品の仕入原価，売上製品の製造原価がどのくらいの割合を占めているのかを測定するもので，売上高総利益率とは逆の関係にある。 ② 売上原価率の高・低は売上総利益率に直接影響するものであるから，売上高総利益率の増減変化の原因分析には必ず利用される指標である。 ③ この指標は，販売活動，製造活動の合理性，効率性（売上高総利益率では販売力，商品力として説明）の程度を表すものである。	① 売上原価は，売上高に対応する商品または製品の仕入原価または製造原価である。 ② 売上原価は「仕入単価×販売数量」で表される。仕入単価は原価法による総平均，移動平均法，先入先出法などの方法で計算される。販売数量は販売の継続記録または期末の実施たな卸による逆算方法などで計算される。 ③ 損益計算書上では，商業の場合，当期中の商品仕入高に期首と期末の商品在高を加・減する形で表示する。 ④ 売上原価には原価性を有するものとしてのたな卸資産評価損，減耗損，原価差額なども含まれる。 ⑤ 分母の売上高は，総売上高から売上値引，売上戻り高などを控除した純売上高を採用する。

分析（判断）上の留意点	水準の目安			
	製造業	卸売業	小売業	建設業
	78.6%	84.4%	69.8%	82.5%

① 売上原価率の分析とは，売上原価の分解・検討と考えてよい。

② 商業の場合の売上原価の算式は次のとおりである。

　　売上原価＝期首商品たな卸高＋当期商品純仕入高－期末商品たな卸高

- 期首商品たな卸高…前期から繰り越された商品で，これがなんらかの理由で過大化していると当期売上原価を押し上げる原因となる（前期の売上原価は，その分圧縮され，売上総利益を造出していたかもしれない）。
- 当期商品純仕入高…総仕入高から仕入値引，仕入戻し高などを控除したものを純仕入という。この部分はいわば外部活動であるから環境条件の影響を直接受けることになる。すなわち仕入価格の決定要素は，その企業の信用力，仕入量，販売能力，立地条件，競合状態，さらには景気，物価変動などの程度によって増減する。売上原価に占める当期商品仕入高の割合は高いので，「仕入価格×仕入数量」の観点から検討する姿勢が望まれる。
- 期末商品たな卸高…期末商品は売上原価を低下させる方向で働くので，利益の粉飾を企図して水増しするケース（この場合，次期の売上原価は水増し分だけ増加する）もあるので留意したい。企業経営上，「適正在庫」という考え方があるが，何をもって適正とするかについては確たる論拠はない。一般には業界の平均的な商品回転期間または自社の業況安定期間（過年度）の平均的な回転期間を利用することが多い。

① 上記の数値は売上高総利益率から逆算表示している。

② 売上原価率の妥当性を判定する一つの資料として，期末商品，製品たな卸高の回転率を算出する。これは，売れる見込のない在庫を多くもっていても，売上総利益率は高く（売上原価率は低く）なって，みせかけの利益がでてくるからである。不良在庫はそれ自体売上増に動員できないものであり，逆に資金繰りの逼迫原因である。それだからこそ，この場合その期の売上原価の低下はみせかけの利益を造出していることになるのである。

指標名 算式とその意味	計算上の留意点
売上高営業利益率 $\dfrac{営業利益}{売上高} \times 100$ ① 企業本来の営業活動に基づく成果が，その営業活動を具体的に表わした売上高に対してどの程度の割合であるかを測定するもの。 ② 営業利益は売上高から売上原価および販売費・一般管理費を控除して求められるところから，この指標はその企業の販売力や商品力およびそれの具体的な展開である営業活動，管理活動の効率状態を包括して評価するものである。 ③ このような意味で，営業利益，売上高営業利益率は経営分析上，重要な地位を占めているといえる。	① 分子の営業利益は売上高から売上原価と販売費・一般管理費を控除した差額で求められる。 ② 分母の売上高は，総売上高から売上値引，売上戻り高などを控除した純売上高を採用する。 ③ 旧『中小企業の財務指標』では，支払利息・割引料が販売費・一般管理費の項目（営業活動を支えるための必要な費用と考えている）として加えられているので，この考えに基づけば損益計算書上の営業利益から，営業外費用の支払利息・割引料を控除して，その差額を営業利益としなければならない。これもひとつの考え方である。

分析（判断）上の留意点	水準の目安			
	製造業	卸売業	小売業	建設業
① 営業利益は「営業利益＋販売費・一般管理費＝売上総利益」の関係にあるから，販売費・一般管理費の額と売上総利益の額が接近してくると，営業利益は縮小してくる（これらの利益，費用を売上高に対した比率（割合）で表示しても，当然，同じことである）。したがって，この両者（金額または売上高との割合）を比較して近似の状態であるならば，収益性回復は相当の困難を伴うと考えてよい。 ② 一般的には，この指標水準の良否は，売上高，売上原価，販売費・一般管理費の影響を受けることから，分析にあたっては，この3者の内容，動向，および問題点を把握することになる。たとえば ・売上高…売上値引など収益マイナス要因を排除しながらいかに売上を伸ばすか，また仕入コストの上昇を円滑に売値に転嫁できるかなどの判定 ・売上原価…仕入価格の単純な圧縮はあまり期待できないとしても，効率仕入，大量仕入（複数企業との共同仕入など）あるいは支払条件面からの仕入コストの低減，および保管，入出庫管理，在庫量の適正化などがどの程度可能かの測定 ・販売費・一般管理費…重要費目を効率の面から測定し，投下費用に対して期待水準の効果，成果があがっているか，その費用の使い方について改善の余地はないか，などの判定 などを進めることになる。	3.3%	1.4%	0.4%	1.1%
	① 売上高営業利益率の水準は業種，業態によってさまざまであり，また理論的な確定値もない。しかし，この水準の目安をつけるための考え方として次のようなことも一理あろう。すなわち，わが国の企業活動において外部からの資金調達および調達金利の負担は無視できない要素で，いわば営業活動と不可分の関係にあるといってよい。この負担金利は損益計算上，営業利益から控除されるものであるから，逆にいえば営業利益は負担金利額以上でなければならない。これを売上高対比割合で表現すると，売上高営業利益率の目安の下限は売上高支払利息・割引料比率となる。 ② したがって，売上高営業利益率の目安は，その企業の借入依存体質，適用されている金利水準，および金融情勢，動向などから決まってくることになる。			

第7章　経営諸指標を使った分析

指標名 算式とその意味	計算上の留意点
販売費・一般管理費比率 $\dfrac{販売費・一般管理費}{売上高} \times 100$ ① 販売費・一般管理費が売上高に対してどの程度の割合になっているかを測定するもの。 ② すなわち，企業は収益（売上）を確保するために営業活動を展開するが，当然そこには営業費用が必要になる。しかし，この営業費用が売上に対して過大であるほど，企業が最終の目的としている純利益を圧迫することになる。したがって，営業費用と売上高との割合は経営者にとっては重大な関心事である。 ③ 財務分析上，この指標はその内容である各勘定科目ごとに売上高費用率として，売上高営業利益率の変化，原因の把握のため利用される。	① 分子の販売費とは，商品・製品の販売過程において発生する一切の費用をいい，ウェイトの高いものは販売員の給料，運送費，広告宣伝費などがあげられよう。また，一般管理費は営業活動を含めた事業全般を管理するのに要した費用である。定義的にはこのように分別されるが，現実の支出費目では両者にまたがる性質のものも多く，現実には分別の煩雑さもあって，両者を共通の一科目としている。 ② 分母の売上高は純売上高から売上値引や売上戻り高などを控除した純売上高を採用する。 ③ 『中小企業の財務指標』では販売費・一般管理費のなかへ，支払利息・割引料を加算して比率数値を計算しているので，この指標と比較する場合は算式を同一にする必要がある。 ④ 販売費・一般管理費を算出した場合は並行してそのなかの勘定項目のうち，金額（残高）的に大きいもの，増減変化幅の大きいものなどの観点から選択して売上高対比割合を算出しておくほうがよい。

分析(判断)上の留意点	水準の目安			
	製造業	卸売業	小売業	建設業
① この指標は，売上高営業利益率と逆の関係にあるので，営業利益率の増減変化の原因把握のためには欠かせない分析対象である。 ② この原因把握のためには，まず売上高総利益率を計算して前期比増減幅を把握する。この増減幅が売上高営業利益率の前期比増減幅と同額ないしは近似値であれば，表面的には販売費・一般管理費比率の影響はない(ないしは少ない)と考えてよい(この場合，売上高営業利益率に影響を与えているのは売上原価率ということになる)。 ③ これに反して，売上高総利益率が前期比改善しているのに売上高営業利益率が悪化している場合は，販売費・一般管理費比率の悪化が影響していることになる(両利益率水準の差額相当分が販売費・一般管理費比率の水準であるが，念のため実算で確認しておく)。 ④ この指標の変化が売上高営業利益率に影響を及ぼしていると判断されるときは，販売費・一般管理費のなかの主要な費用項目の前期比増減変化幅(比較は絶対額ではなく，それぞれの売上高対割合で行なう)を算出し，この指標の変化が主として何によってもたらされているかを把握する。 ⑤ このような場合，経験的には売上高人件費比率の影響が大きいことが多いものである。 ⑥ この指標水準を同業他社水準と比較する場合は，その企業の営業活動，販売活動の効率度合いを測定し優劣の程度を判定する意図のものが多い。この意図のときは，本来，販売費比率で比較することが好ましいが，損益計算書上ではこの分別が確実にできないので，次善の策として販売費・一般管理費比率を利用しているのである。	18.1%	14.2%	29.7%	16.4%
	(注) 『中小企業実態基本調査』の業界全体の財務諸表から算出。 ① 旧『中小企業の財務指標』は，販売費・一般管理費に支払利息・割引料を加算しているが，上記はこれを考慮しないで算出している。 ② なお，従来の『経営指標』で認識している販売費の範囲は次のとおりである。 　販売員の給料手当，旅費・交通費，通信費，支払運賃，荷造費，広告宣伝費，交際・接待費(製造業のみ)，支払保管料，車輌燃料費，車輌修理費など			

第7章　経営諸指標を使った分析

指標名 算式とその意味	計算上の留意点
売上高人件費比率 $\dfrac{人件費}{売上高} \times 100$ ① 企業の営業活動を支える費用のうち，ウェイトの高い人件費が売上高に対してどのくらいの割合になっているかを測定する。 ② 一般に人件費は販売費・一般管理費のほぼ50％前後を占めるといわれている（もちろん，労働集約型，資本集約型といった業態によっても異なるし，企業規模の大小によっても違ってくるが）。これを前提に考えると，人件費の2倍が販売費・一般管理費となり，これ以上の売上総利益率を確保しないと営業利益がでないことになる。	① 一般に人件費にかかわる分析指標を計算する場合，製造業では製造原価報告書に労務費を計上しているので，これを販売費・一般管理費のなかの人件費に合算することにしている（人件費水準の多寡を主目的に分析する場合）。 ② ただし，ここで算出する売上高人件費比率は，販売費・一般管理費の，ひいては売上高営業利益率の変化原因を把握する目的のものであるから，分子の人件費に製造原価報告書の労務費などを加算してはならない（それらはすでに売上原価に含まれている）。 ③ 分子の人件費とは，損益計算書の従業員給料手当のほか法定福利費，福利厚生費，退職金ならびに賞与，退職金にかかわる引当金の繰入額などの合算額である。 ④ 人件費のなかに役員給料などを含めるか否かの問題があるが，中小企業の場合は実態的に従業員給与に近いので合算すべきであろう。

分析(判断)上の留意点	水準の目安			
	製造業	卸売業	小売業	建設業
① 販売費・一般管理費のなかでウエイトの高い費目であり，その性格上，固定的かつ年々上昇する傾向にある費用である。したがって，販売費・一般管理費比率を算出した場合は並行してこの指標を算出する姿勢がほしい。 ② この指標水準は特別の理由がない限り一般に上昇する傾向にある(大多数の企業では人員増加の要因よりも，むしろわが国固有のベース・アップ，定期昇給の影響のほうが大きい)。これが販売費・一般管理費比率悪化の一因となり，結果として売上高営業利益率の低下をもたらす場合が多い。 ③ したがって，この指標水準を低下させることが経営管理上好ましいが，そのためには算式の分子である人件費の伸び率を売上高の伸び率の範囲内に抑制するか，人件費の伸び率を上回る売上高の伸び率を確保するかのいずれかとなる。しかし，現在の労働慣行，景気情勢からみて人件費の伸び率以上の売上高伸び率を確保するのは簡単ではない。したがって，残された策は売上高の伸び率の範囲内で調節することになる(この売上高を付加価値という概念に置き換えて労働生産性の伸び率の範囲内に賃金上昇率を抑えようという考え方がある)。 ④ 人件費すべてを固定的費用としたが業績連動型の賃金体系を採る企業も増えてきている。また，内容的には固定的費用は基本給，役職手当などの諸手当で，歩合給，時間給，時間外勤務手当などは売上高の増減に連動する性質をもっている。これを変動的費用というが，財務分析では全体を固定的費用と認識することにしている。	8.8% (21.6%)	7.0% (7.6%)	14.6% (15.3%)	8.5% (16.2%)
	① 『中小企業実態基本調査』掲出の業界全体の財務諸表から算出した。なお，上掲カッコ内は売上原価のなかの労務費を含んだ割合。 ② 損益計算上の観点からみると次のような構造になろう。ただし，前提として人件費は販売費・一般管理費の50％，売上原価率80％，営業利益は人件費（1とする）の50％とみている。 売上高 12.5 売上原価 10.0 ┐ 売上総利益 2.5 ┘ 売上高人件費比率8％ 人件費 1 ┐ 販売費・一般管理費比率16％ その他 1 ┘ 営業利益 0.5 — 売上高営業利益率4％ なお，上記①の財務諸表から売上高労務費比率を算出すると次のとおりである。 　製造業　12.8％ 　卸売業　0.6％ 　小売業　0.7％ 　建設業　7.7％			

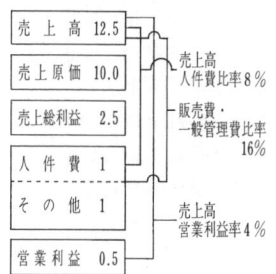

指標名 / 算式とその意味	計算上の留意点
売上高経常利益率 $\dfrac{経常利益}{売上高} \times 100$ ① 営業活動，財務活動を総合した企業活動の成果が売上高に対してどのくらいの割合であるかを測定する。 ② したがって，企業の収益状況を利幅の面から測定しようとするもので，収益性の有力な指標の一つであるが，企業活動に投下された資本の量を反映していないので，総合的な指標とはいいきれない。	① 分子の経常利益は営業利益，営業外収益と営業外費用を加・減して求められる。これを損益計算書の構造上で示すと，売上高－（売上原価＋販売費・一般管理費）＋営業外収益－営業外費用＝経常利益となる。 ② 分母の売上高は総売上高から売上値引，売上戻り高などを控除した純売上高を利用する。 ③ 算出された水準は，一般に高いほどよいということになるが，数値それ自体の評価には絶対性がないことも認識しておく必要がある（このことは売上高経常利益率だけの問題ではない）。すなわち，企業規模の拡大に応じてこの比率数値は低下する傾向がある。これは分母の売上高の増加のために利幅が犠牲になっているためと考えられる。したがって，水準自体の評価以上に時系列的な動きを重視すべきである。

分析（判断）上の留意点	水準の目安			
	製造業	卸売業	小売業	建設業
① この指標は，収益状況の把握を総資本経常利益率で行った場合，その分解式の一つとして利用されることが多い。もちろん，この指標自体でも，稼得した収益とその犠牲となった費用との関係から，どの程度の利益割合となっているかで収益状況を判定することは可能である。	3.6%	1.4%	1.1%	1.3%

(注)『中小企業実態基本調査』に掲出している財務諸表から算出。

① この指標水準は，売上高営業利益率の水準もさることながら，営業外収益と営業外費用の大きさ（売上高対比割合）によって左右される。したがって，その企業の財務活動いかんによって，その水準もさまざまである。

② 売上高経常利益率の水準は，損益計算書上の構造からみて，売上原価，販売費・一般管理費および営業外損益の影響を受けることになるが，直接的には営業外費用（中小企業の場合は金融費用が大部分である）の動向に左右されることが多い。したがって，この指標の変化原因把握のためには，まず売上高対支払利息・割引料比率または売上高対営業外費用比率を算出して，前期比増減状況をみる必要がある。

③ 売上高営業利益率の水準が前期比改善しているのに，売上高経常利益率の水準が悪化している場合は，営業外費用比率の悪化が影響しているのであるが，この逆の場合は営業外利益比率の改善が貢献していることになる。営業外損益は主として企業の財務活動の結果を反映するものであるから，営業外費用比率の悪化は借入金の過多状況を，また営業外収益比率の改善は資本の運用収益による本業不振のカバー状況を示しているといえる。

④ 営業外損益のこのような動きは，企業の健全な財務体質を損ねかねない要素を含んでいるので，さらに突っ込んで財務状況の是非についてまでの検討が必要である。

② 水準に対する理論的な確定値はないが，前項「売上高人件費比率」で試算した売上高営業利益率4％を前提として，おおよその純金利負担率（支払利息・割引料から受取利息などを控除した差額を売上高と対比した指標）をどの程度見込むかによって売上高経常利益率の目安がでる。たとえば純金利負担率を1.5～2％とみると，この指標水準は2.5～2％が目安となる。

③ また，「総資本経常利益率」（p.259）でみた必要総資本利潤率9％（この場合自己資本比率15％としている）から総資本回転率をどの程度見込むかによって水準の目安はつけられよう。

指標名 算式とその意味	計算上の留意点
売上高支払利息比率 $\dfrac{支払利息・割引料}{売上高} \times 100$ **売上高純金利負担率** $\dfrac{支払利息・割引料 - 受取利息}{売上高}$ $\times 100$ ① 金融費用の負担額が売上高に対してどのくらいの割合かを測定するもので，この水準の高低が経常利益に直接影響を与えることになる。 ② たとえ欠損が発生していても，借入調達が続いている限り倒産しない。ただし，この状態が永続すると企業の回復力が失われてくることは間違いない。 　したがって，支払利息・割引料の問題は並行して，その裏側にある金融取引状況を注視することが大切である。	① 分子には，金融費用のうち，借入金，手形割引に関して支払った費用が採用されるが，これを総額で表示するか，預貯金などから生ずる受取利息を控除した純額で表示するかは，分析目的によって選択されることになる。 ② ただし，一般企業では受取利息が少額のため総額，純額いずれをとっても大差はないが，その企業が多額の預貯金，有価証券などをもっており受取利息の金額が相当大きい場合には，分子に純額をとるほうがより一層，売上高経常利益率に及ぼす影響を明確にすることができる。 ③ また，金融費用からその企業の借入体質や財務体質などを分析する場合には，分子に総額をとることが多い。 ④ 分子の売上高は，総売上高から売上値引や売上戻り高などを控除した純売上高を採用する。なお，支払利息・割引料と売上高との間には直接的な対応関係はないが，売上高を形成するために投下された資本（この場合は他人資本）の調達コストという間接的な関係を認めることができる。

分析(判断)上の留意点	水準の目安			
	製造業	卸売業	小売業	建設業
	0.8%	0.4%	0.5%	0.7%

分析(判断)上の留意点：

① この指標水準は「高・低」でみるより「程度」で判断する姿勢が望ましい。一般にその「程度」は，総借入金を月商の倍率でみることが多い。それは，この指標を単に収益計算上の結果分析にするのではなく，現状が借入限度である，あるいはさらなる事業拡大の可能性があるなどを資金面から示唆していると考えるからである。俗に，「放っておいても増えるものは売掛金，在庫，借入金，放っておくと減るものは売上高と利益」というが，放っておかないで逆に意図的に活用すべきだからである。

② これを右欄の損益割合をベースに借入金残高を試算してみると，次のようになる。
　ただし，適用金利水準は10%，月平均売上高12.5÷12≒1とすると
　支払利息・割引料0.15（営業利益の30%）の場合
　　（0.15÷0.1）÷1＝1.5倍
　支払利息・割引料0.25（営業利益の50%）の場合
　　（0.25÷0.1）÷1＝2.5倍
　支払利息・割引料0.5（営業利益の100%）の場合
　　（0.5÷0.1）÷1＝5倍

これによると，月平均売上高の1.5倍程度の借入金残高が最も安定しているといえ，その上限はだいたい2.5倍ぐらいまでとなる。2.5倍を超えるに従って不安定さが増加し，5倍を超えると利益を食いつぶしてしまうことになる。なお，この測定は売上高営業利益率4%を前提にしている。

この観点からの評価基準として俗に「1.5倍で良好，3倍は要注意，6倍を超えると危険」といわれている。

水準の目安：

① 『中小企業実態基本調査』から算出し「支払利息・割引料」を分子にしている。
② 支払利息・割引料は営業利益から控除されるものであるから，この指標水準も，一応，売上高営業利益率の水準を上限とすることが考えられる。
③ したがって，個々の企業に対応する目安としては，支払利息・割引料額から借入金総額を逆算し「平均月商対比倍率」を目安にする考え方もある。
④ 前項「売上高人件費比率」で損益計算上からみた損益割合に準じ，支払利息・割引料の限度を営業利益の30〜50%と限定した場合の構造は次のようになる。

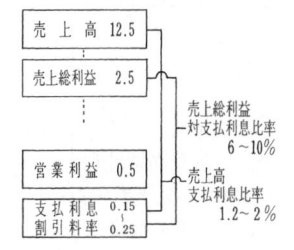

```
売 上 高  12.5
売上総利益  2.5  ─┐ 売上総利益
                  │ 対支払利息比率
                  │   6〜10%
営業利益  0.5  ─┐ 売上高
支払利息 0.15  │ 支払利息比率
割引料率 0.25  ─┘   1.2〜2%
```

これによると，売上高支払利息比率の上限目安は2%，売上総利益に対する割合は10%ということになる。

指標名 算式とその意味	計算上の留意点
売上高当期純利益率 $\dfrac{当期純利益}{売上高} \times 100$ ① 企業本来の営業活動の計数的把握である売上高と当期純利益との割合がどの程度であるかを測定するもの。 ② 当期純利益は企業活動総体の結果を示すものであるから，売上高だけに対応させるのには若干の疑問がある。 ③ そこで，売上高に営業外収益(金融上の収益)を加えてその割合をみるという考え方がある。すなわち， $\dfrac{当期純利益}{売上高+営業外収益} \times 100$ で，これを当期純利益対総収益比率(売上高＋営業外収益を総収益と称する)といっている。	① 分子には損益計算上の最終利益である当期純利益をとる。なお，当期純利益は旧商法施行規則では「当期利益」と称していたが，証券取引法の財務諸表等規則などの用語にそろえたものである(平成14年改正)。 ② 分母の売上高は総売上高から売上値引，売上戻り高などを控除した純売上高を利用する。 ③ 当期純利益は経常利益に特別損益を加・減した額(税引前当期純利益)から，さらに法人税，住民税を控除した差額として算出される。したがってこの利益は，損益計算書上(期間損益としての)最終の利益である。 　ただし，税効果会計の適用に伴い「法人税等調整額」が計上されている場合は，その額が当期純利益に対しプラスにもマイナスにも作用することに留意しておく必要がある。 　とくにプラスに作用する(法人税等を減額させる効果をもち，その額が繰延税金資産に計上される)場合は，いわば「実体ではなく計算上の当期純利益の計上」であると銘記しておくべきである。

分析（判断）上の留意点	水準の目安			
	製造業	卸売業	小売業	建設業
① 当期純利益は，その後の分配（剰余金の分配を通して株主，企業などに配賦される）の主たる原資となるものであるから，その多寡は，受益者側にとっては重要な関心事となっている。したがって，当期純利益ベースの分析指標は主として株主，企業側からの利用が多い。	1.8%	0.8%	0.4%	0.2%

分析（判断）上の留意点	水準の目安
② 金融機関など外部分析の立場からは，収益的な側面から企業活動の効率状態（活性状態）を把握することに重点がおかれているので，利益処分の源資である当期純利益よりも経常的な経営活動の成果である経常利益（分析目的によっては営業利益）を主対象としている。 ③ 中小企業の場合は特別利益，特別損失への計上が少ないので，経常利益はほぼ税引前利益と同額となるケースが多い（時々みられる固定資産売却損益などは，少額かつ経常的として営業外損益に計上する場合が多い）。そうであるとすると，法人税等の負担は比較的固定的な場合が多いので，実務上では売上高経常利益率での分析，検討を重視し，売上高当期純利益率の水準は副次的にみるという姿勢をとってもよいと考えられる（法人税等調整額が少額の場合）。 ④ 経常損失が発生していても多額の固定資産売却益があれば，当期純利益と売上高当期純利益率は，それなりの額，水準となることを意識しておく必要がある。	① 『中小企業実態基本調査』掲出の財務諸表から算出したものである。 ② 一般に，売上高利益率は，利益額が大きく，利益水準が高いほうがよい。これは当然のことであり，この考え方は売上高当期純利益率でもあてはまる。ただし，この利益率水準は特別損益や税効果会計，時価会計などの影響を直接受けていることに留意すべきである。特別損益は臨時的，突発的な多額の損益や過年度損益を修正した結果発生する損益である。また，税効果，時価評価などは会計操作上の損益で，実現したものといえない。すなわち，企業の経常的な活動による成果ではなく，いわば期間損益を正確に算出するためのものと認識されるからである。 ③ この意味からすると，この指標水準から企業活動の収益状況を把握しようとすることには難点がある。そこで実務上では，売上高経常利益率（p.276）の水準を重視することになる。

(3) 収益状況を効率からみる

指標名 算式とその意味	計算上の留意点
総資本回転率 $\dfrac{売上高}{総資本}$ ① 企業活動に投下された資本総額と，その活動によって獲得した収益(売上高)との割合を測定するもの。 ② すなわち，企業活動に投下された資本は売上高(収益)によって回収されることになるので，その回収回数から資本活動の効率(資本の働き具合)をみているといえる。 ③ また，それは投下資本1単位当りどれだけの収益を生み出しているかという倍率(資本の利用度)水準を示しているといえる。	① 分子の売上高は損益計算書上，総売上高から売上値引，売上戻り高などを控除した純売上高をとる。 ② 分母の総資本は貸借対照表上の総資産または負債(他人資本)と純資産(自己資本)の合計額であるが，原則としてその期間中の平均残高をとるのが望ましい。ただし，実務上では総資本残高の期首と期末を合計して，その平均値をとるようにしている。 ③ 前期と当期の財務諸表のみの場合，当期の総資本平均在高は算出できるが，前期分は平均値が求められないことになる。この場合は，前期，当期とも期末残高をとらなければならない。前期は期末残高，当期は平均残高というミス・マッチは，とくに時系列比較をする場合は避けなければならない。 ④ 総資本のなかに，貸借対照表脚注表示ないしは個別注記表表示の割引手形，裏書譲渡手形などを含めるか否か2説ある。実務上では，比較する指標算式に揃える配慮が必要であるが，原則的には含めて考えるべきであろう。割引手形といえども資本調達の一つの手段であることに変わりがないからである。 ⑤ 総資本に割引手形を含めるか否かについては，割引手形残高が少ない場合には問題はあまり生じないであろうが，相当程度の残高がある場合には総資本回転率の数値に影響がでることもあるので，十分留意しておきたいことである。 ⑥ 総資本利益率の分解指標として利用する場合は，総資本の額を統一する必要がある。

分析(判断)上の留意点	水準の目安			
	製造業	卸売業	小売業	建設業
① 総資本回転率は，先にみた売上高利益率とともに総資本利益率の構成要素の一つとして認識されている。すなわち，投下した資本の利回り状況を，投下資本の活動状況（効率）と，売上高に対する利幅の程度という二つの側面から分析するためのものである。 ② このように総資本回転率は資本利益率の一構成要素であるから，この指標の良否は直接的に収益性に影響を与えることになる。 ③ 総資本回転率を向上させるためには ・売上債権の早期回収を常に心がける ・手持商品在庫はランニング・ストック中心かつ適正在庫量の維持に努める。 ・固定資産に対する投資は必要最小限に抑え，かつ投資資産に対する効率，採算面での常時把握が必要である。 ④ ただし，資本回転率を高めるあまり，手持商品の品薄，品切れ状態や設備等の老朽化状態に陥っては，やがては売上収益の低減をもたらすことになり企業経営上好ましからざる事態に至るので，資本の絶対額を圧縮する意識よりも，必要資本は積極的に投下するとしても，その効率状態に関心をもつべきである。	1.2回	1.9回	1.8回	1.3回
	① 『中小企業実態基本調査』が掲出している財務諸表（業界全体）から算出した。 ② 資本利益率の水準は高いほどよいとしても，業種，業態によってかなりの違いがある。製造業は設備を稼働させることによって収益をあげていく業態（資本集約型）であるから，資本の固定化は避けられず，一般的に資本回転率は低い。逆に卸売業はいわば資本効率を高めることによって収益をあげていく業態（労働集約型）であるから，当然，資本回転率は高くなってくる。			

指標名 算式とその意味	計算上の留意点
現金・預金回転率 （現金・預金回転期間） $\dfrac{売上高}{現金・預金}$ $\left[\dfrac{現金・預金}{平均月商}\right]$ ① 現金・預金を売上高に対比して、その割合から現金・預金の利用効率を測定するものである。 ② 分子の売上高は1年間の累計であるから、これを「1年」と認識すると、現金・預金が1年間に何回利用されたかという意味になる。 ③ 現金・預金回転期間は、その算式が示すように平均月商の何ヵ月分の現金・預金を保有しているかを意味することになる。 ④ 回転率と回転期間の数値は逆方向に動くので、判定に際しては、この点を留意する必要がある。	① 回転率算式の分子である売上高は純売上高を採用する。一方、分母の現金・預金は原則としては期中の平均残高をとるが、実務上では期首と期末残高の平均値をとるようにしている。ただし入手資料の制約上、期末残高をとらざるをえない場合も多い。 ② 回転期間算式の分子については、上述と同じ配慮が必要である。分母の平均月商は年間の純売上高を12ヵ月で除して求める。 ③ 算出された数値の単位は回転率は「回」、回転期間は「日」「月」「年」などである。 ④ 現金・預金のなかに拘束（質権設定など）されているものがある場合、これを除外するのが原則であるが、この原則は現金・預金自体の状況を分析する場合には適用されても、この指標の動きから総資本回転率の変化を説明しようとする場合はこの原則の適用には疑問がある。拘束されている預金も総資本に含まれているからである。

〔1〕 収益性の指標

分析（判断）上の留意点	水準の目安			
	製造業	卸売業	小売業	建設業
	7.1回	11.4回	9.9回	6.1回
	1.7ヵ月	1.1ヵ月	1.2ヵ月	2.0ヵ月

分析（判断）上の留意点：

① 総資本回転率を算出した場合，その水準の良否を判定するだけではなく，なぜそうなったのかの原因を把握する必要がある。それは，総資本（総資産）を分解する要領で検討すればよい。一般に，資産の主な部分を占めるのは現金・預金，売上債権，たな卸資産，固定資産である。これら資産の金額変化は総資本（総資産）の額に大きな影響を与えるところから，各資産の回転率の変化を測定することによって総資本回転率の良否の原因を知ることができる。

② この指標水準が高いことは，資金（現金・預金）が効率的に利用されていることを示しているが，反面，現金・預金が過少であるのは，支払能力，対外信用の観点からすると好ましくない状態ということになる。一方，この指標水準が低い場合は，資金効率の点では劣っているものの，支払能力の点からするとそれだけ資金余裕があるといえる。

　このように，指標水準の適否は一概にいいきれない要素をもっている。

③ 現金・預金といっても，現金はきわめて少なく大部分が定期性預金というのが一般的であるので，それがすべて企業の意思で利用できる（担保などで拘束されていない）かどうかには関心をもつ必要がある。

④ 回転率の数値ではわかりにくいということから，実務上では回転期間を使用する場合が多い。平均月商の何ヵ月分の現金・預金があるといえば，おおよその状態が想像できるからである。

水準の目安：

① 上段は現金・預金回転率，下段は現金・預金回転期間を加工して算出した。

② この指標の適正水準がどのくらいかは業種，業態，企業の方針および金融機関との取引関係の程度によって一概にいいきれない。したがって，この指標水準は，その高低よりも企業規模や取引慣習に応じた適正水準を選定すべきである。

③ 一般には月商対比0.8～1.0ヵ月分という説もあるが，確たる論拠があるわけではなく，また，預金のなかには借入金の担保や見合いなど拘束を受けているものがあれば，これらは準備資金としては機能しないものであるから，回転率などの水準だけでは判断しきれないといえよう。

指標名 算式とその意味	計算上の留意点
売上債権回転率 (売上債権回転期間) $\dfrac{売上高}{売上債権}$ $\left[\dfrac{売上債権}{平均月商}\right]$ ① 回収過程における販売代金(受取手形,売掛金)の残高と純売上高とを対比してその割合を測定する。 ② 掛けで売り上げられた商品代金は売掛金から現金回収へ,あるいは手形回収へと循環していく。この最終の現金になるまでの平均的な速度を意味しているのが売上債権回転率である。 ③ 一方,売上債権回転期間は,売上債権が最終的に現金として回収されるまでの期間と,月平均売上高のだいたい何カ月分ぐらいの売上債権をもっているかという滞留期間の意味をもっている。	① この指標の意義からすると,算式の分子は売上債権の年回収高または掛売上高であるほうがよいが,外部分析の立場からは,これの把握はむずかしいので純売上高をとることにしている(ただし,総資本回転率の分解指標として利用する場合は,統一するために純売上高をとらなければならない)。 ② 算式の分母の売上債権は受取手形と売掛金の合計額であるが,極力,期中平均残高をとるべきであろう。 ③ 売上債権のなかの受取手形残高については,割引に付された分(貸借対照表の脚注に,または個別注記表に表示されている)を加算するか否かで論が分かれている。基本的には総資本回転率の分解指標として利用する場合は総資本の計算と同じ扱いとし,販売代金の回収速度を検討するための利用では含めるべきである。

〔1〕 収益性の指標

分析（判断）上の留意点	水準の目安			
	製造業	卸売業	小売業	建設業
① 売上債権回転率は受取勘定回転率とも売掛債権回転率ともいわれているが，その本質においては変わりはない。 ② この指標数値は，無理な販売を強行している場合（当然，回収条件は緩やかにせざるをえない）や不良債権の発生，融通手形の混入あるいは回収条件の長期化などによって低下（回転期間の数値は上昇）することになる。したがって，この数値を時系列的に追っていけば，回収面での異常事態をつかむことも可能である。 ③ 正常な販売行為を継続している限り，この数値に大きな変化はでないはずである。したがって，逆にこの数値に変化がある場合は，どのような理由によるものかは必ず検討する姿勢が望まれる。 ④ 売上債権のなかの受取手形に，そこから控除されている割引に付された金額を加算するか否かの問題は，分析目的に応じて使い分けるべきである。しかし，基本的には「もし割引手形相当分を加算しないとすると，回収面ではその分だけ現金で回収したこと」になり，実情を正確に反映していないと考えるべきである（この場合，加算したときよりも回転率は高く，回転期間は短くなる）。 ⑤ 回転期間を計算する場合，売上高は毎月一定という前提に立っている。しかし，現実の企業の売上高は月によって異なるものであるから，内部分析の立場からはもっと現実的な算式 $\dfrac{月末売上債権}{月売上高}$ などで月別の回収状況を把握すべきである。	5.3回 2.3カ月	5.8回 2.1カ月	12.6回 1.0カ月	7.8回 1.6カ月
	（注） 建設業は「完成工事高÷（受取手形＋完成工事未収金）」で算出することになる。 ① 『中小企業実態基本調査』から算出。なお，上記数値（割引手形などは加算していない）は上段が回転率，下段が回転期間である。 ② 売上債権回転率は，一般に高いほど資金効率はよいことになるが，その企業の業態や販売政策，あるいは景気変動や金融情勢などに影響されるので，絶対的な水準というものはない。 ③ このため，分析にあたっては，数期間にわたる時系列比較からその傾向をみることに主眼におくべきである。 ④ 回転率と回転期間との関係は， 　回転率＝12カ月÷回転期間 　回転期間＝12カ月÷回転率 である。			

指標名 算式とその意味	計算上の留意点
たな卸資産回転率 （たな卸資産回転期間） $$\frac{売上高}{たな卸資産}$$ $$\left[\frac{たな卸資産}{平均月商}\right]$$ ① たな卸資産と純売上とを対比して，その割合からたな卸資産が1年間に何回，売上高として実現したかという度合いを表わすものである。 ② たな卸資産回転期間は，現在，平均月商の何カ月分のたな卸資産があるのかという手持期間(量)と，何カ月でなくなってしまうかという費消期間の二つの意味をもっている。 ③ いずれの指標も，たな卸資産の健全性を測定する目的である。	① 算式の分子または分母に売上高や平均月商をとっているのは，関連他指標との関連性を考慮した簡便法で，厳密な意味での回転効率を測定するためには月平均売上原価または月平均仕入高（卸売業の場合）をとるべきである。 ② たな卸資産は製造原価ないしは仕入原価で計上されているのに対し，売上高は利益を含んだ額であるから，この両者を対比させても厳密な手持期間，費消期間とはいいがたいからである。 ③ 算式の売上高は純売上高をとり，また，たな卸資産は期中の平均値をとるのが原則である。 ④ 製造業の場合には，分析の必要に応じて製品，仕掛品，原材料それぞれの回転率を算出することになる。 　なお，仕掛品回転期間は $$\frac{仕掛品平均在高}{\{[(原材料費＋製造原価)\div 2]\div 12\}}$$ で算出することもある。仕掛品には原材料に近いものから製品として完成間近のものまであるから，その平均をとって分母としている。

〔1〕 収益性の指標

分析(判断)上の留意点	水準の目安			
	製造業	卸売業	小売業	建設業
	10.0回	17.1回	13.3回	10.0回
	1.2カ月	0.7カ月	0.9カ月	1.2カ月

① たな卸資産には商品, 製品, 販売用不動産(不動産業のみ), 仕掛品, 未成工事支出金(建設業), 半製品, 原材料, 貯蔵品などがある。一般に商業では商品, 製造業では製品, 仕掛品, 原材料, 貯蔵品となるが, 製造業でも稀に「商品」が計上されていることがある。これは自社製作以外に転売目的で仕入れた商品であり, 商社機能を併存している製造業でみられる。

② たな卸資産の回転率が低く, 回転期間が長いということは, 売上高に対して在庫品が積み上がっていることになる。在庫品を多くもつということは, そこに投下して資本(費消した資金)が滞留状態のままになっていることになる。この活用されていない資金の代りは他から導入せざるをえないし, またそのためには金利その他のコストが必要となる。このように在庫品が多くなると, 資金繰りを逼迫させ, また収益性を圧迫することになる。

③ たな卸資産回転率を低める原因は, たな卸資産の増加が圧倒的であるが, その増加も
・欠陥製品, 不良仕掛品, 品質低下原材料の発生
・在庫管理の不手際による増加
・在庫品の水増しによる粉飾操作
・特需のための一時的, 大量仕入れ
・値上り期待あるいは品不足予想による先買い
などなかには悪いといいきれない要素もあるので, 表面上の数値だけではなく, さらに突っ込んだ実態把握が求められるといえよう。

(注) 上段は回転率, 下段は回転期間。

① 製造業については製品, 仕掛品, 原材料の分別計上がないのでこれらの効率状態は不明。

② なお, 実務上, 流動資産に属する各資産は回転期間で, 固定資産に属する各資産は回転率で把握することが多い。

③ この指標数値は, 一般に「手持在庫品はゼロが理想」といわれるように, 高いほど良好(回転期間は短いほど良好)ということになる。しかし, 在庫品は少ないほうがよいといっても, 材料不足から生産を阻害したり, 商品, 製品の不足から販売機会を失うようでは企業経営上問題がある。このように財務上の観点からの理想と企業経営上の要請には少なからずギャップがあることを認識しておく必要がある。

④ たな卸資産回転率は, また業種, 業態によって相当の違いがある。一般にスーパーや卸売業のほうが利幅を重視したデパートや小売業よりも回転率が高く, また耐久財販売業よりも消費財販売業のほうが回転率は高い。

第7章 経営諸指標を使った分析

指標名 算式とその意味	計算上の留意点
固定資産回転率 （固定資産回転期間） $\dfrac{売上高}{固定資産}$ $\left[\dfrac{固定資産}{平均月商}\right]$ ① 固定資産を売上高と対比することによって，その割合から固定資産がどの程度，企業活動に有効活用されているかを測定する。 ② 固定資産への投資は資本が長期にわたって固定化するので，投資された固定資産は有効に利用されることが望ましい。その利用度を測定する指標が固定資産回転率である。 ③ 固定資産には有形固定資産，無形固定資産，投資その他の資産があるが，一般に中小企業では無形固定資産，投資その他の資産は過少なので，有形固定資産回転率を用いることが多い。	① 算式の分母ないしは分子の固定資産は，基本的には建設仮勘定や投資用固定資産などを控除したものを採用する。ただし，総資本回転率との関係でこの指標を利用する場合は，貸借対照表上の固定資産をとらなければならない。 ② 算式の売上高は純売上高を，また固定資産は期中の平均値をとるのが原則であるが，実務上では期首と期末の平均値，場合によっては期末残高をとることもある。これは入手資料の制約，比較する指標算式との整合性などから，状況に応じた計算をせざるをえないからである。

分析(判断)上の留意点	水準の目安			
	製造業	卸売業	小売業	建設業
	2.6回	6.3回	4.0回	4.2回

(注)『中小企業実態基本調査』掲出の財務諸表から算出。

① 固定資産の利用効率をみる場合，一般的には回転率を算出することにしている。これを同業他社水準と比較することによって遊休資産の有無や操業度合いなどを検討することができる。逆に，固定資産が1回転するのに何日あるいは何カ月かかっているかということは，あまり意味のないことなので，固定資産に関しては回転率を利用しているのである。
② 固定資産の利用度を詳細に検討するためには，有形固定資産回転率（p.85）さらには設備資産回転率を算出する。
③ 一般的に中小企業の場合は，固定資産のほとんどが有形固定資産という場合が多いので，いずれの回転率をとっても大差はないが，大企業や財務活動に傾斜している企業では投資等資産の割合も大きい場合があるので，有形固定資産回転率によって利用効率を測定することが望ましい。
④ 固定資産回転率は高いほど，固定資産の売上増加に貢献する度合いが高いと考えてよい。逆にこの水準が低いことは未稼働の資産がある，あるいは稼働しているが十分効果を発揮していないなど，現売上高に対しては過剰投資となっていることを示しているといえる。
⑤ ただし，固定資産は年々減価償却によって減価していくので，新規投資や修繕費支出（資本的支出）がなかったとすると，たとえ売上高が増加しなくても固定資産回転率は高くなる。この状態では老朽化，陳腐化が予想され，指標水準は良好でも企業経営は不芳となっている可能性もある。

① 固定資産回転率の水準が低いことは，それだけ売上高と対比して固定資産が過大であることを示している。したがって，それだけコストが割高になると同時に資金の回収も遅れることになる。この意味から，この指標水準は企業経営上，重要な指標と考えてよい。
② この指標水準は業種，業態，企業規模によって相当の違いがある。製造業と卸売業では，当然製造業のほうが低いが，同じ製造業でも中小企業よりも大企業のほうが低い。これは，中小企業のほうが設備を有効活用しているというよりも，売上規模や生産形態の違いによるものである。
③ 生産形態が自社生産主体か外注依存主体かによっても，固定資産の保有高や関係費用に差がでるし，また設備投資初期には水準は低下する。したがって，表面上の回転率数値以上にその内情に関心をもつ必要がある。
④ 「固定資産回転期間」は一般的にはなじまない指標である。

指標名 算式とその意味	計算上の留意点
仕入債務回転率 （仕入債務回転期間） $\dfrac{売上高}{仕入債務}$ $\left(\dfrac{仕入債務}{平均月商}\right)$ ① 仕入債務を純売上高と対比して，その割合から買入債務の回転度合いを測定するもので，支払速度を表わしているともいえる。 ② 仕入債務回転期間は1回転するのに何カ月かかっているかという支払期間と，平均月商の何カ月分の仕入債務残高があるかという滞留期間を表わしている。 ③ 企業経営上，仕入債務の状態を把握することは，販売先への信用供与を考えるうえでも重要である。	① 算式の仕入債務は支払手形と買掛金の合計額である。なお，裏書譲渡手形が注記表示されている場合には，これを支払手形に加算するほうが実態をより反映しているといえる。 ② 算式の売上高は純売上高を，また仕入債務は期中の平均値をとることが望ましい。 ③ この算式では，仕入債務を売上高と対比しているが，両者には直接的な関連はないので，いわば簡便法である。厳密に仕入にかかる効率を把握する場合は売上高に代えて売上原価や商品仕入高などと対比して分析されるべきである。 ④ 回転期間の算式に売上高をとるにしても，また仕入高などを使う場合でも，原則としてそれらは年間を通じて平均的にあるという前提に立っている。したがって，月別の売上高あるいは仕入高の変動が激しい企業では極力，月別の回転期間を測定するという意識をもつ必要がある。結果的に月別が測定不能の場合でも，この意識だけはもっているべきである（算出された年平均の数値の見方が変わることがあるから）。

分析（判断）上の留意点	水準の目安			
	製造業	卸売業	小売業	建設業
① 仕入債務回転率は買入債務回転率とか買掛債務回転率とかいわれているが，いずれも本質的には同じ意味で使われている。	7.1回 1.7ヵ月	6.7回 1.8ヵ月	12.5回 1.0ヵ月	8.4回 1.4ヵ月

② 仕入債務は企業本来の営業活動を展開するための財を外部から調達したことに対する対価の支払分をいうが，資金面からみると，それだけの資金を外部から調達したことによって発生した債務ということになる。したがって，企業にとっては一つの資金調達源である。

③ この資金調達源は，借入などよる資金調達力の弱い中小企業や商店にとっては最も重要なものであるが，反面，これに過大依存をしているとやがては日常の資金繰りに追われ財務破綻に至りかねない状態になる。したがって，仕入債務回転率を測定して，その水準，動き（時系列比較）などから，その妥当性を検証することになる。

④ この指標水準は，同業他社水準との比較，時系列比較によって判定されるが，一方，売上債権回転率（p.286）の動きと対比して検討することも有力な方法である。一般に，両指標の水準は，企業特性を反映したほぼ一定の格差を保持しているものである（だいたいにおいて仕入債務回転率のほうが数値が高い，すなわち回収速度よりも支払速度が速い意）。この従来バランスが崩れる状態，とくに買入債務回転率が急激に低くなる状態は長期的にみて好ましくないと考えてよい。仕入債務は景気動向，仕入先の都合などに直接影響される，すこぶる安定性の低い資金調達源だからである。

① 『中小企業実態基本調査』掲出の財務諸表から算出。なお，上段は回転率，下段は回転期間。

② 仕入債務回転率は低い（回転期間は長い）ほうが，企業にとっては，それだけ資金調達が進んでいることになり，表面的には良好なのであるが，反面，当方の仕入債務回転率は先方（仕入先）の売上債権回転率であることを認識しておく必要がある。

③ したがって，仕入債務に対する過大なシワ寄せは長期的にみて企業経営上，好ましくない事態の発生も考えられるので，この指標水準は業界平均値や商慣習から大きく離れることは好ましくないと考えるべきである。

④ 企業内部の目安になる指標としては売上債権回転率（回転期間）がある。この指標と同数値にするというのではなく，ほぼ同じような増減の動きが一応正常状態と考えるべきである。

(4) 収益体質をみる

　企業の収益体質を把握する場合，損益分岐点分析の手法を利用するのが一般的である。これは，企業収益は「売上－費用」から測定されるので，①売上と費用はどのような関係になっているか，②費用の構造はどうなっているか，に分解して考えることによって，その企業の収益の成り立ちぐあいが把握でき，これをもって収益体質と認識しているからである。そして，この分解手法が損

指標名 算式とその意味	計算上の留意点
損益分岐点（BEP） $\dfrac{固定費}{1-\dfrac{変動費}{売上高}}$ $=\dfrac{固定費}{1-変動費率}$ $=\dfrac{固定費}{限界利益率}$ ① 一般には収益から費用を差し引いた金額がゼロ，すなわち利益も損失も発生しない状態(ポイント)を損益分岐点といっている。	① 損益分岐点を算出する前提として，企業の総費用を固定費(売上高の増減にかかわりなく，常に一定の負担を強いられる費用)と変動費(売上高の増減に比例して増減する費用)とに分解する必要があるが，この分解には確たる基準(正確という意は薄い。動かないの意である)が大事である。現実の企業費用を厳密に考えると，上記2種類に分けきれるものではないからである。 ② 算式の売上高は，費用を分解した期の純売上高をとる。 ③ 算式分母の計算(変動費率の計算，小数で表示)は算出数値のコンマ以下第何位までをとるかが一つのポイントになる。この算式自体が概略的要素があるので，ケタ数を増やしても意味がないが，逆にコンマ第1位程度にとどめると，場合によっては千万円単位の差がでることもある。これではあまりにも概略すぎるともいえるので，一般的にはコンマ以下3ないし4位程度までの採用が妥当と考えられる。 ④ 費用分解の考え方は第8章の〔1〕「損益分岐点分析」の項を参照のこと。 ⑤ この算式でいう利益は，一般に「経常利益」をさしている。

益分岐点手法そのものである。もちろん、ここで把握する収益体質は、現時点での与件を前提にしたもので、条件の変化が予想される将来に対して保証するものではない。損益分岐点分析については、第8章「損益分岐点・運転資金を使った分析」で解説しているので、本項では、指標としての「損益分岐点」「損益分岐点の位置（損益分岐点比率）」と「費用構造」を判断するうえでの留意点を中心にして、まとめておくことにする。

分析（判断）上の留意点	水準の目安			
	製造業	卸売業	小売業	建設業
① 企業の費用がすべて変動費であれば、利益の発生も売上高に比例するので、利益の増加は、それに相当する売上高の増加を考えればよい。 ② しかし企業の費用のなかには、売上高の増減に比例しない固定費があるため、売上高がある一定割合の水準（損益分岐点）に達するまでは、損失が発生し、かつ売上高が少ないほど損失発生額は大きい。損益分岐点を超えて売上高が増加する状況下では、逆に固定費負担はなくなり（その後の増加売上高に対応する固定費はなく、すべてが変動費負担のみとなるの意）、利益が発生する割合は売上高の増加割合を超えることになる。 ③ すなわち、損益分岐点を超えて売上高が増加していく場合は、限界利益（固定費＋利益）の金額が利益となる。 　たとえば、1個当り原価800円（固定費500円、変動費300円）の商品を1000円で販売するとした場合、常態では200円の利益造出となるが、損益分岐点を超えた状態では、固定費負担がなくなるから700円（1,000円-300円）と急増する（なお、ここでは利益造出状況を理解してもらうために「商品1個」を取り上げているので、売上の増加というイメージが失われているが、基本的には「増加利益＝増加売上高×限界利益率」である）。これが一般的にいう量産効果、大量販売効果である。	18.0 (24人)	49.8 (15.5人)	15.7 (12.3人)	23.8 (11.4人)
	（注）　比較のため従業員1人当りの損益分岐点を掲出している。単位百万円。なお、カッコ内は平均従業員数である。出所は『中小企業実態基本調査』から加工。			

指標名 / 算式とその意味	計算上の留意点
損益分岐点の位置 （損益分岐点比率） $$\frac{損益分岐点売上高}{実際売上高} \times 100$$ ① 理論上，算出された損益分岐点（売上高）がその計算のもとになった実際の売上高全体の何％ぐらいにあたっているのか，すなわち，その位置を測定するものである。 ② 損益分岐点の位置（損益分岐点比率）は，いわば売上高の減少という面にポイントを絞って，売上高の減少に強い体質＝収益体質良好，売上高の減少に弱い体質＝収益体質不芳，と判定しようとしているのである。	① 損益分岐点売上高は公式（固定費÷限界利益率）に基づき算出する。 ② 算式分母の実際売上高とは，損益分岐点を算出するために費用を分解したときに利用した損益計算書上の純売上高をいう。 ③ 算出される数値は％で表示するが，この場合はコンマ以下第1位までをとれば十分である。先の変動費率の算出と異なり，あまり細かく表示しても意味のないことである。

分析（判断）上の留意点	水準の目安			
	製造業	卸売業	小売業	建設業
① 損益分岐点自体でもある程度収益体質を把握することは可能であるが，これを実際の売上高と対比してその割合がどの程度であるかを数値的に把握すれば，あとはその数値をどう評価するかだけの問題となり，企業の収益体質を比較的明確に判定できることになる。	91.4%	90.0%	96.6%	96.5%

（注）『中小企業実態基本調査』から転記。

① 損益分岐点自体でもある程度収益体質を把握することは可能であるが，これを実際の売上高と対比してその割合がどの程度であるかを数値的に把握すれば，あとはその数値をどう評価するかだけの問題となり，企業の収益体質を比較的明確に判定できることになる。

② たとえば，損益分岐点売上高7000万円，実際の売上高1億円の企業の損益分岐点の位置は，その期の売上高の70％のところにある。このことは，逆に売上高が減少しても，その期の売上高の30％（1－損益分岐点の位置）未満の減少であれば，まだ利益を計上することができ，30％を超える減少幅であれば赤字への転落となることを意味している。このような意味から「不況抵抗力の程度」を表わしているともいえるが，不況抵抗力の強い体質，すなわち損益分岐点の低水準が収益体質の良好さに結びついているのである。

③ 損益分岐点の位置が高いということは，損益分岐点売上高と実際売上高が近似額になっていることであるから，この水準を低めるためには損益分岐点売上高を下げる対策を打ち出す必要がある（費用構造に変化がないと考えた場合は，将来の売上高を現在より高めるのも選択肢の一つではあるが）。

④ 損益分岐点比率の関連指標として「経営安全率」があり，「1－損益分岐点比率」で把握することにしているが，本質的には「利益÷限界利益×100」の意味である。すなわち，いくら限界利益が大きくてもそれに占める利益の割合が小さければ経営安全率は低い（逆に損益分岐点比率は高い）ことになる。

損益分岐点の位置（損益分岐点比率）は，低いほど収益体質の安定性は高いといえ，一般に80％以下が目安（売上高の反落率を2割程度までとみている）ともいわれているが，不況時での売上高は1～2割はすぐに減少してしまうことからみると，80％という水準は必ずしも保証ラインとはいえない。

そこでもう少し水準に幅を設けて
・90％以上（危険状態）
・90～80％（要注意状態）
・80～60％（健全状態）
・60％以下（安定状態）

と考える立場もある。ただし，これとても俗説であって，しかも各「状態」間の垣根も定かではないので，参考程度に利用することが望ましいといえる。

「限界利益」から算出した経営安全率（金額単位：千円）
　（算式）経常利益÷限界利益×100
　製造業　16,936÷196,193×100＝ 8.6%
　卸売業　14,003÷123,901×100＝11.3%
　小売業　 2,135÷ 62,716×100＝ 3.4%
　建設業　 3,548÷101,895×100＝ 3.5%

指標名	計算上の留意点
算式とその意味	
費用構造 （費用構造図） A 高固定費・低変動費型 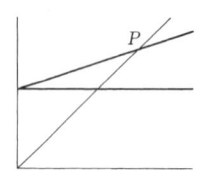 B 低固定費・高変動費型 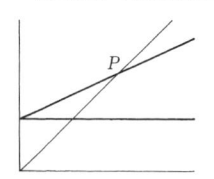 C 高固定費・高変動費型 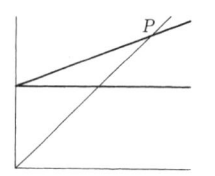 D 低固定費・低変動費型 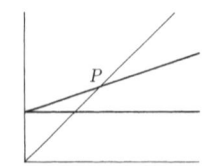 P は損益分岐点 費用構造の変化，組合せから損益分岐点(P)の状態を判定しようとする。	① 費用構造は指標化されていないので，算式はない。左欄に一般的にいわれる4種のタイプを掲出しているが，作図方法については第8章「損益分岐点・運転資金を使った分析」を参照のこと。 ② 企業の総費用のなかには固定費と変動費とがあり，これらの大小組合せによって損益分岐点(P)の状態が高・低変化することに着目しPの低い費用構造が良好であると判断するものである。

分析（判断）上の留意点	水準の目安			
	製造業	卸売業	小売業	建設業
	58.4% (38.0%)	83.6% (14.7%)	68.7% (30.3%)	63.8% (35.0%)

（注）上段は変動費率，( )は固定費率を掲出している。『中小企業実態基本調査』からの転記。なお，費用構造の評価については p.337～339を参照のこと。

① 企業の費用構造を類型化して，一般に左図のような四つのタイプに分類表示する。これによると，程度の問題はあるが，一般に
 ・高固定費型は損益分岐点（P）が右上がりに高くなって，利益を生みにくい体質になっている
 ・また，高変動費型であっても固定費が少ない場合には，損益分岐点（P）は左下方に低くなり，収益を造出する力は増加する
という傾向がみられる。

② 高固定費型あるいは高変動費型といっても，総費用のなかに占める割合がどの程度の場合をいうのかについては，確たる数値もなく，一般的に傾向としてとらえられている感じが強い。

　そこで，ここでは一つの目安として総費用に占める固定費の割合が50％以上の場合を「高固定費型」，売上高に占める変動費の割合すなわち変動費率0.5以上の場合を「高変動費型」として考えておくことにする。

③ 一般に製造業は生産設備が主体であるから，固定費が多くなりがちである反面，変動費は相対的に少ないという費用構造（Aタイプ）のものが多い。逆に卸売業では，固定資産投資は比較的少なく変動費は相対的に高いという，いわゆる薄利多売型が多いので，どちらかというとBタイプの費用構造をもっている。小売業はいわば店舗販売形態をとるので卸売業よりも固定費は高くなる傾向があり，反面，変動費は製造業よりも売上高に対する割合は高いといえ，総じてA，B両タイプの中間的な費用構造と考えられる。

2 安全性の指標

指標名 算式とその意味	計算上の留意点
流動比率 $\dfrac{流動資産}{流動負債} \times 100$ ① 当面の債務である流動負債に対して，これを賄うべき流動資産がどの程度保有されているかを割合で測定する。 ② 分子の流動資産はほぼ1年以内に現金化される資産であり，これに対して，分母の流動負債は1年以内に現金需要が発生する負債である。したがって両者を対比することによって，その企業の短期の支払能力を測定することができる。	① 流動資産の大宗は現金・預金，売上債権（受取手形と売掛金），たな卸資産などであるが，この指標の支払能力の測定という意義からすると，預金のなかの担保差入れなどで拘束されているものや売上債権のなかの不良債権や不渡手形，金融手形，および資産価値を失ったたな卸資産，さらには税効果会計上の繰延税金資産（繰延税金負債がある場合は負債から一応控除するが少額のときは無視してもよい）などは控除しなければならない。なぜならばこれらは資産としての価値がまったくないので，支払能力としてカウントできないものだからである。 ② また，注記の割引手形をこれに加えるか否かは論の分かれるところであるが，支払能力という観点からすると，割引に付された手形にはその能力はないので控除することが当然といえる。 ③ 流動資産のなかには貸倒引当金が資産の控除項目として計上されているが，金額的にも過少の場合が多いので，そのまま含めて（減算の状態）考えることにしている。 ④ なお，金融商品（主として有価証券，デリバティブ取引と考えてよい）にかかる評価基準の適用により時価評価されている場合は，時価変動の影響を受けることを留意する（期末の時価と分析時点の時価との相違）。

分析（判断）上の留意点	水準の目安			
	製造業	卸売業	小売業	建設業
① 企業の支払能力は，まず流動比率を算出して，その割合から流動資産（支払手段）と流動負債（支払義務）のバランス状態を判定する。 ② 次いで，流動資産の質的な検討をする。たとえ比率水準が高くても，流動資産のなかに支払手段として利用できない資産が含まれているのでは，実質的な比率水準は評価を落とす必要があるからである。 ③ 表面的な質的観察としては，流動資産に占めるたな卸資産に注目すべきである。これは同じ流動資産であっても売上債権などよりも現金化する速度が遅く，とくに製造業における仕掛品などはさらに遅くなる要素をもっているから，これが多い場合には，支払手段の質を割り引いて考える必要がある。 ④ この意味から，流動比率を算出したら，並行して売上債権やたな卸資産および仕入債務などの回転率を計算して，比率水準を判断するうえでの参考にすることが望まれる。 ⑤ 逆に流動比率が低い水準であっても実質的な支払能力に問題がない場合もある。流動資産が現金化される速度が流動負債を返済する速度よりも速い場合や，電力，ガス，スーパーなど現金回収割合がすこぶる高い業種などである。	155.6%	146.2%	128.4%	155.2%
	① 『中小企業実態基本調査』掲出の財務諸表の分析から転記。なお，流動資産（受取手形），流動負債に割引手形残高を含めていない。 ② この指標の水準は業種，業態，取引慣行などによってさまざまであるが，理論的には200％という水準がある。これは，企業が閉鎖する段階では保有資産の処分価値は半減および回収不能といった事態を予想してのことである。理想としては理解できるとしても，閉鎖を目的とする企業はない（まったくないわけではないが）ので，現実的には140〜150％が余裕をみた目安ということになろう。 ③ 欠損企業でこの指標水準が高い場合は，無理な販売（回収条件が悪化する）や現金仕入の強要などの一時的な結果と考えられる。			

指標名 算式とその意味	計算上の留意点
当座比率 $\dfrac{当座資産}{流動負債} \times 100$ ① この指標は、当座資産と流動負債の割合から流動負債を当座資産で支払う能力がどの程度あるかを測定する。 ② 当座資産は流動資産のなかで換金性の高い資産であるところから、超短期の支払能力を示す指標と考えられている。 ③ この指標は単独で利用されるというよりも、流動比率を算出した場合に、その水準の程度を判定する一つの資料として使用されることが多い。この意味から当座比率は流動比率の補助比率ともいわれている。	① 分子の当座資産とは、現金・預金、売上債権、未収金、短期貸付金、一時所有の市場性のある有価証券などをいう。したがって、流動資産からたな卸資産を控除した差額が当座資産といえる。 　一般には、流動資産の大部分が現金・預金、売上債権とたな卸資産であるところから「現金・預金＋売上債権＋一時所有の有価証券」を当座資産といっている場合もある。 ② 当座資産のなかに拘束性の高い預金や有価証券、あるいは不良債権、長期滞り債権や不渡手形などが混在している場合は、支払能力の意義からみて、これらは控除して算出する必要がある。 ③ これら換金性に乏しい資産は、外部分析の立場からは必ずしも正確に把握することはむずかしい。この場合、売上債権などの回転率または回転期間を算出し、時系列比較を継続していると意外とイレギュラーな動きがヒントになる。 　このことからも、1期のみの分析の限界がわかる（企業の実態把握のためには継続分析が鉄則である）。 ④ 流動比率でみたように、「一時所有の有価証券」（金融商品にかかる会計基準では「売買目的有価証券」と称している）については、時価評価が認められているので、期末時点の時価が分析時点にどう変わったか（時価の低下は資産価値の低下）に関心をもち、比率の評価に反映させるべきである。

分析(判断)上の留意点	水準の目安			
	製造業	卸売業	小売業	建設業
① 先にみたように流動資産のなかにたな卸資産が多く含まれている場合は，算出された比率がたとえ高水準であったとしても，支払能力は高いと額面どおり判定してよいかは問題である。たな卸資産が現金化されるまでには，さらに販売(売上)－売上債権－現金のプロセスを経なければならないからである。 ② したがって，流動資産から換金性の低いたな卸資産を排除して流動負債と対比してみると，その企業の支払能力がより明確化することになる。したがって，当座比率は流動比率を支払能力という観点からより厳しく検討するための指標といえる。 ③ 当座比率の水準が高くても売上債権のなかに不良債権が含まれている場合もあるので，表面的な水準判断だけでなしに，当座資産の質的な検討も並行して行わなければならない。その際の手法は売上債権回転率の分析である(受取手形，売掛金ごとに回転率または回転期間を算出し，時系列比較をする。一般に取引慣行は固定的なので指標数値に大きな変化はでないはずである。ただし，営業循環過程からはずれた不良債権，不良手形が加算されると，指標数値はそれに影響[回転率は低下傾向，回転期間は長期化傾向]を受けることになる)。 ④ 流動比率が上昇しているのに当座比率が低下していることがある。これは，相当程度のたな卸資産が積み上がっていることを物語っている。この在庫増加が一時的なものか，返品などを含め不良在庫なのかは，ぜひとも確かめなければならない。もちろん，当座資産がなぜ減少しているのかの理由把握も同様である。	109.4%	110.4%	80.8%	94.4%
	① 『中小企業実態基本調査』での当座資産は「現金・預金＋受取手形＋売掛金＋有価証券」であり，このなかには割引手形は含めない。掲出の財務諸表分析から転記。 ② この指標水準は一応高ければ良好ということになる。理論的には流動比率の半分100%が目安となっている。しかし，実務上では実際の流動比率の半分以上を期待水準とみてもよい。 ③ 欠損企業だからといって，流動比率，当座比率が低水準になるとは限らない。むしろ売上債権，たな卸資産が過大となって一時的には高水準になることもある。ただし，やがては日常の現金(資金)繰り破綻がでてくる。			

指標名 算式とその意味	計算上の留意点
現金・預金比率 $\dfrac{現金・預金}{流動負債} \times 100$ ① 流動資産のなかで最も換金性の高い現金および預金と流動負債の割合から企業の即時的な支払能力を測定する。 ② この指標を単独で利用するケースは少なく，流動比率，当座比率の関連性において使用されることが多い。したがって，この指標は当座比率を補完するものとして認識されている。	① 算式分子の現金とは通貨，小切手，郵便為替などをさすが，一般的に現金・預金のなかに占めるウエイトは低い。したがって，その大部分は金融機関における預貯金と考えてよい。 ② したがって，これら預貯金のなかに借入金のために拘束されている預金や担保差入中の預金，あるいは商取引上の保証金として質権設定されている預金などは支払能力が乏しいとみるべきであるから，総額から控除されなければならない。 ③ 分子，分母とも原則的には期中平均値をとることが望ましい。たとえ期末残高を利用せざるをえない場合でも，現金・預金や流動負債がなんらかの事由で期末月に集中していないかを確かめる必要がある。 ④ ある程度の集中(季節性)が認められる場合は，金額的な修正はまず不可能なので，算出された数値を割り引いて評価することになる。

分析(判断)上の留意点	水準の目安			
	製造業	卸売業	小売業	建設業
	45.5% (1.7ヵ月)	36.2% (1.1ヵ月)	44.2% (1.2ヵ月)	51.0% (2.0ヵ月)

① この指標は現金比率ともいわれているように，即刻換金し負債の返済に充当できる資産であるところから，その割合の程度によって支払能力の安定度合い(確かさの程度)を測定しようとするものである。

② しかし企業の資金運用面からみると，支払準備のために現金資金を相当程度保有しておくことは，支払能力の評価にプラスに作用するとしても，運用効率の点からは必ずしも得策ではない。金融機関等に預金として預け入れることによる運用利回りよりも，対等額を企業活動に投入することによって，より高い運用利回りが期待できるはずだからである。

③ したがって，企業経営上は極力，現金・預金の残高を抑える方向に動くことになる。もっとも，わが国での金融取引慣行では，借入金などの残高の一定割合を預け入れることが多い。昨今ではこのような慣行が急速に薄れてきてはいるものの，金融機関への預入れ預金がすべて企業の自由意思で処理できるとは限らない状態であるから，この現金・預金比率もある程度の水準にはならざるをえない。

④ このように考えると，現金・預金比率の高水準は，その反面，得べかりし利益の喪失があるということになる。いわゆる安全性確保のために収益性が犠牲になり，収益性をめざせば安全性が損なわれるという関係が出現することになる。

① 『中小企業実態基本調査』が掲出している資料から加工算出した数値を表示している。なお，カッコ内は平均月商に対する割合である。

② この指標水準の目安は，理論的には20％以上といわれているが，これ以下であるからといって必ずしも危険であるとはいえない。この段階の指標では純然たる支払能力の問題というよりは，資金繰り的な要素が相当程度入ってくるので，単にこの指標水準で判定するのではなく，金融機関との取引状況，資金調達力，信用力など他の資料の分析もあわせて検討する必要がある。

③ 指標水準は期中平均残高をとるべきであるが，期末残高で算出せざるをえない場合も多い。とくに現金・預金は期末の販売代金回収促進などもあって集中する傾向がある。このような場合，指標数値は大きく上昇するので，水準だけの判断は実態を見誤ることにもなる。その企業の季節性を把握するとともに時系列比較を重視すべきである。

指標名 算式とその意味	計算上の留意点
固定比率 $\dfrac{\text{固定資産}}{\text{自己資本(純資産)}} \times 100$ ① 固定資産は長期にわたって利用される資産であり、これに投下される資本も長期に固定化するところから、自己資本でどの程度賄われているかを測定するもの。 ② 固定資産に投下された資本の資金化（費用化）は、原則として減価償却を通して行われる。その意味では換金性のすこぶる低い資産である。したがって投下する資本の調達も、返済義務のない自己資本によるべきとの考え方である。 ③ そして、この資本の運用と調達のバランス状態から、その企業の基本的な財務構造の良否を判定しようとするものである。	① 分子の固定資産には有形固定資産，無形固定資産，投資その他の資産などがある。このなかに不良資産があったり償却不足の資産があると，比率水準が悪化する（外部分析の立場から正確な把握は困難なこともあるが，この意識はもっておくべきである）。 ② 中小企業の場合，分母の自己資本は資本金，資本剰余金，利益剰余金から成っているのが多い。また，一般には期末残高をとるが，自己資本の期末残高は，その期の配当金が控除される前のものであることを認識しておく必要がある。なお，役員賞与は費用処理されているので考慮しなくてもよい（会社法）。 ③ 実務上は貸借対照表上の自己資本額を利用して算出することにしているが，実質的な期末自己資本額は次項④および⑤の影響を受けているので分析時点ではそれより少ない（算出される比率水準は高くなる）こともでてくる。この点からも算出数値だけでの判定は厳に慎むべきであることがわかる。 ④ 会社法の発効により，純資産の部（従来の資本の部）に 　イ　評価・換算差額等（その他有価証券評価差額金，繰延ヘッジ損益，土地再評価差額金など）の変動要因となる項目が明示された 　ロ　資本のマイナス要因である自己株式の取得手続がよりいっそう簡素化された ことなどから，純資産の額は安定的とはいえなくなった。 ⑤ さらには， 　イ　最低資本金制度が廃止され，減資を含め剰余金の計数変動も容易化し， 　ロ　剰余金の分配についても財源規制のなかでいつでもできるようになった ことなどから自己資本（純資産）が必ずしも長期性資本とはいいがたくなっている。

分析(判断)上の留意点	水準の目安			
	製造業	卸売業	小売業	建設業
① 流動比率，当座比率などが短期的な支払能力の判定に用いられるのに対し，固定比率（次項の固定長期適合率とともに）は長期的視野からの財務構造の安定度合を判定する。したがって，流動比率などを短期安全性の指標というのに対し固定比率などを長期安全性の指標という。 ② 固定資産の大部分は減価償却を通して資金回収が行われるが，固定資産のなかには土地（有形固定資産）や借地権（無形固定資産）などのように償却の対象にならない資産もある。それだけに，固定資産に投下される資本は自己資本のように原則として返済期限のない，安心して長期間投資できる資本で賄われなければならないことを認識しておく必要がある。 ③ 一般に固定資産残高は新規投資，改良・修繕などがなければ，減価償却費の額だけ減少していく。他方，自己資本が仮に増加（自己資本の増加は増資や期間利益の内部留保などによる）しなかったと仮定しても，固定比率は年々，低下することになる。この状態が固定資産（たとえば設備資産）の老朽化・効率低下につながるものであれば，企業経営上問題である。 　したがって，比率水準以上に質的な把握を心がけ，総合的に長期安全性を判定する姿勢をとるべきであろう。 ④ ただし，分母の「自己資本」の性格が前頁説明のように変質してきているので（中小企業では，従来とさほど変わらないと思われるが），分析評価に際しては，これらを勘案して判断（計数面だけではなく自己資本の内容も）する必要がある。	116.7%	99.7%	192.1%	97.4%
	① 『中小企業実態基本調査』掲出の財務諸表分析から転記した。 ② この指標本来の狙いからすると，水準は100％以下でなければならない。すなわち，その企業の固定資産総体が自己資本で賄われている状態が理想といえる。 ③ しかし，上掲数値をみても各業態とも100％を超えた水準となっている。従来からいわれているように，わが国企業の自己資本過少，他人資本依存体質は一般的となっている。ここに至るまでには種々の歴史的変遷，理由があるが，現実問題として100％以下を目安とするのは実情にそぐわない印象が強い。 ④ 企業規模別にみた場合，大企業ほど高くなる（150〜200％くらい）傾向がある。逆に中小企業ではこれより低く90〜140％くらいが多いと考えられる。			

第7章　経営諸指標を使った分析

指標名 算式とその意味	計算上の留意点
固定長期適合率 $$\frac{固定資産}{自己資本(純資産)+固定負債} \times 100$$ ① 固定資産が自己資本と固定負債を加えた長期安定資本によってどの程度賄われているかを測定する。 ② 基本的な考え方は固定比率と同じであるが，固定比率は投下資本の調達源を自己資本に絞って考えているのに対し，この指標ではその範囲を固定負債にまで広げているものである。 ③ 長期資本の運用・調達バランスに関する理論上の理想形を指標化したものが固定比率とすると，固定長期適合率はその理想形をわが国企業の実情に即して指標化したものといえる。	① 分子の固定資産には，有形固定資産，無形固定資産，投資その他の資産などがある。このなかに不良資産や償却不足の資産があると，比率水準はそうでない場合よりも悪くなる。 ② 分母の固定負債は，中小企業の場合は大部分退職給付引当金と長期借入金である。『中小企業の財務指標』における固定長期適合率も，分母は自己資本と固定負債である（旧「経営指標」は自己資本と長期借入金であった）。 ③ 自己資本に関する考え方は p.306 に示しているが，少なくとも従来のように自己資本とは長期安定的なもの（もっとも，旧商法下でも改正の過程で自己株式，評価差額の要素は部分的に計上されるようになっていた）との認識は変える必要がある。 ④ 資本利益率系統の諸指標は期中平均残高を念頭におき，極力それに近づける工夫をする。これは，対する利益が期中累計額であるから，これに合わせる意図からである。しかし，安全性の諸指標には期中平均残高的な考え方はない。安全性については，現時点での良否状態が重要なのであって，平均的にどのような状態であるかは，その次の問題と考えられているからである（一般に発表されている指標は静態分析といわれる分野のもの。安全性についても動態的にみようとする考え方ももちろん存在するが，定着しているとはいえない）。

分析（判断）上の留意点	水準の目安			
	製造業	卸売業	小売業	建設業
① まず，指標水準が100％を超えていなければ一応，良好であると考えてよい。	68.5%	58.5%	78.7%	57.1%

① まず，指標水準が100％を超えていなければ一応，良好であると考えてよい。

② 次の段階では，算式分母の固定負債の内容を必ず検討することである。固定負債のなかでは退職給付（与）引当金が最も安全性の高い財源と考えてよい。もちろん，これは負債性の引当金であるから取り崩されるものであるが，全額が取り崩されることはまずない。そのような状態になるときはすなわち全員が一度に退職するときであり，会社の消滅も近いときである。そのような段階は固定長期適合率を云々する余地はまったくないといえる。

③ 次いで安定度の高い財源は社債である。これは償還期限が一般に長い（公募債では5～10年が最も多く，まれに30年債もある。私募債では6～15年の間で5種類ある）ためであり，中堅規模以上の企業では新株予約権付社債（一定の条件のもとで起債会社の株式に転換できる権利を付与されている社債）もあるので，調達財源としては安定度は高いと考えてよい。

④ 最後は，最も一般的な長期借入金についての検討である。長期借入金は1年基準によって区分されているだけ（本来，1年内に返還期限の到来する長期借入金は，その返済相当額を流動負債に区分計上することになっているが，実務上，このように経理している中小企業は少ないのではないか）であり，それが何年間にわたって，毎年いくらぐらい返済していくのかによって財源としての安定度が変わってくる。年返済額に見合った「利益＋減価償却」が見込めれば安定度は高まるが，そうでなければ安定性は劣ると考えるべきである。

⑤ 自己資本に関する留意点はp.306を参照のこと。

① 『中小企業実態基本調査』では，この指標を

$$\frac{固定資産}{自己資本（純資産）＋固定負債} \times 100$$

で算出している。

② この指標水準の目安は100％以下が絶対条件であり，実質的には，資金状態の安定度からみて60～80％程度が理想的であろう。

これを業態的にみると，製造業では平均して80％程度，卸売業では平均して70％前後程度が一応の目安となろう。なお，製造業では設備資産が中心であるから，この水準が高くでるのは当然である。

ただし，同じ製造業でも資本集約型企業と労働集約型とでは異なってくる。また，同業種でも，旧設備に手を加えぬまま稼働させている場合と積極的に新機能設備への切替えを行っている企業とでは，この指標水準は異なってくる。

指標名 算式とその意味	計算上の留意点
負債比率 $\dfrac{負債}{自己資本(純資産)} \times 100$ ① 資本構成における総負債(他人資本)と資本(自己資本)の割合を測定するものである。 ② 貸借対照表の貸方は、その企業の資金調達状況を表わすものであるが、調達方法を大別すると他人資本(外部から債務として導入する)と自己資本(外部から出資として導入するものと企業利益の内部留保分)になるが、両者の割合状態がすなわち資金調達状況の安定性につながり、最終的には企業の安全性に影響するとの考えに基づくものである。	① 分子の負債は、貸借対照表上の流動負債と固定負債の合計である。 ② 分子の負債に貸借対照表脚注あるいは個別注記表の割引手形や裏書譲渡手形の金額を加算するかの問題があるが、これらは偶発的な債務(不渡りなど事故が発生してはじめて債務として顕在化する)であり、かつ裏書譲渡手形の決済については振出人の資力が引き当てられていることから、その他の負債とは同列視しなくてもよいとの考えから加算しないことにしている。 ③ 負債比率と自己資本比率(次項)とは同趣旨の指標であるから、両指標を並行して算出する必要はない。実務上では負債比率よりも自己資本比率を利用するケースが多い。 ④ この指標は一応％で表示されるが、まれに倍率で示されることもある。本質的には「自己資本の何倍の負債を抱えているのか」であるから、倍率表示のほうが直接的で理解しやすいと思われる。

分析（判断）上の留意点	水準の目安			
	製造業	卸売業	小売業	建設業
	165.3%	222.2%	320.8%	203.0%

① 前述の流動比率以下固定長期適合率までの諸指標は，貸借対照表の借方（資産）と貸方（負債・資本）を対比して支払能力の観点や資金の運用・調達の観点からその企業の安全性を判定しようとするものである。ところが，この負債比率は次項の自己資本比率とともに，貸借対照表の貸方（負債・資本）だけ対象にしている。すなわち，資金の調達状況からその企業の安定性の良否を判定しようとするものである。

② この指標水準が高いことは，自己資本に対しそれだけ負債が多いことを示すものであるから，債務の支払に追われたり支払利息の負担が過大になる可能性をもっており，総体として資本蓄積力の弱い企業と考えざるをえない。

③ なお，負債比率をさらに流動負債比率と固定負債比率に分解して検討することがある。すなわち，

$$\frac{負債}{自己資本}=\frac{流動負債}{自己資本}+\frac{固定負債}{自己資本}$$

である（単位％）。

④ 流動負債比率は主として営業循環過程で発生する負債（循環外でも短期負債は当然含まれているが）に焦点をあてたものであるが，概して水準は低い。卸売業などでは35～50％が一つの目安と考えられている。

固定負債比率は長期負債に対する自己資本からの担保される割合を測定するとみてよい。この比率が高水準である場合は，長期負債支払の安定度が低く，かつ支払利息過負担につながるものと考えてよいであろう。

⑤ 自己資本に関する留意点はp.306を参照のこと。

① 『中小企業実態基本調査』からの転記である。

② 負債比率は低ければ低いほど安全性が高いことになるが，その目安は自己資本比率の水準とからめて考える必要がある。それは，貸借対照表の構成からみると当然のことである。

たとえば，自己資本比率の理想的な水準目安を50％とすると

負債 50	負債比率＝$\frac{50}{50}\times 100$
自己資本 50	

から負債比率の水準目安は100％となる。

現実に最も多いと考えられる自己資本比率20％台で負債比率をみると

負債 80	$\frac{80}{20}\times 100=400\%$
自己資本 20	

の水準となる。

③ 以上から，現実的な目安としては200％前後（自己資本の2倍の負債）ではなかろうか。

指標名 算式とその意味	計算上の留意点
自己資本比率 $$\frac{自己資本(純資産)}{総資本} \times 100$$ ① 企業活動に投下される総資本のうち自己資本の占める割合を測定するもの。 ② 企業の資金調達面の構成割合から企業の安全性を測定する指標としては負債比率と自己資本比率があるが，自己資本比率がより基本的な指標と考えられている。 ③ 自己資本比率は企業の好況時にはあまり問題にされない指標であるが，不況時にはその指標水準が示す財務体質が大きくものをいうことになる。したがって，好・不況にかかわりなく企業経営の基本指標として認識すべきである。	① 算式分子の自己資本とは貸借対照表における純資産の部（会社法）の別称（財務分析上）であり，その内容は株主資本（資本金，資本剰余金，利益剰余金，自己株式など），評価・換算差額等および新株予約権から成っている（p.134以下参照のこと）。 ② 分母の総資本は貸借対照表の借方（総資産）または貸方（負債，純資産の合計）の総額である。 ③ この総資本に貸借対照表脚注または個別注記表（p.225）の割引手形，裏書譲渡手形を含めるか否かについては2説があるが，実務上では加算しない場合が多い。ただし，同業他社比較などを行う場合には，比較指標の算式と同じくするのは当然のことである。 ④ 算出した数値は同業他社との比較および時系列比較をする。同業他社比較は水準の優劣判定に資するが，時系列比較はその動き（傾向）を把握するのに役立つ。 ⑤ とくに，自己資本は，順調に増加していくことが望ましい。そのためのベースは，期中獲得利益の内部留保率 $\left(\dfrac{当期純利益-役員賞与・配当金}{当期純利益}\right)$ を高めることにある（この算式は役員賞与を利益処分の対象と考えてのことであるが，将来的には費用処理に一本化される）。そして，多額の設備投資などが発生したときの増資実行である。これらが実効的，機動的に行われていれば，結果として自己資本比率の著しい低下はありえないと考えてよい。 ⑥ 会計法上では，評価・換算差額等などの変動項目（評価が決算期末と分析時点とで違ってくる可能性がある）の明示や，資本金や剰余金の変動，分配手続の容易化などが加わったので，自己資本の長期安定性は金額的にも薄れたと考えておく必要がある（ただし，中小企業の場合は，大きく影響を受けることはないと思われるが）。 ⑦ 一般に資産のなかに占める固定資産の割合が大きい企業は比率水準が低くでる傾向がある。これは固定資産投資の際に増資などの自己資本増加が十分でなかったことからくるものである。したがって，この比率を算出したときには並行して資産構成における固定資産割合もみる必要がある。

分析（判断）上の留意点	水準の目安			
	製造業	卸売業	小売業	建設業
① この指標水準が低い状態は，一般的に負債に対する金利負担が大きいので，収益力が圧迫されていることになる。すなわち，この金利負担は業況の好・不況にかかわらず増減変化をしないので，不況時において営業利益が減少する場合，経常利益は大幅に落ち込み，逆に好況時において営業利益が増加しても，金利負担はさほど増加しないので，経常利益は大幅に上昇する。このように経常利益ベースでその企業の収益性をみると好・不況による増減変化幅が大きく，すこぶる不安定な収益状態ということになる。 ② 自己資本比率の水準判定には自己資本の内容を検討することも欠かしてはならない。とくに株主資本を大別すると資本金と剰余金（資本剰余金と利益剰余金を意味している）およびその他になるが，資本金はそれに対して配当を支払わなければならないが，剰余金にはその必要はない。このことからすると，企業にとっては資本金よりも剰余金のほうが好ましい資本ということになる。したがって，配当（コスト）の面を加味して考えると，同じく自己資本といっても剰余金のウエイトの高い自己資本のほうが優位と考えざるをえない。 　もっとも，同族経営的な中小企業にあっては，配当に関しては経営者の意思一つに左右される状態であるから，上記のような剰余金のメリットは少ないと思われる。 ③ 自己資本に関する留意点はp.306を参照のこと。	37.7%	31.0%	23.8%	33.0%

① 『中小企業実態基本調査』からの転記である。
② 「継続的に営まれる企業活動において，一定量の資本を恒久的，継続的に運用する場合，そこに投下される資本は原則的には返済する必要のない安定的な自己資本によるべきであって，負債によるのはあくまで一時的，臨時的と考えるべきである」という主張からすると，この指標は，より高水準が求められることになる。
③ 理論的には，投下資本の半分すなわち50%以上が目安と考えられる。
④ しかし，わが国企業の歴史的な経緯，借入依存体質からみると，50%以上を期待するのはあまり現実的ではない。とはいうものの，財務体質のあり方からすると35%前後が一応の目安となろう。
⑤ 企業規模別にみた場合，一般にこの指標は，大企業より中小企業のほうが水準が高い。ただし，このことは逆に中小企業の対外信用力，資金調達力の低さからくる結果ともいえる。

3　生産性の指標

指標名／算式とその意味	計算上の留意点
付加価値率 $\dfrac{\text{付加価値}}{\text{売上高}} \times 100$ ① 営業活動の成果である売上高のなかに，どの程度の付加価値が含まれているかを測定することによって，その企業の生産効率を判定しようとするもの。 ② 付加価値とは，その企業が新たに生み出した価値で，利益よりも大きく，また売上収益よりも範囲の狭い概念である。 ③ 企業活動では外部から財や用役を購入（これを前給付原価という）して生産・加工し，または転売して収益を実現することになる。この収益と前給付原価の差額を付加価値といっている。	① 算式分子の付加価値の算出には種々の方式があるが，実務上では日銀方式（日本銀行の『主要企業経営分析』）と中小企業庁方式（従来の『中小企業の原価指標』）が多く利用されている。 （日銀方式） 付加価値額＝経常利益＋人件費＋金融費用＋賃借料＋租税公課＋減価償却費 （中小企業庁方式） 加工高＝生産高－（直接材料費＋買入部品費＋外注工賃＋間接材料費） （注）　生産高＝純売上高－当期製品仕入原価 ② 日銀方式は大企業対象であるが，理解しやすいので一般に多用されている。なお，この計算式のうち ・人件費には福利厚生費，退職金，退職給付（与）引当金および賞与引当金の繰入額などを含めている ・租税公課は事業税を含むが法人税等は含めない（ただし，企業会計基準の変更により，事業税は発生主義に基づいて損益計算書上では「法人税等」に含まれることになった。したがって，外部分析の立場からはこの分別はできないので販売費・一般管理費の「租税公課」の額を利用する） ことになっている。 （注）　日本銀行の『主要企業経営分析』は，現在作成されていないが，その考え方は利用できる。

分析(判断)上の留意点	水準の目安			
	製造業	卸売業	小売業	建設業
① 付加価値に対する概念はほぼ統一されているといってもよいが、実際に付加価値額を算出する段階ではさまざまな計算式が提示されており、その範囲が確定しているとはいいがたい状況である。　したがって、他の統計と比較する場合は、その統計では付加価値額をどのように算出しているかを確かめる必要がある。また一企業での時系列比較をする場合でも、当然のことながら計算式は統一しなければならない。 ② 付加価値率は、その企業の加工度合(生産効率)を測定するものであるから、この指標水準は自社で発生させた価値の程度を示していることになる。 ③ 付加価値率は、加工度の高いかつ利幅の高い商・製品の取扱いおよび、ハイレベルの加工技術、特許、意匠など他社よりすぐれた条件を保有している場合ほど水準は高くなる。 ④ 付加価値の構成要素である減価償却費は、外部から購入した固定資産を何年かにわたって費用化していくものであるから、前給付価値の一部であり、付加価値ではないとする説もあるが、一般にはこれを付加価値に含めることにしている(区分する意味でこの場合を粗付加価値、含めない場合を純付加価値といっている)。	29.1%	11.2%	21.2%	20.2%
	① 『中小企業実態基本調査』では付加価値額(下記④)を掲出しているので、それからの算出である。 ② 付加価値率の水準は業種・業態によってさまざまであり、また同業種、同業態であっても比較的格差が大きい。この指標水準は、その企業の商品力、加工・技術力、販売力など企業が保有する総合力を表象しているからである。 ③ 付加価値の考え方を販売業にあてはめた場合、売上総利益に類似する。したがって、販売業においては、いささか大ざっぱではあるが、売上高総利益率を上限目安とするのも一つの方法であろう。 ④ 付加価値額の内訳　　売上原価のうちの労務費と償却費、販管費のうちの人件費、家賃地代償却費、教育費、租税公課および支払利息・割引料、経常利益				

指標名 算式とその意味	計算上の留意点
労働生産性 （従業員1人当りの付加価値額） $$\frac{付加価値}{従業員数}$$ ① 付加価値額を従業員数で除して「従業員1人当り付加価値額」を求め，これによって労働効率を測定するもの。 ② 労働生産性は本来，生産のために投入した労働量1単位（労働者1人，労働時間1時間など）当りの製品生産量または付加価値額をいい， $$労働生産性=\frac{産出量}{投入労働量}$$ の算式で表わされる。 ③ 企業活動には労働力と資本力が投入されるのであるから，本来，労働生産性は生産性の部分指標なのであるが，その展開式からもわかるように総合的な性格も強いので，現在では生産性といえば労働生産性を指すようになっている。	① 算式分子の付加価値額の計算方法には，加算方式，控除方式とさまざまな方式が示されているが，実務上多用されているのは日銀方式（加算方式）と中小企業庁方式（控除方式）のいずれかであり，販売業では前者，製造業では後者が便利である。 ② 付加価値の計算において，期間中の製品，仕掛品の在庫高に大幅な増減があると，付加価値の計算にひずみが生ずる場合がある。製造業の場合は付加価値を生産の段階で把握するので，売上高を生産高に換算する必要がある。このとき，生産したものがすぐに売れれば生産高は売上高に等しいので売上高を生産高に換算する必要はないが，現実には両者間にはズレがあり，それが在庫の増減となって現われてくるのである。したがって，厳密にはこの在庫の増減に応じて修正する必要が生じるのであるが，一般の統計ではこの調整計算は行っていない。 ③ 算式分母の従業員数は，期末現在の人数をとる場合が多いが，厳密には期中の平均人数をとるべきである。分子の付加価値額が期中累計額であるから，これに対応させる意味もあるが，「従業員1人当り」を正確に算出するためには少なくとも期首，期末の平均を算出するぐらいの配慮が必要である。 ④ パート・タイム労働者がいる場合は総時間数をフルタイムに置き直して実質人数を算出すべきとの説もあるが，外部分析の立場では困難な要求といわざるをえない。

分析（判断）上の留意点	水準の目安			
	製造業	卸売業	小売業	建設業
	5,752千円	6,185千円	3,446千円	4,991千円

<table>
<tr><td>

① 付加価値を生み出す源泉は，企業が保有する資本力と従業員の労働力である。これらが，どのように能率よく活動して付加価値を生み出したかを測定することが，付加価値額自体の評価以上に重要である。前出の付加価値率は結果の測定であり，労働生産性は結果を生み出す過程の状況測定であるといえる。

② 労働生産性は労働能率の良否を表わす指標として利用されているが，資本の生み出した付加価値分を含めているので，真の意味での労働能率とはいいがたい。したがって，分析，判断するうえでは前提条件つきであることを認識しておく必要がある。

③ 労働生産性良否の原因を把握するために，この指標を次のように分解する。
・まず算式の分子，分母に売上高を関係させる。

$$\frac{付加価値}{従業員数}=\frac{付加価値}{売上高}\times\frac{売上高}{従業員数}$$

（労働生産性）＝（付加価値率）×（従業員１人当り売上高）

・次いで「従業員１人当り売上高」に総資本を関係させる。

$$\frac{付加価値}{従業員数}=\frac{付加価値}{売上高}\times\frac{総資本}{従業員数}\times\frac{売上高}{総資本}$$

（労働生産性）＝（付加価値率）×（資本集約度）×（総資本回転率）

・上式の総資本を有形固定資産に置き換えると

$$\frac{付加価値}{従業員数}=\frac{付加価値}{売上高}\times\frac{有形固定資産}{従業員数}\times\frac{売上高}{有形固定資産}$$

（労働生産性）＝（付加価値率）×（労働装備率）×（有形固定資産回転率）

</td><td>

① 『中小企業実態基本調査』からの転記である。

② 労働生産性の水準は業種によって相当の差がある。すなわち，資本集約的な業種では高く，反対に労働集約的な業種では低いのが一般的な傾向である。

③ この指標水準を企業規模の面からみると，概して大企業は資本集約型でこの水準は高いが，中小企業は労働集約型の企業が多く水準は比較的低いのが一般的である。

④ 『中小企業実態基本調査』から製造業の業種別「従業員１人当り付加価値」をあげてみると，次のとおりである。

　　　　　　　　　　千円
・電気機械・器具製造業平均　5,519
・家具・装備品製造業平均　　4,597
・非鉄金属製造業平均　　　　6,561
・金属製品製造業平均　　　　6,122
・機械器具製造業平均　　　　6,776
・その他の製造業平均　　　　6,678

</td></tr>
</table>

第7章　経営諸指標を使った分析

指標名 算式とその意味	計算上の留意点
労働分配率 $\dfrac{人件費}{付加価値} \times 100$ ① 付加価値の分配対象である労働に対してどの程度の分配を行っているかを測定し、それによって分配の適正度合いを把握しようとするもの。 ② 数多くある分配のなかで、この労働分配率が取り上げられる理由は、その分配割合が最も高水準であることや、人件費自体は年々増加する傾向にあるためと考えられる。 ③ 労働分配率は単に分配結果判定のために利用されるのでなく、労働生産性とともに春闘などの賃上額策定のためにも利用されている。	① 算式分子の人件費は賃金・給料およびそれに付帯する福利厚生費、退職金、賞与など従業員にかかわる費用をいう。なお、この費用は一般には販売費・一般管理費のなかに計上されているが、製造業の場合は現業部門の人件費、労務費関係が製造原価報告書にも計上されているので、これも加算しなければならない。 ② 算式分母の付加価値を計算するについてはいろいろな計算方式があるが、実務上では日銀方式と中小企業庁方式のいずれかを利用する場合が多い。 ③ 算出された労働分配率の水準は同業他社比較をすることになるが、実際問題として付加価値生産性に関する統計資料は少ない。それだからというわけではないが、時系列比較を重視することが、実態把握のためには、むしろ有用であるといえる。

分析（判断）上の留意点	水準の目安			
	製造業	卸売業	小売業	建設業

① 企業活動によって稼得された付加価値は、その活動に寄与した割合に応じて労働、資本、その他に公正に分配される必要がある。その分配状況を示すと次のようになろう。

```
──────── 付加価値額 ────────
│ 人件費 │ 金利等 │ 税金等 │ 内部留 │ 社外流失 │
│        │        │        │ 保償却 │          │
(労働分配率)(金融分配率)(公共分配率)(企業分配率)(経営・株主分配率)
└労働分配率┘└────── 資本分配率 ──────┘
```

② とくに、人件費はベース・アップや定期昇給などで年々上昇し、これが収益の低下を招きかねない状況である。だからといって、人件費を低く抑えると人手、人材を集めることもできず、経営挫折にまで至りかねない。このような意味から労働分配率が適正であるかどうかを把握することは重要なポイントである。

③ 労働分配率の水準は、その高・低を問題視する前に、時系列的にどう動いているかを重視すべきであろう。悪化傾向を示している場合は直ちに改善策を立案すべきである。といって賃金・給料を引き下げるのは現実に不可能であるから、労働生産性を向上させる手だてしかない。この間の関係式を示すと、次のとおりである。

$$\frac{人件費}{従業員} = \frac{人件費}{付加価値} \times \frac{付加価値}{従業員数}$$

（従業員1人当り平均賃金）＝（労働分配率）×（労働生産性）

④ したがって、労働分配率はできるだけ低く、資本分配率はできるだけ高くということが必要であるが、同時に従業員の給与水準がどの程度かにも留意する必要がある。

水準の目安：製造業 71.8%、卸売業 67.4%、小売業 72.3%、建設業 79.4%

（注）分子には人件費のほか労務費を含めている。

① 『中小企業実態基本調査』の分析数値から転記したものである。
② 労働分配率の水準も、労働生産性と同様に業種別にかなりの差がある。一般に、この指標水準は資本集約的な業種では低く、労働集約的な業種では高い。これは分配の源となる付加価値の大きさに影響されることになるからである。
③ この指標水準は分配を受ける従業員にとっては高いことが望ましいといえようが、その表裏の関係である資本分配率が圧縮されることになるので、経営側としては労働分配率は低いほどよいということになる。
④ 水準の目安としては従来から40%（A. W. ラッカーの製造工業統計分析では 39.395 ± 1.66 という結論をだしている）前後があげられているが、業種、業態によって違いが大きい指標なので、共通の水準を求めるには無理がある。

指標名 算式とその意味	計算上の留意点
従業員1人当り平均人件費 $\dfrac{人件費}{従業員数}$ ① 企業の負担する人件費総額（年間または月間）を平均従業員数と対比させ，その金額から企業の人件費負担の状況を検討するものである。 ② この指標は，賃上率などを策定する場合，労働分配率，労働生産性の指標とともに利用されることが多い。それは，「基本的に賃上げは労働生産性の上昇範囲内で行ない，労働分配率は高めない」という姿勢を展開するための論拠として利用されるからである。	① 算式分子の人件費とは，従業員に対しその労働の対価として支払われるものをいい，賃金，給料，賞与，福利厚生費，退職金などを含んでいる。なお，販売業では販売費・一般管理費に計上されているが，製造業ではこのほか製造原価報告書にも計上されているので両者を合算する必要がある。 ② 算式分母の従業員は，原則として賃金支払期間中の平均従業員数をとる。したがって，パート・タイム労働者などが多い場合は，累計総時間数をフルタイム総時間数で除すなどして，実質的な人数を算出する必要がある。 ③ ただし，外部分析の立場からはここまで正確な情報入手は困難なので，便宜的に期首と期末の在籍従業員数の平均値をとるようにしているが，状況によっては期末従業員数をとらざるをえないこともある。 ④ 算出数値を年額とするか月額とするかは，分析目的によって選択すればよい。一般的には年額よりも月額のほうが直接的であり，訴求力は強いと考えられる。

分析（判断）上の留意点	水準の目安			
	製造業	卸売業	小売業	建設業
	344.3千円	347.5千円	207.7千円	330.0千円

（注）　月額賃金である。

① 　従業員数の増加がなくても，人件費はベース・アップや定期昇給などで年々増加する傾向にある。また，販売業などでは，経験則からすると販売費・一般管理費の50％は人件費で占めるともいわれており，人件費の増加が企業収益圧迫要因の一つであることは否定できない。

② 　反面，わが国の労働慣行としては「世間相場」的な発想があり，企業の収益状況とは別個の要因で賃金水準が決まるということがある。

③ 　この指標数値を他社数値と比較する場合は，それがどのような算式で計算されたものであるかを確かめる必要がある。人件費の範囲や従業員数の算出方法などが違うと，算出数値に大きな差がでることがある。

④ 　この指標数値に差（他社比）がある場合は，
　・現業部門の従業員数に比較して管理部門の従業員数が多くないか（一般に直接部門の合理化，効率化のピッチに比して，間接部門のそれは著しく遅れている）
　・従業員の年齢構成が高年齢者に偏ってきていないか（わが国企業の賃金体系は少しずつ業績連動の要素が導入されているが，まだまだ年功序列的な色彩が残っているので，従業員の平均年齢の高い企業の人件費負担は大きい）
などを検討してみる必要がある。

⑤ 　ただし，この指標数値が高いのは好ましくないと速断することは避けなければならない。企業経営上の観点からすると，これが労働生産性の上昇で十分カバーされていれば問題はないからである。

① 　上掲金額は人件費労務費合計額と期末従業員数から便宜的に算出したものである。

② 　この指標数値（水準）の良否は，経営側，労働側によって，それぞれの価値判断が異なってくる。労働側では高いことが望ましいことであり経営側では低いことがよいのであるが，それによって労働生産性が低下するようでは経営破綻の因となるであろう。といって，高い水準は収益性を損なうことになり，結果として経営破綻につながりかねないというジレンマがある。

③ 　したがって，基本的には前項「労働分配率」で示した3者の関係式すなわち

　（従業員1人当り人件費）＝（労働分配率）×（労働生産性）

のバランスのうえで判定されるべきこととなる。

（注）　上式の1人当り人件費は年額である。

第7章　経営諸指標を使った分析

指標名 算式とその意味	計算上の留意点
販売効率 （従業員1人当り売上高） $\dfrac{売上高}{従業員数}$ （売場3.3㎡当り売上高） $\dfrac{売上高}{売場面積} \times 3.3$ ① 販売効率は企業の販売活動において投下された人的・物的要素がどのように活用され，それが売上高の獲得および増加に貢献したかという効率度をいい，生産活動における生産性測定と同様の目的で利用される。 ② 従業員1人当り売上高は人的効率の度合いを測定するもので，卸売業，小売業や飲食店などで多用されている。 ③ 売場3.3㎡当り売上高は坪効率，売場効率ともいわれ，物的効率の度合いを測定するものである。	① 売上高はいずれも純売上高をとるが，従業員のなかに専従役員（小規模小売店では店主）を加える。分析目的によっては，従業員のかわりに販売員をとることもある。なお，パート・タイム労働者が多い場合には，時間換算などでその人数分を従業員数に加える必要がある。また，従業員数の増減変化が少ない場合は期末現在人員をとってもよい。 ② 売場面積は，販売ならびに営業向けに機能している面積部分をいい，「販売店総面積×有効面積割合」で概略把握してもよい（時系列比較をする場合は，概略把握でもよいが，他社比較の場合はできるだけ正確な計測が望まれる）。

分析（判断）上の留意点	水準の目安			
	製造業	卸売業	小売業	建設業
① 従業員1人当り売上高を分解すると $$\frac{売上高}{従業員数}=\frac{有形固定資産}{従業員数}\times\frac{売上高}{有形固定資産}$$ すなわち，労働装備率（次頁）と有形固定資産回転率になる。これは，従業員1人当りの売上高を高めるためには積極的な有形固定資産投資（たとえば売場面積の拡張，新鋭設備の導入，営業拠点の増設など）を行い，その利用度を高めることが必要であることを意味している。 ② 上記展開式の売上高を生産高に，また有形固定資産を設備資産に置き換えると製造業における生産効率の原因分析にも利用できる。 ③ 売場3.3㎡当り売上高は，店舗を主体とした販売業，サービス業での販売効率測定のための指標である。この結果によって売場面積の良否を判定し，設備の効率を検討することになる。したがって，スーパー，デパート，一般小売店のほか，飲食店，ホテルなどサービス業での販売効率測定に有効な指標である。この水準が低いことは，有効利用の観点から売場（稼働）部分に問題があり，商品企画や販売方法を再検討することによって売場効率を高める方策を樹立する必要がある。逆にこの水準が高すぎる場合は，売場面積を拡張する必要性を示唆しているとみてよい。 なお，特殊な販売効率指標としては ・客室1室（または面積単位）当り売上高（ホテル業） ・総走行キロ数に対する賃走キロ数割合（タクシー業） ・燃料消費量1ℓ（または燃料費1単位）当り運賃収入（運送業） などがある。	19,736千円	55,329千円	16,267千円	24,668千円
	① 上掲金額は「従業員1人当り年間売上高」を表わしている。金額は『中小企業実態基本調査』の分析数値からとっている。 ② これらの指標水準は業種によって異なり，また業種が同じでも営業形態，企業規模によって相当の違いがある。さらに「売場3.3㎡当り売上高」の水準は，店の立地条件や店歴などの影響が強くでるので，単純な同業他社比較は無意味な場合が多い。 ③ したがって，その企業の時系列比較を中心にして，同業他社比較は参考程度にすべきである。 ④ このように非財務的な要因（たとえば，立地条件など）の影響が大きいので，たとえば立地条件，人口動態などを総合判定して，これを優位，普通，劣位に区分し，「1人当り年間売上高」の数値に1.2，1.0，0.8の係数を乗じて修正するという考え方もある。			

指標名 算式とその意味	計算上の留意点
労働装備率 　有形固定資産 　従業員数 ① 実際の生産，営業活動に参加している有形固定資産が従業員1人当りに対してどのくらいになっているかを測定するものである。 ② 算式の有形固定資産のかわりに機械設備あるいは設備資産（表現は異なるが意味合いは同じと考えてよい）をとって労働装備率という場合もある。 ③ ただし，有形固定資産に代えて，もっと範囲の広い総資本（産）をとった場合は，資本集約度といい，広い概念で使用している。 ④ 労働装備率は付加価値生産性分析の補助的な指標として利用されることが多い。内部分析の立場では算式の範囲を絞って単独で使用することがある。	① 算式分子の有形固定資産は貸借対照表計上額をとるが，そのうち生産，営業活動にいまだ寄与していない資産，たとえば建設仮勘定，遊休資産などがある場合は，これを控除すべきである。 ② また，有形固定資産のうちに減価償却不足が生じている場合は，その不足相当額を帳簿価額から差し引くことになる。なお，減価償却累計額を立てている場合（間接法の経理）は，貸借対照表の金額との差額をとる。 ③ さらに賃貸中の有形固定資産がある場合はこれを控除し，土地などのように取得価格と時価とに相当の隔たりがある場合には，適正な時価に修正することが必要である。 ④ 以上の配慮は，生産の機械化の進捗度合いを正確に測定するためであるが，外部分析の立場からは入手困難な情報もあるので，基本的な姿勢として認識しておく必要がある。 ⑤ 算式の分子，分母とも期中の平均値をとることが望ましいが，実務上では期末残高を利用することが多い。財務分析上では関連指標とともに利用されることが多く，それらと算式を揃える意味合いが強いためである。

分析(判断)上の留意点	水準の目安			
	製造業	卸売業	小売業	建設業
① 一般に労働装備率が大きいことは，償却不足がないとすれば，それだけ生産，営業活動にかかわる機械化が進んでいると考えてよい。ただし，ここでは有形固定資産をとっているので，そのすべてが生産，営業活動に直接寄与しているという前提である。しかし，現実には管理部門，運搬部門の有形固定資産も混在しているので，純粋な意味での生産の機械化の進捗度合いとはいえない面がある。	2,038千円 (5,776千円)	807千円 6,222千円	362千円 3,047千円	1,191千円 (4,477千円)

① 『中小企業実態基本調査』では製造業，建設業とも「従業員1人当り機械装備額」を掲出しているので，上段に計上した。なお，下段は別途，加工して算出した「従業員1人当り有形固定資産額」である。

② 投入された資産(労働装備率)がいくら多額にわたっても，これが有効活用(有形固定資産回転率または設備投資効率)されなければまったく意味をなさなくなるのは当然といえる。したがって労働装備率は，その回転率ないしは投資効率と合体して判断する必要がある。この関係式を示すと

- $\dfrac{付加価値}{従業員数} = \dfrac{設備資産}{従業員数} \times \dfrac{付加価値}{設備資産}$

（労働生産性）＝（労働装備率）×（設備投資効率）

なお，有形固定資産で算式化した展開は，（付加価値率）×（労働装備率）×（有形固定資産回転率）である。この場合は，投下資本量とその効率活用および付加価値率の3者関係となる。

② この指標水準は業種，業態，営業形態，企業規模などによりさまざまである。基本的には高いほうが好ましいのであるが，それが効率的に稼働しない限り，投資効果がでないことになる。その状態が続けば，逆に過大投資化し，収益圧迫要因となることも考えられる。

③ 業績不振で償却不足が多額に発生している場合でも，この指標は高水準を維持するので，質的な検討もおろそかにしてはならない。

③ したがって，この指標水準は関係諸指標の水準とからめて判断する必要がある。と同時に，同業他社水準程度のレベルを保持していないと競争力を失うことにもなりかねない点も留意しておくべきである。

第 8 章

損益分岐点・
運転資金を使った分析

1 損益分岐点分析

(1) 損益分岐点の意味

損益分岐点には狭義と広義の二つの意味がある。

a 狭義の損益分岐点

企業経営では通常,売上が伸びれば増益になり,逆に減少すれば減益になり,減少がそのまま続けばやがて欠損になってしまう。そうであれば,ちょうど損益ゼロという売上高,いわゆるペイ・ラインというものがあるはずである。商店主などから,よく「うちは,月にいくらいくら以上の売上がないとやっていけない(採算がとれない)」という言葉を聞くが,彼らは経験から自店の採算点をつかんでいるのであろう。この採算点とは「売上=費用」の状態をいっているのであるが,実は,狭義の損益分岐点はこの採算点を意味しているのである。

すなわち,狭義での損益分岐点とは費用がちょうど回収できる売上高,いいかえれば,利益も損失も生じない売上高を意味しているのである。

たとえば,ある企業で売上高と費用が次のような状態で推移するとした場合,売上高1,200万円によって費用全額が回収(利益も損失も生じない)されているのであるから,このときの売上高1,200万円を損益分岐点といっている。

売上高	費用	利益または損失	
1,000万円	1,080万円	損失	80万円
1,200万円	1,200万円	0	
1,400万円	1,320万円	利益	80万円

b 広義の損益分岐点

広義での損益分岐点は,売上高,費用,利益3者間の関係を意味している。

ある一定の売上高のときには利益はどのくらいになるのか，あるいは，ある一定額の利益をあげるためには，どのくらいの売上高が必要なのかといった関係である。もちろん，この場合，売上高と利益の間に費用が介在しているから，この費用がどのような構造をもっているのか（費用がすべて売上高の増減に比例して増減するのであれば問題はない）によって，利益の生じ方が違ってくる。

損益分岐点を利用して企業の費用構造を検討したり，収益構造をつかんだり，さらには利益計画を策定したりするのは，広義の損益分岐点がもっている売上高，費用，利益の関係を利用していると考えてよい。

(2) 損益分岐点を求める方法

広義の損益分岐点の項でみたように，売上高の増減に比例して利益が増減することは，一般にはまずありえない。したがって，数期間にわたって売上高の増減変化があった場合，それに応じて各期の売上高利益率の数値は脈絡なく変動する。

このような現象が生ずるのは，費用のなかに固定費というものが存在するからである。固定費とは，売上高の増減に関係なく必ず一定額を必要とする費用で，たとえば人件費（厳密には,基本給・手当部分であるが）や減価償却費，家賃・地代などの賃借料などがこれにあたる。これに対するものが変動費といわれる費用で，売上高の増減に比例して増減する性格をもち，材料費や商品仕入原価などがこれにあたる。

a 公式による方法

損益分岐点は，費用を上述のような固定費と変動費に分解し，次の公式によって求められる。

$$損益分岐点 = 固定費 \div \left(1 - \frac{変動費}{売上高} \right)$$

上記の固定費，変動費，売上高の数値は，過年度分の損益計算書から求めら

れるものであるから,本来は過去の財務体質にすぎないのであるが,その財務体質が変わらないとして,あるいは費用構造がどのように変わったら損益分岐点はどう変わるかなど,将来の計画・目標を策定する場合の出発点と位置づけることができる。

なお,$\dfrac{変動費}{売上高}$ は変動費率といわれているので

　　損益分岐点＝固定費÷（1－変動費率）

　また,（1－変動費率）は限界利益率といわれているので

　　損益分岐点＝固定費÷（限界利益率）

となる。

　たとえば,ある企業の売上高が1億円,固定費が4,000万円,変動費が5,000万円であったとすると,損益分岐点の売上高は8,000万円となる。

$$4,000万円÷\left(1-\dfrac{5,000万円}{1億円}\right)=8,000万円$$

この場合の変動費率は0.5,限界利益率も0.5である。

b　作図による方法

　損益分岐点は,損益分岐点図表とか利益図表といわれる図表を作成することによっても,把握することができる。上例企業の損益分岐点図表を作成してみると次のようになる。

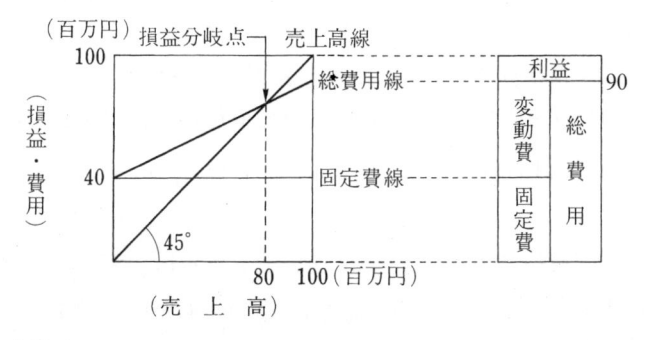

作図の方法は

① 正方形の横軸を売上高,縦軸を損益・費用とする。

第8章　損益分岐点・運転資金を使った分析　331

②　正方形の左下スミと右上スミを結ぶ対角線を引く。

　　これを売上高線といい，この線は「売上高＝費用」の条件を満たしているので，損益分岐点はこの線上にある。

③　縦目盛により実測した固定費(上例では4,000万円)の数値をとり，横軸に対する平行線を引く。

　　これを固定費線という。横軸と平行であるのは，売上高の増減にかかわりがないことを表わしている。

④　縦目盛により実測した総費用(固定費と変動費の合計額。上例では9,000万円)の数値をとり，これを右の縦軸に平行移動してプロットする。

　　変動費率を利用する場合は，固定費線と左縦軸との交点を起点とし，「45度×変動費率(上例では45°×0.5＝22.5°)」の角度の直線を引く。または，固定費線を基線として「売上高：変動費の割合(上例では1：0.5。すなわち横軸1に対し縦軸0.5の割合)でプロットし，線引きの角度を決める。この直線を総費用線という。

⑤　売上高線と総費用線の交点を，横軸目盛で読む。

　　上例でこの数値は8,000万円であり，これが損益分岐点（損益分岐点売上高ともいう）である。

　この損益分岐点図表によって，損益分岐点以上の売上高であれば利益が発生し，損益分岐点以下の売上高にとどまると損失となることがわかる。また，費用構造の変化すなわち固定費の増減(図上の固定費線が上下に変動する)，変動費率の変化(結果として，総費用線の角度が上下に振れる)の組合せによって，損益分岐点の位置が売上高線上を上方または下方に移動することが確認できるであろう。

　なお，縦軸(損益・費用)を y，横軸(売上高)を x とし，実算による固定費額を f，変動費額を v，そして実算時の売上高を s とした場合，図上の

　　　売上高線は　　$y = x$

総費用線は $y = \dfrac{v}{s} x + f$

に置き換えることができる。

損益分岐点は，両直線の交点(同一数値)を求めることとなるので，これを展開して

$$x = \dfrac{v}{s} x + f$$
$$x - \dfrac{v}{s} x = f$$
$$x \left(1 - \dfrac{v}{s}\right) = f$$
$$x = \dfrac{f}{\left(1 - \dfrac{v}{s}\right)}$$

に帰着する。この算式は，先に紹介した公式そのものである。

(3) 固定費と変動費の分解

損益分岐点を算出するためには，その前提条件として，固定費と変動費(または変動費率)を把握する必要がある。この固定費と変動費の額を求めることを費用の分解といっている。

先に示したように，固定費とは売上高の増減に関係なく常に一定額を必要とする費用であり，変動費とは売上高の増減に比例して増減する費用である。この認識では統一されているものの，実際上費用を分解するには，いろいろむずかしい問題がでてくる。

それは，企業が支出する費用のなかには，固定費，変動費のいずれかに明確に区分できない費用がかなりあるからである。たとえば，給料，手当などの人件費は固定費的な要素が大部分ではあるが，時間外勤務手当のように売上高や営業量の増減に連動する要素ももっている。また，交際費や通信・交通費などは変動費として認識されているが，そのすべての額が売上高などにスライドしているとはいいきれない。これらを準変動費，準固定費と称してはいるが，実

際問題として，固定費，準固定費，変動費，準変動費を正確に測定することも不可能に近い。

したがって，実務上ではこの費用の分解は，なんらかの前提条件を設けて行なわれることが多い。

一般に費用分解の方法として，総費用法，個別費用法，スキャターグラフ法，最小自乗法などがあるが，いずれも決定的なものではない。

このなかで，実務上比較的多用されているのは個別費用法であるが，本稿では総費用法と個別費用法を紹介しておくことにする。

a 総費用法

これは，2期の売上高と総費用の増減額を把握して，売上高の増加分と総費用の増加分を対比し，その割合を変動費率と認識するものである。変動費は売上高の増減に比例して変動するものであるから，総費用の増加は変動費で増えているはずだと考えているのである。そして，把握した変動費率を使って現在の変動費額を計算すれば，これと総費用との差額が固定費になるはずである。

たとえば，下記状況の企業の費用分解を試みてみよう。

	前期	今期	増減額
売上高	1,000万円	1,200万円	200万円
総費用	970	1,090	120
利　益	30	110	80

前期と比較して，今期に売上高は200万円増加しているのに対して，総費用は120万円増加しているから，もし固定費に変動がないと仮定すると，変動費率は次のように計算される。

　　変動費率＝120÷200＝0.6

ところで，当期の売上高は1200万円であるから，この変動費率を利用して，当期の変動費額と固定費額を算出すると

　　変動費＝売上高1,200×変動費率0.6＝720万円

固定費＝総費用1,090－変動費720＝370万円
となる。
　総費用法による費用分解はきわめて簡単な方法であるが，反面，次のような条件が前提になっている。
① 商品の販売価格に変化がないこと
　　もし変化しているのであれば，前期の売上高を今期の販売価格で計算し直さなければならない。
② 変動費率に変化がないこと
　　仕入価格が変化しているのであれば，前期の売上原価を今期の仕入価格で計算し直す必要がある。結果として，前期の総費用を修正しなければならない。
③ 固定費に増減がないこと
　　固定費に増減額がある場合は，当期の総費用を固定費の増減額だけ修正しなければならない。
④ そのほか，異常な費用や会計処理方法の変更などがないこと
　したがって，総費用法は卸売業，大規模小売業などにそのまま適用するのはいささか問題が多いといわざるをえない。ただし，小規模・零細商店などで，おおよその損益分岐点（採算点）を求める場合は便利な手法といえる。なお，小規模・零細商店での場合，売上原価率を変動費率と認識して分析する場合も多い。

b　個別費用法

　個別費用法は勘定科目法ともいわれるように，損益計算書上の費用勘定を個々の内容，性格などによって，固定費であるか変動費であるかを判定し，分類する方法である。この方法も厳密にいえば，いろいろな問題を含んでいるが，過去数期間の各費用の増減推移を売上高の推移と対比してみればおおよその傾向をつかむことができるので，外部分析の立場からの損益分岐点分析では多用

される結果になっている。

　なお，個々の勘定科目ごとに分析者が検討し判定するというよりも，実務上では一つの費用分解基準を「下敷き」にして分解することにしている。この基準として利用されている代表的なものとして，日銀方式と中小企業庁方式がある。なお，日本銀行「主要企業経営分析」は廃止され，「中小企業の原価指標」は現在，「中小企業の財務指標」に統合されているが，その考え方は利用できるので，掲出しておく。

① 日本銀行『主要企業経営分析』による費用分解

　　固定費＝労務費＋経費（製造費用）－外注加工費－電力料－ガス・水道料＋（販売費・一般管理費－荷造運搬費）＋営業外費用－営業外収益

　　変動費＝総費用－固定費

　　（注）1. 卸売業の場合の固定費は，「販売費・一般管理費－荷造運搬費＋営業外費用－営業外収益」となる。

　　　　　2. 総費用は「売上原価＋販売費・一般管理費＋営業外費用－営業外収益」で算出される。

　　　　　3. 日銀方式は大企業を分析対象とした手法であるが，簡便なので，広く利用されている。

② 中小企業庁『中小企業の原価指標』による費用分解

　(イ) 製造業の場合

　　固定費——直接労務費，間接労務費，福利厚生費，賄費，減価償却費，賃借料，保険料，修繕料，電気料，ガス料，水道料，旅費・交通費，その他製造経費，通信費，支払運賃，荷造費，消耗品費，広告・宣伝費，交際・接待費，役員給料手当，事務員・販売員給料手当，支払利息・割引料，租税公課，その他販売・管理費

　　変動費——直接材料費，買入部品費，外注工賃，間接材料費，その他直接経費，重油等燃料費，当期製品仕入原価，期首製品たな卸高－期末製品たな卸高，物品税・酒税

　(ロ) 販売業（卸売業・小売業）の場合

　　固定費——販売員給料手当，車両燃料費（卸売業の場合50％），車両修理費

(卸売業の場合50％)，消耗品費，販売員旅費・交通費，通信費，広告・宣伝費，その他販売費，役員(店主)給料手当，事務員給料手当，賄費，福利厚生費，減価償却費，交際・接待費，土地建物賃借料，保険料(卸売業の場合50％)，修繕費，光熱・水道料，支払利息・割引料，租税公課，その他営業費

変動費——売上原価，支払運賃，支払荷造費，荷造材料費，支払保管料，車両燃料費(卸売業の場合のみ50％)，車両修理費(卸売業の場合のみ50％)，保険料(卸売業の場合のみ50％)

(注) 小売業の車両燃料費，車両修理費，保険料はすべて固定費に入る。

中小企業庁方式はより個別具体的であるが，販売費・一般管理費の内訳明細書が入手できないと利用不能という難点がある。

(4) 費用構造の分析

先述したように広義の損益分岐点とは売上，費用，利益の相関関係を意味している。このなかの費用をさらに固定費と変動費(および変動費率)に分解し，両費用の組合せ結果によって利益を造出するための難易度(それは，確保すべき売上高の難易度にも通じる)を測定することができる。

一般に固定費，変動費の組合せ(費用構造)は，次の四つに分類できよう。

Aタイプ　高固定費・低変動費型
Bタイプ　低固定費・高変動費型
Cタイプ　高固定費・高変動費型
Dタイプ　低固定費・低変動費型

これらのタイプを損益分岐点図表で表わすと，次のようになる(P＝損益分岐点)。

Aタイプ	Bタイプ	Cタイプ	Dタイプ
（高固定費・低変動費型）	（低固定費・高変動費型）	（高固定費・高変動費型）	（低固定費・低変動費型）

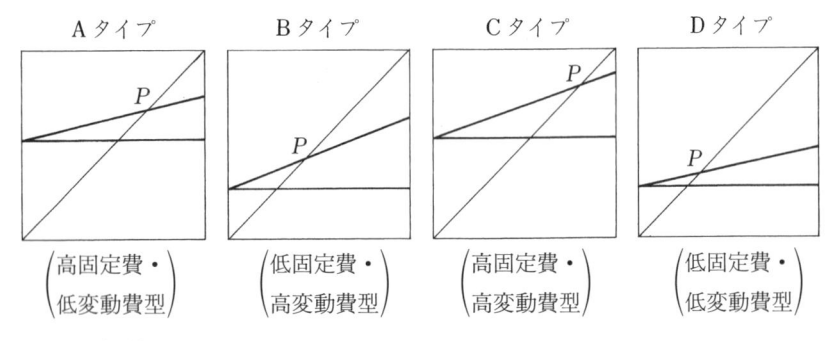

上図を概括すると

① 高固定費のA，C両タイプの損益分岐点は，傾向として高い。
② 低固定費のB，D両タイプの損益分岐点は，傾向として低い。
③ 高変動費（率）であっても，低固定費であれば，損益分岐点は傾向として低い。
④ 低変動費（率）であっても，高固定費であれば，損益分岐点は傾向として高い。
⑤ これらのことから高固定費のタイプは，利益造出の難度が高いことが傾向としていえる。
⑥ 高固定費型の費用構造の改善は当然のごとく固定費の圧縮であるが，この場合の対策検討には中小企業庁の費用分解基準が有用である。

以上の費用構造に基づく各タイプの特質，改善着眼点を一表にまとめると次のようになろう。

タイプ	費用構成		対応する企業・業種	特質・改善着眼点
	固定費	変動費		
A	高い	低い	製造業など資本集約型企業や大企業に多い	・設備投資が進む反面，合理化を進めて，変動費率を引き下げる形でコストダウンを図る ・直・間部門の効率化，省力化，省エネ化がポイント ・新製品開発，異業種進出などで固定費の相対的低減をはかる必要あ

				り
B	低い	高い	卸売業に多い。小売業はAタイプとBタイプの中間型	・慢性的赤字に陥りやすい ・適正な販売価格・仕入価格と取引条件いかんがポイント ・商品保管にムダがないか，損耗，ロスの排除に努力が必要
C	高い	高い	限界的な企業。倒産型	・根本的な体質改善が必要 ・人員圧縮，債務や金利たな上げ，資産処分などが重点施策となる ・機会を失すると倒産につながるので早急かつ強力な行動力が求められる
D	低い	低い	優秀企業	・安定した健全企業 ・規模拡大策（品種・販売拠点，人員など）の堅実な推進が必要

(5) 損益分岐点の位置

　前項費用構造の分析から，損益分岐点を低い水準で維持することが企業経営にとって重要なポイントであることを読み取ることができる。しかし，企業が成長し発展していく過程では規模の拡大につれて，従業員数や設備投資が増加するのは自然の姿といえよう。そうなると，必然的に固定費も増加し，損益分岐点も上昇することになる。

　この場合，損益分岐点が高いのは危険だからといって，事業規模の拡大を抑制しひたすら固定費の圧縮に努めることは，逆に縮小均衡化から事業の衰退化につながりかねない。

　このように考えると，とくに収益性の観点からは，損益分岐点それ自体の水準をみるよりも，実際の売上高と対比して検討する姿勢が必要になってくる。

極端な表現であるが，損益分岐点が著しく高くてもそれを大きく凌駕する売上高を確保し，また維持する力をもっていればそれはそれでよいということになる。逆に損益分岐点が著しく低い状態でも，それをわずかに超える程度の売上高しか確保できないような状態ではよいとはいえないのである。

　この点に焦点をあてて，指標化したものが損益分岐点の位置(損益分岐点比率ともいう)である。その意味は，損益分岐点が実際の売上高に対しどの程度の位置を占めているのかを比率化したもので，その算式は

　　　損益分岐点の位置＝損益分岐点売上高÷実際の売上高×100

である。

　この算式構造からみて，損益分岐点の位置は低ければ低いほど収益性が安定している状態を示していることになる。たとえば，この比率数値が80％であったとした場合，なんらかの理由から売上高が3割程度激減したならば，即刻，赤字転落することを示しているのである。現実に，不況時に企業の売上高が2～3割減少することは珍しいことでもない。

　この関係を，損益分岐点図表からみると次のようになる。

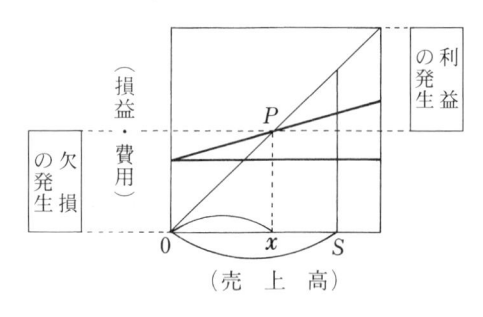

P：損益分岐点

x：損益分岐点売上高

S：実際の売上高

損益分岐点の位置：$\dfrac{x}{S}\times 100$

　ここで，留意しておきたいことは

① 現在の収益状況の安定度合いを示しているだけであること

　　現在の売上高と損益分岐点売上高との隔たりから収益性の安定度合いを測定しているのであって，この比率数値が将来の収益の安定性を保証しているのではない。

② 損益分岐点は，毎期変動すること

　　現在の売上高を次期に確保できたとしても，先にみた費用構造の変化によ

って損益分岐点は変動するので，当然のごとく次期の損益分岐点の位置は変わってくるものである。
③ 損益分岐点の位置の標準値はない

理論上では一応の「目安」としての数値があるが，実務上，これを利用するには問題がある。それは業種，業態，経営方針など財務・非財務要因によって，費用構造はまちまちだからである。実務上では，その企業の過年度売上高推移から（将来の環境条件の変化も見込んで），この程度の「隔たり」は確保しておくべきだと判定するほうがよい。

以上述べた損益分岐点の位置は，低いほうが良好で高いほうが不芳という，一般の指標数値とは逆の評価になるので，一般にそろえる意味から「経営安全率」を使う場合もある。したがって，経営安全率は高ければ高いほど良好という評価になる。その算式は，次のとおりである。

$$経営安全率 = \frac{実際の売上高 - 損益分岐点売上高}{実際の売上高} \times 100$$

$$= 1 - \frac{損益分岐点売上高}{実際の売上高}$$

$$= 1 - 損益分岐点の位置$$

なお，経営安全率がいかに高くても，売上高の安定性が保証されるわけではないことは，損益分岐点の位置の場合と同様である。

また，経営安全率は（利益÷限界利益×100）でも算出できるが，この算式のほうが指標の意味合いをよく示しているといえよう。

(6) 損益分岐点の応用

損益分岐点の分析は，以上のように企業の収益性，収益体質を把握するだけではなく，将来の業績を推定するのにも利用されている。企業自体では翌期の利益計画策定の一つの手法として活用しているが，外部分析の立場からも，企業の利益計画や業績見通しを試算することによって，将来の返済能力を推定するという点で看過できないことである。

したがって，ここでは一般によく紹介されている応用公式を，事例計算をまじえて解説しておく。

〈設例〉　　　　　　　今期　　　　　（単位：百万円）
　売上高　　　　　1,000
　変動費　　　　　　600 ｝総費用900
　固定費　　　　　　300
　利　益　　　　　　100
　変動費率　　　　　0.6　（計算　600÷1000）
　限界利益率　　　　0.4　（計算　1－変動費率0.6）
　損益分岐点売上高　750　（計算　固定費300÷限界利益率0.4）

① 一定の目標利益をあげるために必要な売上高はいくらか

〈公式〉

$$必要売上高 = \frac{目標利益＋固定費}{1－\dfrac{変動費}{売上高}} = \frac{目標利益＋固定費}{限界利益率}$$

〈説明〉

損益分岐点の基本公式 $\left[\dfrac{固定費}{1－\dfrac{変動費}{売上高}}\right]$ は，固定費を賄うだけの売上高を表わしているのであるから，固定費に目標利益を加算すれば，固定費と目標利益を賄うために必要な売上高が算出できる。

〈設例計算〉

設例で，来期150百万円の利益をあげるためにはいくらの売上高を確保する必要があるか。ただし，固定費，変動費率は来期も変わらないものとする（以下，とくに指定のない限り同様とする）。

$$必要売上高 = \frac{150＋300}{1－0.6} = \frac{450}{0.4} = 1,125百万円$$

すなわち，今期比50％増の利益を確保するために，売上高は12.5％の増加

で達成できることになる。これは，固定費，変動費率が不変のため，総費用と売上高の割合が今期90%，次期86.7%と低下するから費用の負担が軽くなったともいえる。

② 一定の売上高のときの利益額はいくらになるか

〈公式〉

$$利益＝一定の売上高 \times \left(1-\frac{変動費}{売上高}\right)-固定費$$

〈説明〉

公式の「一定の売上高 $\times \left(1-\frac{変動費}{売上高}\right)$」は，そのときの限界利益を計算していることになる。「限界利益＝固定費＋利益」であるから，限界利益から固定費を差し引くと，そのときの利益額を把握することができる。

これを，「目標利益をあげるための必要売上高」の公式から展開すると，次のようになる。

$$必要売上高＝\frac{利益＋固定費}{1-変動費率}$$

（注） $1-\frac{変動費}{売上高}$ を便宜上，$1-変動費率$ で表示。

この公式の「必要売上高」＝「一定の売上高」と考えると

$$一定の売上高＝\frac{利益＋固定費}{1-変動費率}$$

両辺に（1－変動費率）を掛けて

一定の売上高×（1－変動費率）＝利益＋固定費

固定費を左辺に移項すると

一定の売上高×（1－変動費率）－固定費＝利益

〈設例計算〉

設例で，150百万円の利益をあげるには1,125百万円の売上高が必要であるが，次期は経営環境が厳しく今期比5％増（1,050百万円）の売上を確保するのが精いっぱいの見通しとなった。そうであったとすると，どの程度の利益を

確保することができるのか。

　　確保できる利益＝1,050×（1－0.6）－300＝120百万円

　すなわち，経営計画をたてる際には，目標利益を前提にして理論値としての必要売上高を策定するが，並行して営業現場での積上げ計算により売上高を予想するのが一般的であり，また，両者間の金額食い違いも往々にして発生する。実務上は，両者間のギャップを調整することになるが，とりあえず，積上げ計算による売上高では目標利益をどの程度達成できるのかを把握しておく必要がある。

③　**一定の売上高のとき，目標利益をあげるために節約しなければならない費用（固定費）はいくらか**

〈公式〉

　　費用節約必要額＝（目標利益＋固定費）－一定の売上高×（1－変動費率）

〈説明〉

　売上高が一定額以上増加できず変動費率も変えられないとすると，目標利益を達成するためには固定費を節減するしか方法はない。

　上記公式は，目標利益と既存の固定費の合算額（目標限界利益）から，そのときの限界利益（利益＋固定費）を控除することによって節約が必要な費用を把握するものである。一般に，費用節約必要額というと負数（△表示）のイメージが強いが，（目標利益＋固定費）の数値はこのときの限界利益よりも大きいので正数となる。なお，算出して負数となる場合は，節約の必要がない状況を示していることになる。

　また，算式上では変動費率が変わらない場合，目標利益と一定の売上時に確保できる利益との差額は，目標利益を減額しない限り，固定費の圧縮で吸収するしか方法はない。したがって，両利益の差額＝費用節約必要額とも考えられる。ただし，現実には仕入環境の変化や商品構成の変化から変動費率の不変はありえないので，算式上で成立する考え方と認識しておく必要がある。

〈設例計算〉

　設例で，売上高の確保1,050百万円が精いっぱいであるが，目標利益の150百万円も確保したい場合，どのくらい費用（固定費）を節約しなければならないか。

　　費用節約必要額＝（150＋300）－1,050×（1－0.6）＝30百万円

　すなわち，目標とする限界利益額450百万円と売上高が1,050百万円のときの限界利益額420百万円（＝1,050×0.4）との差額30百万円が費用節約必要額となる。現状の固定費300百万円の10％削減が指示されているので，これの圧縮策の可能性がその次の問題となる。

　なお，本設例では，変動費率を不変としているので，前項②で計算した利益額120百万円と目標利益額150百万円の差額30百万円が費用節約必要額と考えられる。

④　一定の売上高のとき，目標利益をあげるために必要な変動費率はいくらになるか

〈公式〉

　　必要な変動費率＝（一定の売上高－目標利益－固定費）÷一定の売上高

〈説明〉

　売上高が一定額以上増加できず，また固定費の削減もむずかしい場合，目標利益を達成するためには変動費率を低下させるしか方法がない。

　上記の公式は，目標利益に対する必要売上高の公式 $\left[\dfrac{目標利益＋固定費}{1－変動費率}\right]$ の変動費率を x，必要売上高を「一定の売上高」として展開してみるとよい。すなわち

$$一定の売上高＝\dfrac{目標利益＋固定費}{1－x}$$

両辺に $(1-x)$ を掛けて

$$一定の売上高×(1-x)＝目標利益＋固定費$$

左辺のカッコを解いて

　一定の売上高－（一定の売上高×x）＝目標利益＋固定費

これを移項して整理すると

　一定の売上高－目標利益－固定費＝一定の売上高×x

したがって，求めるxは

　（一定の売上高－目標利益－固定費）÷一定の売上高

となる。

被除項（分子）は，一定の売上高のとき利用可能な変動費額を示していることになる。

〈設例計算〉

設例で，売上高1050百万円，目標利益150百万円，固定費300百万円を動かすことができないとした場合，変動費率をいくらまで引き下げる必要があるか。

　必要な変動費率＝$(1{,}050-150-300)\div 1{,}050 = 0.57142\cdots\cdots$

この場合，算出した数値をどこまでとるかの問題があるが，一般的にはコンマ以下3ないし4ケタ（％表示で対応した場合のコンマ以下1ないし2ケタと同じ）まで採用するのが実務的であろう。なおここでは，4ケタ目までを採用し，必要な変動費率は0.5714とする。すなわち，従来の変動費率は0.6であるから比率上0.0286低下させる必要がある。これを金額的に表示すると30.03百万円（$1{,}050\times 0.0286$）となり，この金額相当分を仕入原価などで圧縮する必要がある。

⑤ **販売価格（単価）が変化する見込みのとき，一定の目標利益をあげるにはいくらの売上高が必要か**

〈公式〉

$$必要売上高 = (目標利益＋固定費) \div \left[1 - \frac{変動費}{売上高(1\pm 変化率)}\right]$$

〈説明〉

　この公式は，目標利益に対する必要売上高の公式を基本にして，そのなかの売上高に変化率を関係させたものである。販売価格(単価)が変化することは，結果として変動費率に変化を与える。すなわち，販売価格の上昇は売上高がそれだけ増加するのであるから変動費率は低下するし，逆に販売価格の低下は変動費率を上昇させる結果となる。

　なお，この場合，販売数量に変化はない(売上高＝販売数量×販売価格〔単価〕と認識しているので，売上高の増減変化は数量と単価の変化の結果と考えている)という前提である。

〈設例計算〉

　設例で，商品力の強さから販売価格(単価)を平均して2％値上げすることも可能とした場合，目標利益150百万円をあげるために必要な売上高はいくらになるか。

$$必要売上高 = (150+300) \div \left[1 - \frac{600}{1,000(1+0.02)} \right]$$

$$= 450 \div (1-0.5882) = 1,092.76 百万円$$

　すなわち，先に①で目標利益に対する必要売上高は1,125百万円と算出されているので，平均2％の値上げによって，必要売上高のうち約32.24百万円が消化されることになる。なお，計算の都合上，変動費率はコンマ以下4ケタ目まで，また算出された必要売上高は千円位を四捨五入して表示している。

　ちなみに，上記の設例の逆(販売価格を平均して2％引き下げざるをえないとして)の場合を計算してみると，次のとおりである。

$$必要売上高 = (150+300) \div \left[1 - \frac{600}{1,000(1-0.02)} \right]$$

$$= 450 \div (1-0.6122) = 1,160.39 百万円$$

　すなわち，①の必要売上高1,125百万円に約35.39百万円の積増しが必要になる。

⑥ 変動費率が変化する見込みのとき，一定の目標利益をあげるにはいくらの売上高が必要か

〈公式〉

　　　必要売上高＝（目標利益＋固定費）÷（１－変動費率（１±変化率））

〈説明〉

　変動費率の変化は，売上高（販売数量，販売単価）の変化や変動費の変化，およびその複合した結果として発生する。

　上記の公式は，目標利益に対する必要売上高の公式のうち変動費率部分に変化率を関係させたもので

$$必要売上高＝（目標利益＋固定費）÷\left[1-\frac{変動費}{売上高}（1±変化率）\right]$$

と同じである。

　なお，たとえば変動費率0.6の状態で，「変動費率が２％上昇した」という場合，一般に二つの考え方があろう。すなわち「変動費率0.6の２％相当分の上昇がある」という考え方と，「変動費率0.6に0.02を加算する」という考え方である。前者の場合の新変動費率は0.612（0.6×1.02）となり，後者の場合は0.62（0.6＋0.02）となる。したがって，考え方を統一しておく必要があるが，実務上では一般に前者をとっている。

〈設例計算〉

　設例で，来期変動費率が２％上昇する見込みである場合，目標利益150百万円をあげるために必要な売上高はいくらか。

$$必要売上高＝(150+300)÷\left[1-\frac{600}{1,000}(1+0.02)\right]$$

$$＝450÷(1-0.612)＝1,159.79百万円$$

　変動費率が上昇することは，その逆の関係にある限界利益率が低下することになる。限界利益の中身である固定費と利益の絶対額が変わらないのに，限界利益と売上高の割合が小さくなるのは，売上高が大きくなっているから

である。したがって，変動費率の上昇は，その他の条件に変化がないとすれば，必要売上高の増嵩をもたらすものである。

あまり現実的ではないが，変動費率が2％低下したときの必要売上高を算出しておくと，次のようになる。

$$必要売上高 = (150 + 300) \div \left[1 - \frac{600}{1,000}(1 - 0.02) \right]$$

$$= 450 \div (1 - 0.588) = 1,092.23 百万円$$

⑦ 固定費の増減が見込まれるとき，一定の目標利益をあげるにはいくらの売上高が必要か

〈公式〉

　　必要売上高＝(目標利益＋〔固定費±増減額〕)÷(1－変動費率)

〈説明〉

　一般に，固定費の増減額は金額で示されていることが多い。それは，固定費増減額の予測は固定的費用勘定を個々に検討して，増加額，圧縮額を累計するからである。もちろん，固定費総額の5％を削減するという方針をたてて検討作業を行うこともあろう。

　上記公式では「増減額」として表示しているが，「変化率」で表わす場合には，当該部分を〔固定費(1±変化率)〕に置き換えればよい。

　なお，固定費の増減額以外に，長期借入金などの年間返済所要額を加算する場合がある。これは，目標利益，固定費を賄ったうえに長期借入金の利益償還を可能にする売上高を把握しようとするものである。いわば，年間返済所要額相当の利益を目標利益に加算したと考えてよい。この場合，目標利益は企業経営を維持していくうえで必要な利益，加算された利益は返済金の利益償還のためのもので，同じ利益でも意味合いが異なっているといえよう。

〈設例計算〉

　設例で，固定費が10％(30百万円)上昇する見込みである場合，目標利益150百万円をあげるために必要な売上高はいくらか。

必要売上高＝(150＋[300＋30])÷(1－0.6)＝1,200百万円

　この設例では，変動費率に変化がないとしているので，限界利益率も変化していない。したがって，限界利益が450百万円(150＋300)の場合の必要売上高は1,125百万円(450÷0.4)であったが，固定費が30百万円増加した新限界利益では1,200百万円の売上高を必要とする。すなわち，30百万円の固定費の増加を吸収するためには75百万円の売上増加が必要だということになる。

　以上の応用事例は，損益分岐点の売上，費用，利益の各要素の一つが変化したとして説明してきた。しかし，現実には各要素が錯綜して変化しているものであり，かつ，損益分岐点分析には一つの前提条件があることを認識しておく必要がある。

　たとえば，その前提条件として
① 費用分解が正しく行われていること
② 固定費が一定期間，変わらないこと
③ 変動費率が一定期間，変わらないこと
などであるが，現実問題として一期間をとっても，費用の性格は変わるであろうし，また，商品構成，仕入条件などは短期間で変貌し，期間中の費用割合などが不変であることを期待するのは無理といえよう。したがって，損益分岐点分析は意味がないと考えるのではなく，収益体質や費用構造を概括的につかむ手法であると認識し，判断をまとめる際の資料とすべきであろう。

2 運転資金分析

(1) 運転資金とは

　運転資金に対する定義は，現在のところ統一されていない。また，日常用語としても，いろいろな解釈からさまざまな意味で使われている。

　第1章でみたように，企業活動を資金の循環でとらえた場合，そこにはさまざまな形をした資金がみられるが，大別して商品などの仕入，販売にかかわる資金と店舗・設備などにかかわる資金になろう。前者を運転資金，後者を設備資金というのには異論はないのであるが，その範囲については諸説がある。そこで，ここでは少しく整理しておくことにする。

a 一般的な考え方

　流動資産に投下された資金を運転資金という場合がある。これは，外来の運転資本(広義では流動資産総額をいう)と概念は同じであるが，流動資産には固定資産関係の未収金などが入っていることもあり，かつ，その分別もむずかしいという問題があろう。

　また，流動資産と流動負債の差額を運転資金という場合がある。これも，前述の運転資本の狭義(この場合はとくに正味運転資本という)に相当するものと考えられる。この場合，すぐに思い浮かぶのは流動比率であろう。流動比率は流動資産と流動負債の割合から支払能力を測定しようとするものである。一方，ここでの運転資金は流動資産と流動負債の差額概念である。そして，対比の方法(割算と引算)が違うだけで，いずれも流動資産と流動負債との対比で測定する姿勢に変りはない。

　さらに，若干日常的になるが企業間では「運転資金が足りない」とか「運転資金が楽だ」というぐあいに，主に商品仕入代，人件費などの支払にあてられ

る資金を運転資金といっている場合が多い。これは，ただ費用の支払のみを問題にしているので疑問が生ずるが，現実に金融機関への借入申込みは，支払手形の決済であれ，買掛金の支払であれ，すべて「運転資金」で包括されてしまう。もちろん，そのこと自体を問題にするつもりはない。むしろ，金融機関の側として，この「運転資金」につられて，本来ならば実行しなければならない「資金不足発生原因」の調査を軽視することをおそれるのである。

b 金融機関における考え方

金融機関では，基本的には流動資産と流動負債の差額概念を採用するのであるが，流動資産，流動負債を企業本来の営業活動から発生したもの，換言すれば営業循環上生じたものに絞って運転資金としている。具体的には流動資産のなかの受取手形，売掛金，たな卸資産であり，流動負債のなかの支払手形，買掛金である。そして，これらを

　　運転資金所要額＝（受取手形＋売掛金＋たな卸資産）－（支払手形＋買掛金）

という形で整理している。

したがって，運転資金とは企業本来の営業活動から発生し，かつ営業循環過程上にある資金概念ということができよう。このように定義づけると，たとえ営業活動から発生したものでも現在，営業循環過程外にある不渡手形，不良債権などは運転資金の範疇に入らない。また，企業活動の変化によって必要となる資金の把握も直接的になるメリットがある。反面，この限りでは営業循環上発生するその他の流動資産，流動負債，たとえば前渡金，前受金などは洩れてしまうことになる。ただし，特殊な業種はともかく，一般企業ではこれらの資金量（金額）は比較的小さいので，無視することにしているのである（なお，本稿では取り上げていないが，資金運用表分析では，これらを「運転資金欄」に計上することにしている）。

⑵ 運転資金分析の狙い

　運転資金に関する分析は、どちらかというと金融機関サイドで重視されている分野である。一般の企業信用調査では、支払能力の測定は必ず行われるが、運転資金分析は稀といってよい。それは、運転資金分析によって何をつかむのかにかかわりがあると考えられる。

　金融機関が運転資金分析を行う狙いは、①運転資金需要体質の把握、②融資判断のためである。

a　運転資金需要体質の把握

　どのような企業でも、運転資金の流れに一定のパターンがあり、突発的な事象がない限り大きく変化することはない。このパターンがその企業のもっている運転資金(需要)体質といわれるものである。

　この資金(需要)体質を大別すると
① 　受取手形＋売掛金＋たな卸資産＞支払手形＋買掛金
② 　受取手形＋売掛金＋たな卸資産＜支払手形＋買掛金
である。①は運転資金需要が発生しているタイプ、②は運転資金需要が発生していないタイプということになる。もっとも、この分別はいわば静態的な運転資金をベースにしてのことであるから、②のパターンの場合は金融機関に対し、まったく借入・割引の申込みがないと速断しないでいただきたい。日常の取引上では随時、借入・割引も発生するであろうが、比較的短期あるいは少額のケースが多いと考えられる。

　①のパターンは、大部分の企業がもっている資金体質である。資金の自己調達(支払手形、買掛金)よりも運用(受取手形、売掛金、たな卸資産)が過大なので、どちらかというと回収面の回転効率よりも支払面の回転効率が高い。したがって、平均的に常時、資金需要が発生するタイプである。

　②のタイプは日銭商売の小売業、サービス業にみられる資金体質で、基本的

には臨時的,突発的な資金需要以外は発生しない。

　次いで,とくに①のパターンについてであるが,

(a)　受取手形と売掛金の割合はどうか

(b)　たな卸資産に過剰感はないか

(c)　支払手形と買掛金の割合はどうか

を検討することによって,その資金体質の特徴がより明らかになるであろう。

　すなわち,

(a)　おおまかにいって,両者の割合は受取手形サイトが一つの目安となろう。受取手形が過大の場合は相当無理な販売をしているか,異常な手形が入っているかなどの要因が資金体質を重いものにしているのでは,と推定する(受取手形のうち割引に付されている手形は戻し入れて検討する必要がある)。

(b)　たな卸資産の過剰感は,残高それ自体では判然としないので,売上高と対比してみる。たな卸資産はストレートに資金繰りを圧迫する要因であるから,これがどのような状況であるかによって,資金体質も決まると考えてよい。

(c)　支払手形と買掛金は,資金体質の状況を緩める要素をもっている。ただし,その緩め方が異常であれば,必ずしも資金体質の安定性にはつながらない。支払手形と買掛金の割合は,支払手形サイトが一つの目安となるが,いずれかが過大の場合には,それに依存した無理な資金調達状況がないかを追及してみる必要がある。

　以上は,説明の都合上,1期だけの残高を取り上げているが,実務的には各勘定残高の時系列的な動き(増減変化)および運用(受取手形,売掛金,たな卸資産の総和)と調達(支払手形,買掛金の総和)のバランスの変化などを観察する必要がある。これによって,動態的に資金体質を把握することができよう。

　残高ベースでの資金体質把握を,より簡明化した方法がある。すなわち,先に掲出した基本算式(p.353)の各勘定残高を共通の物差し(一般には平均月商)で計算し直して,残高を共通の数値(価値)に置き換える方法である。すなわち,

$$\frac{受取手形}{平均月商}+\frac{売掛金}{平均月商}+\frac{たな卸資産}{平均月商} \gtrless \frac{支払手形}{平均月商}+\frac{買掛金}{平均月商}$$

これは，それぞれの残高は平均月商の何倍あるか(実務上では，平均月商の何カ月分と表示している)を示すもので，各残高の多寡妥当性が残高ベースでみるよりも判定しやすいであろう。

財務分析では，「平均月商の何カ月分あるか」を「回転期間」といっている。その表現を使えば，上式は

　　受取手形回転期間＋売掛金回転期間＋たな卸資産回転期間 $\gtrless$ 支払手形回転期間＋買掛金回転期間

と置き換えることができる。

この運用と調達の差額を「運転資金所要額」と認識しているのであるから，運転資金所要額が「平均月商の何カ月分あるか」をとらえられる。これによって，「当社は現在，平均月商の何カ月分(あるいは何倍)の資金需要体質をもっている」と表現される。

b　融資の判断

融資の可否判断は総合判断によるのは当然であるが，そのなかのウェイトの高い要素の一つに「資金の使途」がある。

企業がなんらかの理由から資金の必要を生じ，金融機関に融資の申入れをする。その場合，資金の使途として「何日の支払手形決済のため」とか「給料の支払資金として」といった説明が添えられるであろう。しかし，それらは目前の現金で補塡しなければならない現象であって，必ずしもここでいう「資金の使途」にあたらないことが多い。

資金使途の把握とは，もちろん，その資金が直接的に何に使われるのかということの確認も入るが，それ以上に，①どのような原因から資金不足をきたしたのか，②資金はいつ，どれだけ必要なのか，③資金融資によりどういう効果(融資先，金融機関の経済的メリットなど)が期待できるのか，④融資期間はどの

くらい必要なのか，⑤融資金の返済は何を源資にして，どのように行われるのか，など企業の資金需要体質の実態や将来の予測までもがその範疇に入っているのである。逆にいえば，ここまでの資金実態把握をしなければ，適切な融資判断はできないと考えるべきである。

金融機関の財務分析では，運転資金分析を「運転資金使途別分析」と称し，すでに述べた運転資金概念をベースにして資金使途の分析，検討を行っている。運転資金分析が金融機関サイドで多用されているのは，それが融資の判断に直結する分析分野だからといえよう。

(3) 運転資金所要額の把握方法

先に述べたように，運転資金の融資申入れは「何日に，これだけの資金が不足するから融資してほしい」というのが一般的である。しかし，このなかで提示される金額は厳密にいうと現金需要額であって，ここでいう運転資金所要額ではない。また，この限りでは本当の意味での資金需要はつかみにくく，それが一時的なものか，あるいは恒常的に必要なのかも判断できない場合が多い（現実の問題として，後述する決算資金，つなぎ資金などは，例外的に特定できる資金需要である）。

そこで，上述のような運転資金需要が発生する事情の認識を前提として，その企業ではどのような資金循環の仕組みになっているのか，どこに資金需要発生の原因があるのか，そしてその結果，必要な資金はどのくらいになるのかなどをつかむ必要がある。

これらは，単に資金繰表的な資金の流れ（フロー）の面からのアプローチだけでは不十分で，運転資金需要の根源にさかのぼって，残高（ストック）面での把握が必要になる。この場合，運転資金需要額を差額概念でとらえ（これを運転資金所要額といっているが），これを計測する方法として，ⓐ残高（運転資金項目の勘定）ベースからの把握，ⓑ回転期間ベースからの把握，ⓒ回収条件，取引

条件ベースからの把握方法がある。これらは，個々に独立した分野をもっているわけではなく，それぞれが錯綜しているのであるが，説明の都合上，以下，分別して紹介しておく。

a 運転資金項目勘定残高からの把握

これは，運転資金所要額を把握する場合の最も基本的な手法である。

また，運転資金勘定項目は，たびたび述べているように，企業本来の営業活動に基づいた，かつ，現在資金循環過程にある受取手形，売掛金，たな卸資産，および支払手形，買掛金をさしている。

運転資金所要額は，これらの勘定残高を利用して次のように算出される。

　　運転資金所要額＝(受取手形＋売掛金＋たな卸資産)－(支払手形＋買掛金)

　　(注)　1．受取手形，売掛金を合体して売上債権(売掛債権，受取債権などという場合もある)と表現することもある。

　　　　　2．支払手形，買掛金を合体して仕入債務(買掛債務，支払債務などという場合もある)と表現することもある。

　　　　　3．貸借対照表脚注ないしは個別注記表の割引手形は，受取手形に戻し入れる。

　　　　　4．貸借対照表脚注ないしは個別注記表に裏書譲渡手形がある場合は，受取手形と支払手形に戻し入れる。

　　　　　5．運転資金の一つの運用形態である現金・預金は，ここでは対象外としている。

　　　　　6．たな卸資産は，販売業の場合は「商品」，製造業の場合は「原材料，仕掛品，製品など」である。

＜設例計算＞

次の財務情報から，運転資金所要額を計算するといくらになるか。

① 貸借対照表抜すい　　　　　　　　　　　　　　　　(単位：百万円)

	20期	21期		20期	21期
受取手形	80	150	支払手形	420	500

売掛金	260	320	買掛金	200	250
たな卸資産	220	260			

② 個別注記表表示

割引手形	20期	440	21期	490
裏書譲渡手形	20期	10	21期	10

③ その他

平均月商	20期	200	21期	220

受取手形に割引手形と裏書譲渡手形を戻し入れると20期530百万円（80＋440＋10），21期650百万円（150＋490＋10），また，支払手形に裏書譲渡手形を戻し入れると20期430百万円（420＋10），21期510百万円（500＋10）となる。したがって，各期の運転資金所要額は

20期　（530＋260＋220）－（430＋200）＝380百万円

21期　（650＋320＋260）－（510＋250）＝470百万円

となる。ちなみに，この算出結果が負数ででた場合は，その企業は基本的に運転資金需要が発生しない体質であることを示している。

なお，平均月商が与えられているので，各期の運転資金所要額が平均月商の何倍（何ヵ月分）あるかを計算すると

20期　380÷200＝1.9倍（1.9ヵ月分）

21期　470÷220≒2.1倍（2.1ヵ月分）

　　　（注）　21期は2.136…をコンマ以下2ケタ目で四捨五入している。

となる。

すなわち，21期は前期比0.2ポイントないしは平均月商の0.2ヵ月分，資金体質が厳しくなっている。

これは，月商の増加に伴い支払手形，買掛金などが増量しているが，それ以上に受取手形，売掛金などが増加したためである。

b　回転期間からの把握

　先に，各勘定残高を平均月商で除してこれを「回転期間」としたが，この意味合いを，ここで説明しておくことにする。

　本来，回転とは新旧入れ替わることをいうが，財務分析でいう回転とは，企業活動に投下された資金でまず商品を仕入れ，次にその商品を販売して資金を回収し，さらに回収した資金で商品を仕入れるといったぐあいに，投下した資金が何回も繰り返し利用される状態をさしている。そして，投下資金は一般に販売を通して回収されることから，売上高などと対比してその回転状態を測定することを原則としている。

　回転状態を測定する場合，通常，回転率と回転期間のいずれかを利用する。回転率は，1年間に諸資産や資本がそれぞれ何回，新旧入れ替わったかを表わすもので，いわば1年間での回転回数を示している。そして，その一般的な算式は，回転率＝$\frac{\text{年売上高}}{\text{諸資産または資本の在高}}$（単位：回）である。

　これに対して，回転期間は，諸資産や資本が新旧入れ替わるのに何日あるいは何カ月かかっているかを表わすもので，いわば1回転するのに要する期間をいい，一般に月単位で示される。そして，その一般的な算式は，回転期間＝$\frac{\text{諸資産あるいは資本の在高}}{\text{月平均売上高}}$（単位：月）である。

　回転期間の「1回転するのに何日かかるか」の意味は，回収面でいえば「何カ月かけて回収しているか」「回収するのに何カ月かかっているか」であり，滞留という点からすると「何カ月分の手持ちがあるか」「何カ月滞留しているか」ということになる。

　運転資金分析で回転期間を利用するのは，この「何カ月滞留しているか」の観点からである。すなわち，企業活動に投下された資金は循環過程において，諸資産の形をとってある程度の期間滞留し，次の資産へと移ってそこでまた滞留する。この資金の滞留は新たな資金の投入を誘発するので，これらの滞留額（滞留箇所は受取手形，売掛金，たな卸資産に限定して考えることにしている）が過

大になってくると,資金需要が高まってくることになる。他方,支払手形や買掛金に化体している資金は,将来現金需要を発生させるものの,この段階では資金を造出しているので,結果として資金需要をそれだけ緩和していることになる。

以上を前提に,回転期間で運転資金所要額を示すと

$$運転資金所要額 = 平均月商 \times \left(\frac{受取手形}{平均月商} + \frac{売掛金}{平均月商} + \frac{たな卸資産}{平均月商} \right) - \left(\frac{支払手形}{平均月商} + \frac{買掛金}{平均月商} \right)$$

$$= 平均月商 \times 〔(受取手形回転期間 + 売掛金回転期間 + たな卸資産回転期間) - (支払手形回転期間 + 買掛金回転期間)〕$$

$$= 平均月商 \times 収支ズレ$$

(注) 1. 平均月商は,年売上高÷12で算出する。
2. 割引手形,裏書譲渡手形はそれぞれ戻し入れて回転期間を算出。
3. 上式の〔 〕内の回転期間差を「収支ズレ」といっている。

<設例計算>

aの設例から,運転資金所要額を回転期間を使って表示すると次のとおり。

20期　$200 \times \left[\left(\frac{530}{200} + \frac{260}{200} + \frac{220}{200} \right) - \left(\frac{430}{200} + \frac{200}{200} \right) \right]$

$= 200 \times 〔(2.65 + 1.3 + 1.1) - (2.15 + 1.0)〕$

$= 200 \times (5.05 - 3.15)$

$= 380 百万円$

21期　$220 \times \left[\left(\frac{650}{220} + \frac{320}{220} + \frac{260}{220} \right) - \left(\frac{510}{220} + \frac{250}{220} \right) \right]$

$= 220 \times 〔(2.95 + 1.45 + 1.18) - (2.32 + 1.14)〕$

$= 220 \times (5.58 - 3.46)$

$≒ 466 百万円$

(注) 1. 回転期間は,計算の都合上,コンマ以下3ケタを四捨五入して表示した。ただし,実務上ではコンマ1ケタ目まで表示すればよい。
2. 21期は四捨五入の関係で等式にはなっていない。

20期,21期の回転期間を比較してみると,資金の滞留,造出度合が数値的に把握できる。すなわち,資金需要の伸びは0.53カ月(5.58－5.05)であるのに対し,資金造出の伸びは0.3カ月(3.46－3.15)にとどまっている。他方,この企業の資金体質は「受取手形＋売掛金＋たな卸資産＞支払手形＋買掛金」のタイプであるから,売上の増加に伴い資金需要も増加しているのである。

C 回収・支払条件からの把握

運転資金の所要額を算定する方法としては,前述の残高ベース,回転期間利用によるものが一般的であるが,過年度の財務諸表を基礎資料としているので,時期(過年度の資金需要額)的にもまた金額(在高は通期,平均してあるものとしている)的にも,いささか概略感を免れえない。これをいま少し実態に即して把握しようとするのが,回収・支払条件からのアプローチである。

すなわち,その企業が商慣習としている回収条件や支払条件を把握し,そこから主要勘定残高(運転資金項目の勘定)を推計して残高ベースで運転資金の平均的な所要額を算出しようとするものである。したがって,算出される所要額は平均的なもの(より実態に即して把握するためには,その企業の会計帳簿を基礎資料とする必要があるが,外部分析の立場からはすこぶる困難といわざるをえない)にとどまらざるをえないが,反面,時期的には「現時点」での姿をつかむことができるといえる。

この手法を,設例によって説明してみよう。

＜設例＞

回収,支払条件およびその他の財務情報

1. 最近時点の平均月商　　400百万円
2. 平均的な売上原価率　　80％
3. 売掛金回収条件　　　　20日締切,月末回収

　　　　　　　　　　　　回収内訳　現金　10％

　　　　　　　　　　　　　　　　　手形　90％　手形サイト3カ月

4．商品在庫期間（平均）　　　0.6カ月
　　　5．買掛金支払条件　　　　　25日締切，月末支払
　　　　　　　　　　　　　　　　　支払内訳　現金　20％
　　　　　　　　　　　　　　　　　　　　　　手形　80％　手形サイト2カ月
　（注）　1．毎月の売上，仕入は月中，平均してあると考える。
　　　　　2．1カ月は30日として，応当日計算（概略計算）による。

運転資金の平均所要額を把握するためには，売掛金，受取手形，商品および買掛金，支払手形の各残高を算出する必要がある。

① **売掛金残高**

回収条件から，まず売掛金の平均滞留期間を求める必要がある。回収条件の「20日締切，月末回収」ということは

- 滞留期間の最も短いもの　締切日20日当日の売上分。最短滞留期間は20日以降月末までの10日間
- 滞留期間の最も長いもの　前月締切日翌日の売上分。最長滞留期間は応当日計算で40日（10日＋30日）間
- 平均滞留期間を，（最短日数＋最長日数）÷2で算出すると，（10日＋40日）÷2＝25日　となる。

　　　売掛金残高＝平均月商400×平均滞留期間$\frac{25}{30}$
　　　　　　　　＝333.3百万円

　　　（注）　コンマ以下2ケタ目を四捨五入している。

② **受取手形残高**

売掛金のうち，90％は3カ月サイトの手形で回収されるのであるから，
　　　受取手形残高＝平均月商400×手形回収割合0.9×手形サイト3カ月
　　　　　　　　　＝1,080百万円

③ **商品残高**

商品は原価で計上されることになるので，原価率で修正することが必要である。

　　　　商品残高＝平均月商400×売上原価率0.8×在庫期間0.6カ月
　　　　　　　＝192百万円

④　買掛金残高

　支払条件から，まず買掛金の平均滞留期間を求める必要がある。支払条件の「25日締切，月末支払」というのは
- 滞留期間の最も短いもの　締切日25日当日の仕入分。最短滞留期間は25日以降月末までの5日間
- 滞留期間の最も長いもの　前月締切日翌日の仕入分。最長滞留期間は応当日計算で35日（5日＋30日）間
- 平均滞留期間を（最短日数＋最長日数）÷2で算出すると，（5日＋35日）÷2＝20日となる。

　　　　買掛金残高＝平均月商400×売上原価率0.8×平均滞留期間$\frac{20}{30}$
　　　　　　　＝213.3百万円
　　　（注）　コンマ以下2ケタ目を四捨五入している。

⑤　支払手形残高

　　買掛金のうち，80％は2カ月サイトの手形で支払われているのであるから
　　　　支払手形残高＝平均月商400×売上原価率0.8×手形支払割合0.8
　　　　　　　×手形サイト2カ月＝512百万円

　以上の各勘定残高を，基本算式に従って加減算すると
　　　運転資金の平均所要額＝（333.3＋1,080＋192）－（213.3＋512）
　　　　　　　＝880百万円

と把握される。

(4) 運転資金の種類

　運転資金とは，営業循環過程にある資金で設備資金以外のものの総称であるが，そのなかには性格や特徴の異なる資金が混在している。他方，資金の性格

が異なれば対応の仕方，考え方も変えなくてはならないので，一般には運転資金を何種類かに分別している。

したがって，以下では，運転資金の数種類を紹介し，①特徴，性格，②測定方法，③検討に際しての留意点を説明しておこう。

a 経常運転資金

＜特徴，性格＞

企業が正常な営業活動を維持，継続していくために恒常的に必要とする資金を経常運転資金という。したがって，企業活動が終息しない限り必要とされるもので，その意味から根幹的な資金と考えられている。

＜測定方法＞

　　　経常運転資金所要額＝平均月商×（売上債権回転期間＋たな卸資産回転期間－仕入債務回転期間）

　　（注）　1．平均月商は，年売上高÷12で算出する。
　　　　　　2．便宜上，「受取手形＋売掛金」を売上債権，「支払手形＋買掛金」を仕入債務と表示している。
　　　　　　3．貸借対照表脚注ないし個別注記表の割引手形は，売上債権に戻し入れて回転期間を算出する。
　　　　　　4．回転期間は各勘定残高を平均月商で除して算出する。

＜検討に際しての留意点＞

① 売上債権，たな卸資産などに不良債権，デッド・ストック，および営業循環外の債権などが含まれている場合は除外すべきである。これらは厳密な意味での経常運転資金ではなく，別用途の資金（赤字資金，滞貨資金など）である。

② 仕入債務に設備関係の債務が含まれている場合は，除外する。

③ 恒常的な資金需要であるから自己資金などでカバーすることが望ましいが，融資する場合は割引枠の設定，長期運転資金融資で対応し利益償還が原則である。

b 増加運転資金

＜特徴，性格＞

「売上債権＋たな卸資産＞仕入債務」の資金体質をもつ企業では，売上高の増加に伴って運転資金需要は必ず増量する。この増量する部分を増加運転資金という。売上高が増加すると，一般に回収条件や支払条件も変更されることが多い。これら取引条件の変更によっても運転資金需要は増量する場合があるが，この増量分は上記の増加運転資金には含めないことにしている（次項ｃで解説する）。したがって，増加運転資金とは純粋に売上高の増加にスライドして発生する運転資金需要の増量分のみをさしているのである。

なお，用語上の問題であるが「運転資金増加額」と表現する場合がある。この意味は「運転資金総体（いわば経常運転資金）の増加額」であって，ここでいう増加運転資金よりも広い範囲を想定しているので，両者は分別して使用されるべきである。

＜測定方法＞

増加運転資金所要額＝平均月商の増加額×（売上債権回転期間＋たな卸資産回転期間－仕入債務回転期間）

(注) 1．算式上の留意点は，前掲の経常運転資金の算式の場合と同様である。
2．各勘定残高の回転期間に変更があった場合でも，変更前の回転期間を採用する。

＜検討に際しての留意点＞

① 増加運転資金は，売上の増加が前提になっているので，基本的には前向きの資金需要と考えられている。
② この資金は，利益などの自己資金その他で充足される部分があるので，厳密にはこれらを差し引いた額が所要額と認識しておく必要がある。
③ 一般に，売上の増加と取引条件の変更は同時発生するが，資金的には区別

しなければならない。
④ この資金需要については，手形割引の増加または単名手形融資の形で申し込まれることが多い。
⑤ 売上増加が恒常化すると，手形割引の枠増し，長期運転資金融資（返済は，原則として利益償還）に変わっていく。

C　取引条件変更による不足運転資金

＜特徴，性格＞

　売上高の増加，減少以外に取引上の回収条件や支払条件が変更することによって，運転資金需要が発生することがある。これを不足運転資金といっているが，一般に回収条件の長期化，支払条件の短縮化に伴って発生するので，売上増加に伴う増加運転資金のような前向きの資金とは異なり，どちらかというと後向きの資金需要と認識されている。なお，取引条件のなかには「在庫期間」もあり，この変更も資金需要を発生させる一因である。したがって，ここでいう「取引条件」は売上債権，たな卸資産，仕入債務の各回転期間をさしている。

＜測定方法＞

　　不足運転資金所要額＝平均月商×（売上債権回転期間延長月数＋たな卸資産回転期間延長月数－仕入債務回転期間延長月数）

　　（注）　1．算式上の留意点は，前掲の経常運転資金の算式の場合と同様である。

　　　　　2．取引条件の変更と同時に売上高が増加している場合，売上増加後の平均月商を採用する。

　　　　　3．回転期間延長月数とは，「変更後回転期間－変更前回転期間」の差額概念である。

＜検討に際しての留意点＞

① 取引条件の変更がどういう原因から生じているのかを把握し，それが企業

経営にどのような影響を与えるかを検討しなければならない。
② 取引条件に変更をもたらすと考えられる事象は，概略次のとおりである。
売上債権関係──販売先の資金繰りのしわ寄せ，拡販政策の採用，新販売チャンネルの開拓，取扱商品の変更，押込み販売，焦付債権の発生など
たな卸資産関係──生産・販売方法の変更，商・製品構成の変更，売上不振による滞貨，デッド・ストック，見込み違いなど。
仕入債務関係──自社資金繰りの転嫁，取扱商品の変更，仕入先の変更，商品・原材料など入手の難易度，仕入チャネルの変更など。
③ 不足運転資金に対する融資は，その状態が今後とも継続するのであれば，経常運転資金としての手形割引（割引枠の設定あるいは増枠），あるいは長期運転資金としての単名手形融資の形となる。

以上の経常運転資金，増加運転資金および取引条件変更に伴う不足運転資金の関係を，設例に基づいて図示すると次のとおりである。

<設例計算>

財務情報

	20期	21期	差引
平均月商	200百万円	220百万円	20百万円
売上債権回転期間	3.0カ月	3.5カ月	0.5カ月
たな卸資産回転期間	1.5カ月	1.8カ月	0.3カ月
仕入債務回転期間	2.0カ月	2.3カ月	0.3カ月
（差引資金負担）	（2.5カ月）	（3.0カ月）	（0.5カ月）

（単位：百万円）

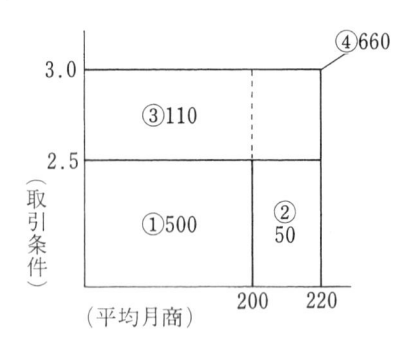

① 20期経常運転資金
  $=200\times(3.0+1.5-2.0)=500$百万円

② 増加運転資金
  $=(220-200)\times(3.0+1.5-2.0)=50$百万円

③ 不足運転資金
  $=220\times[(3.5-3.0)+(1.8-1.5)-(2.3-2.0)]=110$百万円

④ 21期経常運転資金
  $=220\times(3.5+1.8-2.3)=660$百万円

図中：
- 縦軸（取引条件）：2.5、3.0
- 横軸（平均月商）：200、220
- ①500、②50、③110、④660

（注） 1．各運転資金の計算は，図上の各面積を計算することになる。

2．不足運転資金の一部（点線の右側部分）で，売上高増加の影響を受けている部分（混合部分）もあるが，これは不足運転資金に含めることにしている（慎重な融資判断をするため）。

3．20期の経常運転資金＋増加運転資金＋不足運転資金が21期の経常運転資金へつながっていく。

d　季節資金（季節的運転資金）

＜特徴，性格＞

　企業の運転資金需要のうち，季節的な要因によって変動する資金を季節資金という。たとえば，特殊な自然産品を主原料とする食品加工業では種蒔き期に買付契約を締結して手付金を支払い，以降，収穫期に至るまでなんらかの名目で中間金を支払っていく。その後，買付が終わり加工期間を経て，製品が出荷され，はじめて販売代金として資金の回収が行われるというパターンを毎年繰り返している。このような場合，資金需要は時期的に先行して発生する（製品需要期には逆に発生しない）が，一定期間後には終息してしまう。

　したがって，季節資金は毎年季節的に発生する資金需要であるが，経常運転資金のように期を通して常時発生するものとはその性格が異なっている。実務

上，季節資金としてあげられるのは，
- 海苔加工業者の新海苔買付資金
- 製茶業者の荒茶買付資金
- 水産業者の出漁資金の前渡金
- 繊維製品製造業者の季節製品加工資金（原糸手当―加工―備蓄）
- 家電販売業者の夏物製品仕入資金

などであろう。

＜測定方法＞

　この資金需要は，恒常的に発生するものではないから，経常運転資金のように算式で把握することはできない。したがって，実務上は，買付計画，生産計画あるいは販売計画などから逆に推論することになる。また，過年度実績からその後の価額，数量変動などを修正して把握するのも，有力な一つの方法である。

＜検討に際しての留意点＞

① 　一口に季節資金といっても，その内容は手付から始まって買付，加工，製品備蓄と変わっていき，かつ，それぞれの所要額を算定することは不可能に近い。したがって，仕入，生産，販売の各計画内容や同年同時期実績を十分検討する必要がある。

② 　季節資金は一種の，販売に至るまでのつなぎ資金需要であるから，販売見込みいかんがポイントである。

③ 　季節資金は，段階（過程）に応じて資金需要が発生するものであるから，融資時期もこれに揃えるべきである。

④ 　融資形態は単名手形融資で始まり，販売代金の回収手形の割引により返済されることになる。

e 決算資金,従業員賞与資金

＜特徴,性格＞

決算資金は,決算期後2～3カ月後に発生する税金(主として法人税,法人住民税,法人事業税),株主配当金および役員賞与金（旧商法では利益処分項目としていたので決算資金の対象としていたが,会社法で利益処分案が廃止されたので,今後は個別議案として株主総会に提出されることになる。また,経理上は費用処理されるので,決算資金の対象から外れることになる。ただし,従来どおり決算資金に含めて,あるいは賞与資金に含めて融資対象にするのは別の問題である）の支払に充当する資金をいい,また賞与資金は,通常,年2回(6～7月および11～12月)の従業員賞与の支払にあてられる資金である。

時期的な観点からすると,決算・賞与資金も一種の季節資金と考えられなくもない。しかし,両者の大きな違いはその引当て(融資をした場合は,返済原資)にある。すなわち,前項の季節資金では,最終には特定の商・製品があってその販売で完結するが,決算資金は,利益の処分（費用処理の場合も同じ）ではあるが,その利益は循環過程内に再投入されていて引当てを特定することはできない。しいて引当てを示すとすれば,企業力(収益力)ということになろうか。賞与資金についても同様である。

＜測定方法＞

決算資金の所要額は,株主総会で承認を受けた決算書類のうちの損益計算書,および個別議案の提案書から把握する。一般には

  決算資金所要額＝(損益計算書の法人税等－中間納税額)＋個別議案提案書
    の株主配当金＋同書の役員賞与金

  （注） 1．納税充当額は主として法人税,法人住民税,法人事業税の合計額である。
      2．中間納付額は,「損益計算書の法人税等－貸借対照表の未払法人税等」で計算する。
      3．ここに計上される株主配当金は,金銭による配当金だけである。

4．役員賞与金は従来どおり決算資金融資の対象とするものとして計
　　　上している。

　賞与資金の所要額については，よりどころとなる資料はないので，一義的には先方の申出を前提にすることになる。ただし，前年同時期の実績や世間相場，業界動向などから側面的にチェックする必要がある。

　　　賞与資金所要額＝平均賞与支給額×従業員数

＜検討に際しての留意点＞

① 　決算資金は納税，配当支払，役員賞与支給（決算日現在では，役員賞与引当金に見積り計上している）などの時期が一定していないので，支払時期を確認する必要がある。
② 　決算資金は別途資金で支払ってしまい，後日，決算資金として融資申入れを行う場合がある。決算資金は使途も明確であり，金融機関も受け付けやすい融資であることから，真実の資金不足理由を表面化させない狙いと思われる。それだけに，決算資金融資は支払時期の確認とフォローは絶対省略できない。
③ 　決算資金，賞与資金の融資形態は，基本的には単名手形融資の形をとる。融資期間は，返済源資が特定されないので，一般的には3～6カ月が多い。なお，手形割引で資金調達をする場合は，返済期間対応分だけ一時的に割引枠増しで処理する。

f　減産・滞貨・赤字資金

＜特徴，性格＞

　売上の減少に応じて，各段階で発生する資金需要をその性格面から表示したものである。

　すなわち，売上が低迷あるいは減少し将来回復の見通しもむずかしいとなると，生産調整に入る。しかし，生産調整は売上の減少よりも時期的に遅れ，その調整のピッチもしばらくの間は売上の減少ピッチを下回るのが普通である。

この状況下では企業の固定費負担が過大(売上回収金で，固定費が賄いきれなくなる)となり，資金需要が発生する。これを「減産資金」という。

　生産調整中でも製品は生産されているが，売上の減少により出荷ピッチが低いため，製品在庫は積み上がり，出荷されないまま滞貨化していく。ここで在庫を維持していくための資金需要が発生する。これを「滞貨資金」という。

　生産調整が進めば，製品在庫の積み上がりピッチも衰えるが，売上(出荷)が回復しない限り在庫の減少には至らない。逆に操業度の長期低下から採算割れとなり，赤字になる。これを補填するために資金需要が発生する。これを「赤字資金」という。

　以上は各段階ごとの資金需要発生要因を説明したものであり，各段階での「資金」が個別，独立して存在しているような印象を受けるかもしれない。しかし，これらを一連の流れとしてとらえた場合，最初の減産資金が滞貨資金から赤字資金へと，増量しながら転化していくと考えるべきである。

＜検討に際しての留意点＞

① 本項では＜測定方法＞の説明は省略している。それは，減産―滞貨―赤字とつながる一連の資金需要は，運転資金の範疇といいきれないからである。したがって，ここでは「知識」のレベルにとどめている。

② これらの資金需要に対する融資は，いわば再建支援であるから慎重な調査，判断が求められる。すなわち，業績回復の対策内容やその可能性(状況見通しや企業の実態，人員削減，在庫処分，再建計画など多岐にわたる)を十分に調査，検討し，シビアな判断が必要である。

③ 当然のことながら，減産資金が必ず赤字資金に転化していくとは限らない。生産調整段階で業況が回復し，売上(出荷)が正常化に向かえば，在庫調整は終了し生産回復につながっていく。ただし，この場合，減産資金融資があったとすれば，その返済は長期(利益償還が原則)で考える必要がある。

第9章

決算書スーパー分析の実際

この章では，第1章〜第8章で解説した知識を前提に，事例に基づいてその分析手法をまとめてみた。ただし，分析目的はさまざまで，常に総合判断が求められるとは限らないので，ここでは
① 黒字企業の業績を総合的に把握する
② 粉飾操作の疑いのある企業の実態を把握する
③ 欠損企業の実態を把握する
の三つのケーススタディを収録している。
　また，提出した事例で分析の手順やその判断を網羅的に説明するのは混乱を招きかねないので，
① 分析の手順，狙いなどを概説
② 事例の提示
③ 事例の分析
に分けてまとめることにした。
　なお，本章においては，次の点に留意していただきたい。
① 掲出財務諸表は会社法の様式に従っているが，説明の都合上，旧商法の様式も表示しているケースがある。
② 「自己資本」は，会社法における貸借対照表の「資産の部」に相当する。

1 黒字企業の業績を総合的に把握する

(1) 分析の手順，狙いなど

　取引先企業の大部分は黒字企業であろう。もっとも，それが下向傾向にあるのか，上向傾向にあるのか，あるいは粉飾によるものであるのかは別問題である。それだけに，表面上の数値に惑わされることなく，実態をしっかりつかも

うとする姿勢が大切である。そのためには，まず財務諸表を概観して，問題かと思われるところを粗づかみしてみることから始める。

a 貸借対照表面からの粗づかみ

① 仮勘定項目に留意する

仮勘定とは仮受金，仮払金，建設仮勘定などのように，なんらかの理由から本勘定での処理が遅れているものである。業種によっては慣習的となっているものもあるが，一般的には経理処理がずさんなのか，正規の勘定科目を隠す目的に利用することもある。2期間の財務諸表がある場合には，金額の増減に注意する。また，建設仮勘定が数期にわたって同額で計上されているときは，その建設工事がどのような状態になっているのかに関心をもつ必要がある。

② 資産の部の経過勘定項目に留意する

この勘定項目は決算時点での期間損益を正確に算出するためのもので，それ自体，問題視するものではないが，とくに資産の部に計上されている前払費用や未収収益は資産性が薄いところから，実質的な支払能力を測定する場合には割り引いて考える必要がある。

③ 投資その他の資産の内容に関心をもつ

この勘定項目は営業活動に準じて発生するものが多い。差入保証金や投資有価証券などがこの類であるが，これらは資産性の点では若干，難点がある。各勘定の性質からみて，表示価額同等の資産価値をたえずもっているとは限らないからである。

④ 売上債権と仕入債務の残高バランスをみる

売上債権や仕入債務は，その企業の回収状況や支払状況を端的に示すものである。業界の慣習によって一概にいえないとしても，たとえば売上債権が仕入債務に比して著しく残高過大の場合には，相当無理な販売を強行しているか，あるいは不良債権化しているものが混在しているか，逆に支払条件を

優遇することによって仕入値の圧縮を図っているのかなどを推定する手がかりになる場合がある。

⑤ 固定資産と自己資本＋固定負債の残高バランスをみる

その企業の資金繰り状態を概括しようとする場合には，固定資産残高と自己資本と固定負債の合計残高を対比してみればよい。両者の残高がほぼ拮抗状態であれば，その企業の資金繰り状態には大きな問題はないと推定してもよいが，たとえば固定資産の残高が過大の場合には，資金繰り状態はすこぶる不安定であると，とりあえず考えておくべきである。なお，ここでいう資金繰り状態とは，いわゆる「現金繰り」を意味しているのではない。

⑥ 主要勘定残高の前期比伸び率を把握する

財務諸表2期分が手元にある場合は，上記勘定項目の前期比伸び率でとらえてみるとよい。これによって「動き」の要素が加味されるので，より具体的な判断を導き出せるからである。たとえば好ましくない勘定残高（あるいは状況）がある場合，それが前期より悪化して現在に至ったのか，逆に改善されつつ現在に至っているのかによって，現在の残高（あるいは状況）に対する評価は微妙に違ってくるはずである。

主要勘定としては売上債権，仕入債務，商品（製造業の場合には製品，仕掛品），有形固定資産，自己資本（貸借対照表の純資産）があげられ，必要に応じてその他の勘定項目の伸び率を把握すればよい。

b 損益計算書からの粗づかみ

① 売上原価率（売上総利益率）を目算する

売上原価は収益源である売上高から最初に控除される費用であるから，この割合には関心をもつ必要がある。ただし，2期以上の財務諸表があるとか，同業他社の標準的な指標水準がある場合は「比較」することによってその妥当性も判断できようが，財務諸表が1期のみの場合は判断もむずかしくなる。

そこで次善の策として，製造原価報告書から材料費（期中材料費として合算

し，残高を示さない場合もある），仕掛品，製品の期首および期末の残高比較をしてみる。製造業における売上原価の計算構造からみて，これら残高の変化は売上原価に直接，影響を与えるので，逆にこれらの残高変化から売上原価の動きを推定してみようとするものである。

② 売上総利益と固定費的な費用の割合に注目する

　一般に人件費，減価償却費，支払利息・割引料を3大固定費といっているが，これら勘定の合計額が売上総利益に占める割合がどの程度であるかをつかんでみる。この割合が50％を超えて，より高い場合には，現時点でたとえ利益を計上していても，その収益体質は環境変化にすこぶる弱いものと推定することができよう。

③ 主要勘定残高の前期比伸び率を把握する

　財務諸表が2期以上ある場合は時系列比較による「動き」のなかから業況，業態を推定することもできよう。たとえば

　　売上高と売上総利益（または売上原価）の伸び——両者が必ず連動するとはいえないが，それらが業界の成長率などからみて常識的にかけ離れているようだと，そこになんらかの作為があるのではとまず疑念が生じるであろう。これが低調であれば人件費等3大固定費の増加を吸収することができなくなり，採算は苦しくなってこよう。

　　売上総利益と人件費の伸び——売上総利益は厳密な意味での付加価値ではないが，両者の伸びぐあいは関心をもってみる必要がある。それは，人件費が企業にとって大きな固定費であり，人員整理など特別の理由がない限り年々上昇する性質をもっているからである。したがって，企業経営上の観点からすると，売上総利益の伸びの範囲内に人件費の伸びが収まっていることがまず望ましいことといえる。

　　減価償却費と有形固定資産（または固定資産）の伸び——設備投資を行えば必ず減価償却費も増加する。ただし，設備投資の時期や償却の方法によって計上される償却額に違いがでるので厳密な把握はできないが，

両者の動きに特段の違和感がないかに留意すべきであろう。減価償却費の計上は，企業の恣意によって左右されやすい勘定項目だからである。なお，製造業の場合，減価償却費は製造原価報告書にも計上されていること，および有形固定資産（固定資産でみる場合も同じ）の伸びをみる場合は当期末残高に当期の減価償却費を加算して前期比較をすることなどに留意すべきである。

支払利息・割引料と有利子負債の伸び——支払利息・割引料は期間累計額であるのに対し，有利子負債（一般には割引手形，短期・長期借入金，社債などの総称）は期末時点での残高しか把握できないので，次善の方法として期首，期末の残高の平均値をとることが望ましいが，業況や金融情勢に大きな変化がない限り，両者には一定割合（ある程度の幅は認めなければならない）での関係があると考えられる。したがって，この割合が変化幅を超えて変動している場合には金利動向など外的要因によるものなのか，長期借入金や高金利借入金の増加あるいは組替えなど内的要因によるものなのかを確かめる必要がある。

C 製造原価報告書，利益処分計算書（会社法では株主資本等変動計算書。当面，併存するので旧のままとした）からの粗づかみ

① 製造原価に占める材料費の割合をみる（ロス率，在庫管理に関心を向ける）

材料費は製造原価のなかで重要な費目の一つであり，この割合が高いことは当然，製品への転嫁率が大きい（それだけ多くの材料を必要とする製品）ということになる。したがって，生産工程上における材料のロスが多かったり，在庫管理が不完全である場合にも，この費目は高まる可能性がある。このことから，逆に材料費割合の動きからその企業の生産状況や費消水準の適否を推定しようとするものである。

② 仕掛品から製造期間を推定する

仕掛品の期末残高（場合によっては期首，期末の平均残高をとる）を材料費と

製造原価の合算平均月額で除すことによって，その企業のおおまかな製造期間を推定することができる。製品構成などに大きな変化がないにもかかわらず，この製造期間が長くなっている場合は，製造工程になんらかの問題が多発しているのか，利益操作のための作為があるのかなどの疑念があるので検証してみる必要がでてくる。なお，除数に「｛（材料費＋製造原価）÷２｝÷12」の平均値をとるのは，仕掛品のなかには製造工程に投入されたばかりの，いわば原材料に近いものから完成間近のものまでが混在しているので，これを平均化する意図からである。

③ 繰越利益剰余金または，当期純利益に占める社外流出額の割合をみる

社外流出が過大であることは，それだけ企業内部に留保される利益が過小になることである。したがって，企業経営の観点からすると社外流出は極力圧縮することが望ましいが，現実には，経営政策上の配慮もあるので，妥当なバランスが必要となる。

以上のようなチェックから，その企業の業況，業態上の特徴，疑問点などを粗づかみすることになる。

d 財務分析の手順

総合的な分析を行う場合は，一般的に比率分析（必要に応じて実数分析を含める）によって，収益性，安全性，生産性（必要に応じて成長性を加える）の順で検討を進めていくことになる。そこで，ここでは一つのモデルとしてその手順を示してみることにする。

［収益性比率分析］

① まず総資本経常利益率を算出し，その水準を判定する。また，時系列比較によってその動きを把握し，良化しているのか悪化しているのかを把握する。

② 総資本経常利益率の分解指標である売上高経常利益率と総資本回転率を算出し，時系列比較から総資本経常利益率の変動にどの指標がより影響を

与えているかを把握する。
③ 売上高経常利益率の変化の影響がより大きい場合は，売上原価率，販売費・一般管理費比率，営業外費用比率など売上高費用比率の時系列比較によりいずれがより影響を与えているかを把握する。
④ 売上原価率の影響が大きい場合は，主として総製造費用（これをさらに分解する場合は材料費，労務費，製造経費），製造原価などの時系列比較をする。

販売費・一般管理費比率の影響が大きい場合は，その構成費用項目を時系列比較することになるが，一般的には人件費，減価償却費が対象となることが多い。

営業外費用比率の影響が大きい場合の再分析は，一般には売上高対支払利息・割引料比率の時系列比較となることが多い。
⑤ 総資本回転率が変化したことによる影響がより大きい場合は，流動資産回転率と固定資産回転率の時系列比較によってその変化幅を判定する。
⑥ 流動資産回転率の変化が主因の場合は，主として売上債権回転率，たな卸資産回転率の影響によることが多い（なお，必要に応じて売上債権，たな卸資産各回転率の再分解をすることもある）。
⑦ 固定資産回転率の変化が主因の場合は，主として有形固定資産回転率の影響によることが多い（なお，必要に応じて有形固定資産回転率の原因分析を行なう）。
⑧ 以上，一連の比率分析によって，その企業の総合的な収益状況がどのような原因によって良化ないしは悪化しているのかをまとめることになる。

［収益性実数分析］

比率分析によってその企業の収益状況を把握したとしても，では収益体質はとなると，いま一つ明確化していない。そこで，損益分岐点分析からこの点を把握する。
① 固定費，変動費の費用分解をする（日銀方式または中小企業庁方式が一般

的）
② 損益分岐点売上高を算出する。
③ 損益分岐点売上高と実際売上高の乖離を求める（損益分岐点比率の算出）
④ 並行して，費用構造分析を行う。
⑤ 以上の作業結果から，その企業の収益体質および特徴，問題点などを判定し，コメントをまとめることになる。

[安全性比率分析]

安全性は短期と長期に分別して分析する。短期の安全性は支払能力の程度を，また長期の安全性は資金繰り状態の安定度合を測定すると考えてよい。

◇ 短期の安全性

① 流動比率を算出し，その水準および時系列比較による「動き」を把握する。
② 次いで，当座比率を算出し，流動比率の水準，動きと対比してみる。とくに「動き」が逆方向になっているときは，たな卸資産の影響が大であると推定される。
③ 売上債権回転期間，たな卸資産回転期間の時系列比較をする。流動比率が良化していても，回転期間が延びたために残高が増加したのであれば，質の面で必ずしも良好といいきれない場合がある。
④ 以上の各指標の水準や動きからコメントをまとめることになるが，必要に応じて現金・預金比率を算出する。ただし，担保差入れなどによる預金の拘束度合が高い場合は，この指標結果は現実性が薄くなることも考慮しておかなければならない。

◇ 長期の安全性

① まず，固定長期適合率の水準と時系列比較による動きを把握する。一般的には固定比率がまず取り上げられようが，借入依存体質が明らかな場合は，この指標だけでの判断は困難で，必ず固定長期適合率を算出せざるをえないことになる。したがって，長期資金の運用・調達のバランス状態は

固定長期適合率で把握するのが便宜的であろう。
② 自己資本比率の水準と時系列比較による動きを把握する。固定長期適合率の水準が良好であったとしても自己資本部分が過小である場合は，その水準に対する評価を若干下げる必要がある。したがって，自己資本比率はその水準，動きに対する評価と同時に，固定長期適合率にもからめて利用されることになる。ただし，自己資本の構成項目は従来に比べて著しく変わってくるので，自己資本を長期安定的な資本と絶対視するのは避けなければならない。

［安全性実数分析］

安全性の実数分析には運転資金需要分析，資金繰表分析，資金移動表分析，資金運用表分析などがあるが，ここでは運転資金需要分析についてまとめることにする。

① 資金需要となる売上債権とたな卸資産の残高および資金調達である仕入債務残高を算出する。並行して各残高の平均月商対比割合（回転期間）を算出しておく。
② 前期対比により運転資金需要増加額を算出する。
③ 運転資金需要増加額を増加運転資金と取引条件変更に伴う不足運転資金に分別する。なお，増加運転資金は取引条件に変更がないという前提で，売上高の増加に伴って発生した資金需要と考えている。したがって，前向きの資金需要ということができる。
④ 運転資金需要分析は，単に資金需要額の把握にとどまらず，需要額増加の原因把握によってその可否を判断する。一般には，先に算出した各回転期間の動きをもとにして判定することになる。

［生産性分析］

財務分析における生産性分析は，付加価値の概念を導入した分析が一般的である。

① 付加価値額を算出する（日銀方式または中小企業庁方式が一般的）。

② 労働生産性を算出し，時系列比較によりその動きを把握する。
③ 労働生産性の分解指標である付加価値率，労働装備率および有形固定資産回転率の時系列比較から，労働生産性の変動にどの指標の変化がより影響を与えているのかを把握する。
④ 必要に応じ，各分解指標の変化はどのような理由から生じたものであるかの原因分析を行う。この場合は，各分解指標算式の分子および分母項目の動き，さらには分子および分母項目を構成している内容項目の動きを把握し，判定することになる。
⑤ 以上，一連の分析を総合して，どのような原因から労働生産性が良化ないしは悪化したのかをまとめることになる。
⑥ 産出された付加価値がどのように分配されたかの把握は，最大の項目である人件費を取り上げ，労働分配率として測定する。そして，その水準および時系列比較による動きからその良否の状態を判断する。
⑦ 生産性分析の応用として，労働生産性，労働分配率および従業員1人当り人件費の3者間から，賃金の上昇を労働生産性の上昇で吸収しているのか，あるいは労働分配率を高めて吸収しているのかを測定し，この結果から企業経営の姿勢を判断することもある。

(2) 事例の提示

① 貸借対照表　　　　　　　　　　　　　　　　　　（単位：百万円）

	30期	31期		30期	31期
現金・預金	496	520	支払手形	357	428
受取手形	58	70	買掛金	93	112
売掛金	124	149	短期借入金	587	644
製品	47	74	未払法人税等	17	19
仕掛品	310	409	前受金	23	45
材料	118	141	設備支手	10	80
仮払金	10	23	賞与引当金	33	35
前払費用	6	7	その他	5	6
貸倒引当金	△11	△14	(流動負債計)	(1,125)	(1,369)
その他	3	2	長期借入金	650	1,050
(流動資産計)	(1,161)	(1,381)	退職給付引当金	162	166
有形固定資産	1,104	1,537	(固定負債計)	(812)	(1,216)
無形固定資産	10	10	資本金	300	300
投資その他の資産	50	48	資本剰余金	10	10
(固定資産計)	(1,164)	(1,595)	利益剰余金	78	81
[資産合計]	[2,325]	[2,976]	(純資産計)	(388)	(391)
			[負債・純資産合計]	[2,325]	[2,976]

(注)　割引手形　　500　　　　600

② 損益計算書　　　　　　　　（単位：百万円）

	30期	31期
売上高	1,860	2,232
売上原価	1,406	1,604
売上総利益	454	628
販売費・一般管理費	354	491
うち人件費	180	224
うち減価償却費	8	10
営業利益	100	137
受取利息	13	10
支払利息・割引料	48	76
経常利益	65	71
特別損益	△1	△1
税引前当期純利益	64	70
法人税等	28	32
当期純利益	36	38

③ 製造原価報告書　　　　　　（単位：百万円）

	30期	31期
材料費	899	1,126
労務費	420	454
製造経費	113	150
（当期総製造費用）	(1,432)	(1,730)
期首仕掛品たな卸高	295	310
期末仕掛品たな卸高	310	409
（当期製品製造原価）	(1,417)	(1,631)

④ 利益処分計算書を株主資本等変動計算書に直すと次のようになる。

（単位：百万円）

	株主資本								
		資本剰余金			利益剰余金				株主資本合計
	資本金	資本準備金	その他資本剰余金	計	利益準備金	その他利益剰余金		計	
						××積立金	繰越利益剰余金		
平成××年×月××日（注2）（30期残高）	300	10	0	10	24	50	4	78	388
事業年度中の変動額									
剰余金の配当							△15	△15	△15
剰余金の振替					4	3	△3 △4	0	0
（注3）役員賞与							△20	△20	△20
当期純利益							38	38	38
変動額計					4	3	△4	3	3
平成××年×月××日（31期残高）	300	10	0	10	28	53	0	81	391

（注） 1．実数のある項目のみ掲出。
   2．1行目30期残高を便宜的に表示。
   3．役員賞与は旧利益処分計算書と対比するため便宜的に掲出。
     費処理した場合は，当期純利益が「20－法人税相当分」だけ減額となる。

⑤ 旧利益処分計算書（対比するため掲出）

（単位：百万円）

	30期	31期
当期未処分利益	48	42
利益準備金	4	4
配当金	15	15
役員賞与	20	20
任意積立金	5	3
次期繰越利益	4	0

⑥ その他の情報

1．従業員数　　30期　90人　　31期　100人

2．有形固定資産の内訳　　　　　　　　　　　（単位：百万円）

	建物・構築物	機械設備	運搬具その他	土地	計
30期	315	254	85	450	1,104
31期	380	462	110	585	1,537

3．製造原価報告書の経費内訳　　　　　　　　（単位：百万円）

	外注加工費	減価償却費	賃借料	租税公課	その他	計
30期	26	17	6	8	56	113
31期	33	26	6	8	77	150

(3) 事例の分析

a 財務諸表の概観

（注）計算については，コンマ以下第2位を四捨五入している。

① 貸借対照表面から把握される特徴

(イ) 仮払金勘定が30期の10百万円から31期23百万円に急増している。業種的にある程度の仮払金が発生するとしても，急増した理由，どういう性格の支出をこの勘定で処理しているのかを問診する必要がある。

(ロ) たな卸資産のなかに占める仕掛品の割合が大きいのが特徴的である。これが製造期間の長さを示していると考えると，その期間は妥当なのであろうか。

(ハ) 製造業であれば当然のことであるが，総資産の過半を固定資産が占めている。ここで留意すべきは有形固定資産の伸びであろう。どのような採算見通しがあっての設備投資なのか，その内容を検討してみたい。

(ニ) 31期の設備投資は自己資本の微増からみて，すべてを他人資本に依存していると考えてよい。とくに一部を短期の設備支手（設備関係支払手形，流動負債に計上）で賄っているのには問題がある。

（31期固定資産増［表面］431百万円，自己資本増3百万円，固定負債増404百万円，設備支手増70百万円）

(ホ) 前受金が30期の23百万円から31期45百万円へ倍増，かつ金額的にも大きい。どういう性格の資金を経理しているのかチェックする必要がある（疑えば，高利の借入資金を隠蔽しているのではないかということになる）。

(ヘ) 残高的に固定資産と固定負債＋自己資本はとりあえずバランスしているが，余裕薄の状態である。

（30期固定資産1,164百万円，31期1,595百万円，30期　固定負債＋自己資本1,200百万円，31期1,607百万円）

(ト) 売上債権と仕入債務の残高バランスについては，とくに問題視する点は見当たらない。

(30期売上債権682百万円，31期819百万円，30期仕入債務450百万円，31期540百万円)

② 損益計算書面から把握される特徴

(イ) 31期の売上伸び率20％は，現在の経済情勢からみてすこぶる良好な水準である。この伸びを支えているのは販売力なのか，商品力なのか，あるいは一時的なものなのかは確認しておく必要がある。

(ロ) 両期を比較すると売上原価率は改善されている。ただし，その内容(製造原価報告書)をみる限り，仕掛品，製品の期末残高が増加しているのが気がかりである。それらは売上原価を計算上引き下げる効果をもっているからである。

(ハ) 人件費，減価償却費(ただし，販売費・一般管理費のなかの費用)および支払利息・割引料の合計額は売上総利益の約50％前後となっており，とくに違和感はない。

(30期売上総利益454百万円，31期628百万円，30期人件費等合計額236百万円，31期310百万円)

(ニ) 主要勘定項目の31期伸び率をとってみると，有利子負債と支払利息・割引料の伸びのバランスが際立っているほかは，まずノーマルとみてよい。

	売上高	売上総利益	人件費	減価償却費	支払利息・割引料	有形固定資産	有利子負債
31期の伸び	1.20	1.38	1.24	1.44	1.58	1.39	1.32

③ 製造原価報告書，旧利益処分計算書面から把握される特徴

(イ) 当期総製造費用に占める材料費割合は上昇してきている。これは，材料や製品または製造工程などの変更によるものなのか，管理上の問題なのか，

その状況把握が必要であろう。

（材料費割合　30期62.8％，31期65.1％）

(ロ) 製造期間を仕掛品から類推すると，平均して約0.4カ月伸びているが，この理由は問診，調査する必要がある（算式の意味はp.380）。

（製造期間　30期 $\dfrac{310}{1,158.0\div 12}\fallingdotseq 3.2$ カ月，31期 $\dfrac{409}{1,378.5\div 12}\fallingdotseq 3.6$ カ月）

(ハ) 当期純利益と配当金，役員賞与を対比した場合，ほぼ同額となっている。このことは，期中に稼得した利益をすべて社外流出していることになり，企業経営上好ましい状態ではない（旧利益処分計算書より）。

④ 所見

当社31期の企業活動で特徴的なのは，多額の設備投資を実施していることである。そして，この投資効果は前期比，売上総利益伸び1.38，営業利益伸び1.37からみて現われてきつつあると推定できるが，反面，経常利益段階では伸び1.09とダウンしている。これは設備投資のすべてを有利子負債に依存した当然の結果といえる。したがって，設備投資の今後の効果発現いかんによっては，これが過負担化するおそれがある。

また，製造原価に占める総製造費用の割合は30期101.1％，31期106.1％とむしろ増加している。これが今回の設備投資効果とどのように関連しているのかは解明する必要があろう。

さらに，当社の他人資本依存体質および過大な社外流出傾向は，経営環境の変化に対する抵抗力をぜい弱化しているといえる。

b　収益性分析――比率分析

① 収益性の総合的な指標である総資本経常利益率を算出すると，31期は2.0％と，前期比0.3ポイント低下している。このことから「当社31期の収益状況は悪化している」といえる。

30期 $\dfrac{65}{2,325+500}\fallingdotseq 2.3\%$　　31期 $\dfrac{71}{2,976+600}\fallingdotseq 2.0\%$

② 総資本経常利益率の低下原因を把握するために，売上高経常利益率と総資

本回転率に分解すると，それぞれ前期比0.3ポイント，0.1回低下（悪化）していることがわかる。このことから「総資本回転率（効率）も若干低下しているが，それ以上に売上高経常利益率（利幅）が低下し，結果として31期の収益状況は悪化した」といえる。

	30期	31期	増減
売上高経常利益率	$\frac{65}{1,860} \fallingdotseq 3.5\%$	$\frac{71}{2,232} \fallingdotseq 3.2\%$	△0.3
総資本回転率	$\frac{1,860}{2,325+500} \fallingdotseq 0.7$回	$\frac{2,232}{2,976+600} \fallingdotseq 0.6$回	△0.1

③ 売上高経常利益率が低下した原因を把握するために各売上高費用比率を算出してみると次のようになり，「売上原価率は改善したものの，それ以上に販売費・一般管理費比率，支払利息・割引料比率が上昇（悪化）したためで，とくに販売費・一般管理費比率の上昇が主因」ということになる。

	30期	31期	増減
売上原価率	$\frac{1,406}{1,860} \fallingdotseq 75.6\%$	$\frac{1,604}{2,232} \fallingdotseq 71.9\%$	△3.7
販売費・一般管理費比率	$\frac{354}{1,860} \fallingdotseq 19.0\%$	$\frac{491}{2,232} \fallingdotseq 22.0\%$	3.0
支払利息・割引料比率	$\frac{48}{1,860} \fallingdotseq 2.6\%$	$\frac{76}{2,232} \fallingdotseq 3.4\%$	0.8

（上記指標の差額数値は0.1増加となるが，売上高対受取利息比率が30期0.7％，31期0.4％と低下しているため，この分が加算されることになる。）

④ ここで変化の大きい売上原価率と販売費・一般管理費比率の原因分析をしておく。

  (イ) 売上原価率　3.7ポイント改善

　　すなわち，投入された総製造費用の割合は，前期比0.5ポイント増加し

	30期	31期	増減
売上高総製造費用比率	$\frac{1,432}{1,860}$≒77.0%	$\frac{1,730}{2,232}$≒77.5%	0.5
材料費比率	$\frac{899}{1,860}$≒48.3%	$\frac{1,126}{2,232}$≒50.4%	2.1
労務費比率	$\frac{420}{1,860}$≒22.6%	$\frac{454}{2,232}$≒20.3%	△2.3
製造経費比率	$\frac{113}{1,860}$≒6.1%	$\frac{150}{2,232}$≒6.7%	0.6
売上高製造原価比率	$\frac{1,417}{1,860}$≒76.2%	$\frac{1,631}{2,232}$≒73.1%	△3.1
期首仕掛品比率	$\frac{295}{1,860}$≒15.9%	$\frac{310}{2,232}$≒13.9%	△2.0
期末仕掛品比率	$\frac{310}{1,860}$≒16.7%	$\frac{409}{2,232}$≒18.3%	1.6
売上高期首製品比率	$\frac{39}{1,860}$≒2.1%	$\frac{47}{2,232}$≒2.1%	0
売上高期末製品比率	$\frac{47}{1,860}$≒2.5%	$\frac{74}{2,232}$≒3.3%	0.8

（注） 30期の期首製品在高は39百万円

ているが，期首仕掛品の割合が前期比2.0ポイント低下，期末仕掛品，期末製品の割合がそれぞれ1.6ポイント，0.8ポイント増加（いずれも原価計算上では減算の効果となる）しているため，結果として計算上の売上原価は前期比3.7ポイント低下することになった。

　なお，総製造費用比率が上昇したのは，労務費比率が大きく低下したものの，材料費比率，経費比率の上昇がそれ以上となったためである。

(ロ)　販売費・一般管理費比率　3.0ポイント上昇（悪化）

　すなわち，減価償却費比率はほぼ横ばい，人件費比率は前期比0.3ポイント上昇の状況から，販売費・一般管理費比率悪化の主因は両費用を除くその他費用の増加によると考えられる。ただし，本資料の限りでは費用項目を特定することはできない。

	30期	31期	増減
売上高人件費比率	$\frac{180}{1,860} \fallingdotseq 9.7\%$	$\frac{224}{2,232} \fallingdotseq 10.0\%$	0.3
売上高減価償却費比率	$\frac{8}{1,860} \fallingdotseq 0.4\%$	$\frac{10}{2,232} \fallingdotseq 0.4\%$	0
売上高その他費用比率	$\frac{166}{1,860} \fallingdotseq 8.9\%$	$\frac{257}{2,232} \fallingdotseq 11.5\%$	2.6

⑤　以上の売上高経常利益率の分解から，「売上原価率は大幅に改善されたものの，それ以上に販売費・一般管理費比率，支払利息・割引料比率が悪化したため，結果として売上高経常利益率は悪化することとなった。なお，売上原価率の改善は期首仕掛品の割合低下および期末仕掛品，期末製品割合の上昇によるいわば計算上の要因が主因であるから，一時的な改善に終わる（期末残高は来期の期首残高となる）可能性がある。また，販売費・一般管理費比率の悪化は固定費的な人件費の増加による以上にその他経費の増加が主因であることに着目したい（その他経費のすべてがそうだとはいいきれないが，どちらかというと管理可能的な費用が多い。その費用が増加するということは一面，管理のルーズさもあると考えておかなければならない）」というコメントにまとめることができよう。

⑥　総資本回転率は前期比0.1回と若干の低下であり，実務上，この程度では原因分析を行わないこともあるが，勉強のため以下で検討しておくことにする。

　(イ)　総資本を流動資産と固定資産に分解してそれぞれの回転率を算出する。
　　　これによると流動資産回転率は前期比ほとんど変わりがない（四捨五入の関係で同値となっているが，31期は若干回転が速くなっている）。一方，固定資産回転率は30期1.6回が31期1.4回と遅くなっている。したがって，総資本回転率が低下した主因は固定資産回転率の低下であるといえる。

	30期	31期	増減
流動資産回転率	$\frac{1,860}{1,161+500} \fallingdotseq 1.1$回	$\frac{2,232}{1,381+600} \fallingdotseq 1.1$回	0
固定資産回転率	$\frac{1,860}{1,164} \fallingdotseq 1.6$回	$\frac{2,232}{1,595} \fallingdotseq 1.4$回	△0.2

(ロ) 固定資産回転率が低下する場合は，一般的に有形固定資産回転率の低下が多いが，念のため構成項目の回転率を示すと次のようになる。

	30期	31期	増減
有形固定資産回転率	$\frac{1,860}{1,104} \fallingdotseq 1.7$回	$\frac{2,232}{1,537} \fallingdotseq 1.5$回	△0.2
無形固定資産回転率	$\frac{1,860}{10} = 186$回	$\frac{2,232}{10} = 223.2$回	37.2
投資その他の資産回転率	$\frac{1,860}{50} = 37.2$回	$\frac{2,232}{48} = 46.5$回	9.3

　無形固定資産および投資その他の資産の回転率の数値，変化幅は大きいが，固定資産残高に占める割合が過小であるから，これに惑わされてはならない。

　なお，有形固定資産回転率をさらに原因分析する場合は，その構成項目ごとの回転率を算出することになる。

(ハ) 流動資産回転率は全体として同数値であるが，その構成項目間で変動がないかを検証するために，主要勘定項目の回転率を算出してみる。

　これによると現金・預金の回転率が速くなっている反面，たな卸資産の回転率が遅くなっていることが把握できる。すなわち，たな卸資産の増加が特徴的であるといえよう。

	30期	31期	増減
現金・預金回転率	$\dfrac{1,860}{496} \fallingdotseq 3.8$回	$\dfrac{2,232}{520} \fallingdotseq 4.3$回	0.5
受取手形回転率	$\dfrac{1,860}{58+500} \fallingdotseq 3.3$回	$\dfrac{2,232}{70+600} \fallingdotseq 3.3$回	0
売掛金回転率	$\dfrac{1,860}{124} = 15.0$回	$\dfrac{2,232}{149} \fallingdotseq 15.0$回	0
たな卸資産回転率	$\dfrac{1,860}{47+310+118} \fallingdotseq 3.9$回	$\dfrac{2,232}{74+409+141} \fallingdotseq 3.6$回	△0.3

⑦ 所見

収益性の総合的な指標である総資本経常利益率は低下しているので，当社31期の収益性は悪化しているといえる（水準については理論上からも低い印象があるが，同業他社の数値がないのでコメントを差し控えている）。

総資本経常利益率が低下した原因は，総資本回転率も若干遅くなっているが，それ以上に売上高経常利益率が低下したためである。すなわち，資本の利用効率の低下もさることながら利益幅の縮小が大きかったといえる。

売上高経常利益率が低下した原因は販売費・一般管理費比率と支払利息・割引料比率の悪化（上昇）によるもので，とくに販売費・一般管理費のなかの管理可能的な費用（その他費用）の比率悪化（上昇）の影響が大きい。なお，売上原価率は低下し，良好な状況となっているが，その内容を分析してみると実質的な総製造費用は増加しているので，この状況は一時的なものと考えておくべきであろう。したがって，収益性改善のためには製造費用，販売費・一般管理費用の効率使用が必須となる。

一方，総資本回転率は有形固定資産投資が主因で若干低下している。したがって，この投資がどの程度収益に貢献するかが収益性良化のもう一つのポイントとなってこよう。

C　収益性分析——実数分析

比率分析で当社の収益状況を把握したときは，並行してその収益体質を損益分岐点分析の手法を利用して把握しておくことも必要であろう。

① 損益分岐点分析

(イ) 費用分解

費用分解は入手している資料の都合上「日銀方式」を準用する（金額単位：百万円）。

・固定費

　　　労務費＋製造経費－外注費＋販売費・一般管理費＋営業外費用－営業外収益＝固定費
30期　420　　113　　26　　354　　48　　13　　896
31期　454　　150　　33　　491　　76　　10　　1,128

　（注）「日銀方式」で変動費と規定している電力料，水道料，および荷造運搬費は入手資料からは把握できないので省略している。

・総費用

　　　売上原価＋販売費・一般管理費＋営業外費用－営業外収益＝総費用
30期　1,406　　354　　48　　13　　1,795
31期　1,604　　491　　76　　10　　2,161

・変動費

　　　総費用－固定費＝変動費
30期　1,795　　896　　899
31期　2,161　　1,128　　1,033

(ロ) 損益分岐点売上高

30期　$896 \div (1 - \frac{899}{1,860}) = 896 \div (1 - 0.483) \fallingdotseq 1,733.1$ 百万円

31期　$1,128 \div (1 - \frac{1,033}{2,232}) = 1,128 \div (1 - 0.463) \fallingdotseq 2,100.6$ 百万円

　（注）変動費率は計算の都合上，コンマ以下第4位を四捨五入している。

(ハ) 損益分岐点比率

　　30期　$1,733.1 \div 1,860 \times 100 \fallingdotseq 93.2\%$

　　31期　$2,100.6 \div 2,232 \times 100 \fallingdotseq 94.1\%$

(ニ) 所見

　　損益分岐点比率の水準は高く，余裕薄（現状体質で売上高が1割低下すると直ちに欠損となる）の状態である。また，傾向としても31期は悪化しており，すこぶる不芳の状況といえる。

(ホ) 悪化原因分析

◇ 損益分岐点比率の算式構造からみると，分子の損益分岐点売上高の前期比伸びは1.212ポイント，対する分母の実際売上高の伸びは1.20ポイントである。このことから比率水準の悪化は損益分岐点売上高が押し上がったためである。

◇ 損益分岐点売上高が高くなった原因を算式構造からみると，（固定費伸び1.26）÷$\left[1 - \dfrac{変動費伸び1.15}{実際売上高伸び1.20}\right]$となる。このことから，変動費の伸びが実際売上高の伸びを下回ったために結果として変動費率は低下（30期0.483, 31期0.463）したが，固定費の伸びが大きく影響していることがわかる。ただし，変動費の計算過程では，先にみた期末仕掛品，製品在庫の増加が影響している点に留意しておく必要がある。

◇ 固定費が伸びた原因を，その構成各項目の寄与度（下記，伸び×シェア）からみると，販売費・一般管理費と労務費の増加によるところが大きいことがわかる。

（金額単位：百万円）

	固定費	労務費	製造経費	△外注加工費	販売費・一般管理費	営業外費用	営業外収益
30期残高	896	420	113	△26	354	48	△13
シェア	100%	46.9	12.6	△2.9	39.5	3.9	
前期比伸び	(1.26)	1.08	1.33	1.27	1.39	1.89	
寄与度	1.26	0.51	0.17	△0.04	0.55	0.07	

◇ さらに販売費・一般管理費の伸びを限られた資料から分析（下記）してみると，その他経費，人件費の順で影響していることがわかる。

（金額単位：百万円）

	販売費・一般管理費	人件費	減価償却費	その他費用
30期残高	354	180	8	166
シェア	100%	50.8	2.3	46.9
前期比伸び	(1.39)	1.24	1.25	1.55
寄与度	1.39	0.63	0.03	0.73

② 費用構造の分析

固定費，変動費などを下記のようにまとめてみる。

	固定費	変動費		変動費率
30期総費用に占める割合	49.9%	50.1%	30期	0.483
31期総費用に占める割合	52.2%	47.8%	31期	0.463

本来，製造業の費用構造は，「高固定費・低変動費型」が一般的であるが，当社の場合は高固定費・高変動費的な費用構造である。30期には固定費と変動費の総費用に占める割合が逆転している。これを改善するために一連の設備投資（合理化，省力化投資も含まれていると推定）が行われたとも考えられ，その効果は一部，変動費率の低下で間接的にうかがうこともできるが，反面，固定費の増加をもたらしており，高固定費・高変動費型からの脱却はできていない。したがって，費用構造の現状は限界企業的な色彩を強くもっているといわざるをえない。

d 安全性分析──比率分析

安全性は短期と長期に分別して検討する（金額単位　百万円）。

① 短期安全性

　(イ) まず，流動比率を算出してみると，30期，31期ともすこぶる低水準かつ

悪化傾向を示している。

30期 $\dfrac{1,161}{1,125}=103.2\%$　　31期 $\dfrac{1,381}{1,369}≒100.9\%$

(ロ)　流動比率の質的検討をするために当座比率を算出してみると，次のとおりである。

30期 $\dfrac{678}{1,125}=60.3\%$　　31期 $\dfrac{739}{1,369}=54.0\%$

（注）　当座資産＝現金・預金＋受取手形＋売掛金とし，割引手形は含めていない。

これによると31期の当座比率の落込みは，流動比率の落込みより大きいことがわかる。このことは当座資産の減少とともにたな卸資産が増加していると推定される。

(ハ)　この資産内容の変化を平均月商対比の割合（回転期間）で検証してみると，次のようになる。

	30期	31期	増減
現金・預金回転期間	$\dfrac{496}{155}≒3.2$月	$\dfrac{520}{186}≒2.8$月	△0.4
売上債権回転期間	$\dfrac{182}{155}≒1.2$月	$\dfrac{219}{186}≒1.2$月	0
たな卸資産回転期間	$\dfrac{475}{155}≒3.1$月	$\dfrac{624}{186}≒3.4$月	0.3

（注）　売上債権に割引手形を戻し入れていないので真正の回転期間ではないことに留意すること。

これによると，換金性の高い現金・預金資産が減少し，それよりも換金性の低いたな卸資産が増加していることがわかる。

(ニ)　所見

短期の支払能力を表わす流動比率は，低水準かつ悪化傾向にあり，すこぶる不芳の状態である。なお，実質的な支払能力をみるために流動資産から資産性の低い「仮払金，前払費用」を控除し「貸倒引当金」を修正して流動比率を算出してみると

30期 $\dfrac{1,161-10-6+11}{1,125} = \dfrac{1,156}{1,125} \fallingdotseq 102.8\%$

31期 $\dfrac{1,381-23-7+14}{1,369} = \dfrac{1,365}{1,369} \fallingdotseq 99.7\%$

となり,31期では100%を割り込む状況である。

また,換金性からみた資産の内容も,換金性の低い資産への入れ替わりがみられる。

以上からみると,当社の短期支払能力は著しく低いといわざるをえない。

② 長期安全性

(イ) 長期の安全性に関する指標をまとめて算出すると次のとおりである。

	30期	31期
固定比率	$\dfrac{1,164}{388} = 300\%$	$\dfrac{1,595}{391} \fallingdotseq 407.9\%$
固定長期適合率	$\dfrac{1,164}{388+812} = \dfrac{1,164}{1,200}$ $= 97.0\%$	$\dfrac{1,595}{391+1,216} \fallingdotseq \dfrac{1,595}{1,607}$ $= 99.3\%$
負債比率	$\dfrac{1,125+812+500}{388} = \dfrac{2,437}{388}$ $\fallingdotseq 628.1\%$	$\dfrac{1,369+1,216+600}{391} = \dfrac{3,185}{391}$ $\fallingdotseq 814.6\%$
自己資本比率	$\dfrac{388}{2,325+500} \fallingdotseq 13.7\%$	$\dfrac{391}{2,976+600} \fallingdotseq 10.9\%$

(ロ) 所見

◇ 資金の運用,調達面のバランス

固定比率,固定長期適合率とも水準は,当社の過少自己資本,他人資本依存体質がストレートに現われているといってよい。

31期の有形固定資産投資(資金の運用)は自己資本(資金の調達)がほとんど増加していない状況では,固定比率が急騰するのも当然といえる。当社はこれを長期の他人資本の導入で賄ったが,一部調達不足(有形固定資産増433:長期資本(自己資本+固定負債)増407)となっているため,固定長期適合率は急激に上昇することとなった。すなわち,31期の投資計画に際しても従来の借入依存体質が是正されないまま実行されていることがわかる(本来的には投資計画策定にあたっては倍額程度の増資が望まし

いといえる。これが直ちには無理としても，たとえば30期の社外流出35（旧利益処分計算書に従って把握）を計画実行の一環として取り止めたとしたら，自己資本は426となり，借入計画をそのまま実行したとしても固定長期適合率は前期並みの97.1%$\left[\dfrac{1,595}{426+1,216}\right]$程度を維持することが可能となる）。

◇ 資金調達面のバランス

先に述べた過少資本，他人資本依存体質が直接現われているのが負債比率で，31期の有形固定資産投資を契機に負債は自己資本の6倍強から8倍強にふくらんでいる。これに伴い自己資本は絶対額がほとんど増加していないので，自己資本比率は著しく低下することになった。

製造業における一般的な自己資本比率を30%と考えると，当社の水準は著しく劣位にあり，長期の資金体質は不良といわざるをえない。

e 安全性分析──実数分析

安全性の実数分析には，その分析目的に応じて運転資金使途別分析（運転資金需要体質の把握），資金繰表分析（収支の現金繰り状況の把握），資金移動表分析（収支の資金繰り状況の把握），資金運用表分析（資金の運用・調達状況の把握）などがあるが，ここでは当社の運転資金需要体質を検討してみることにする（金額単位：百万円）。

① 運転資金需要額を把握する（残高ベース）

	売上債権（受手＋割手＋売掛）	＋たな卸資産	－仕入債務（支手＋買掛）	＝運転資金需要額
30期	(58＋500＋124)	(47＋310＋118)	(357＋93)	707
31期	(70＋600＋149)	(74＋409＋141)	(428＋112)	903

これによると，31期の運転資金需要額は前期比196増加したことになる。

② 上記各残高を平均月商対比割合（回転期間）に変換しておく。

売上債権＋たな卸資産－仕入債務＝運転資金需要額

30期	4.4カ月	3.1カ月	2.9カ月	4.6カ月
31期	4.4カ月	3.4カ月	2.9カ月	4.9カ月

　これによると，運転資金需要額の平均月商対比割合は30期4.6倍，31期4.9倍となっているが，売上債権，仕入債務は変更がないので，たな卸資産増加による運転資金負担増が影響していることがわかる。

③　運転資金需要額の30期比増加額196を増加運転資金と取引条件変更に伴う不足運転資金に分別する。

　　　増加運転資金（平均月商増加額×30期の平均月商対比割合）

$$(186-155)\times(4.4+3.1-2.9)=142.6$$

　　　不足運転資金（31期平均月商×各平均月商対比割合の延長分）

$$186\times[(4.4-4.4)+(3.4-3.1)-(2.9-2.9)]=55.8$$

　　（注）　各平均月商対比割合算出時の四捨五入の関係で合算額は196にならない。なお，合算額を合致させるためにはコンマ以下第4位を四捨五入すると増加運転141.4，不足運転54.5となる。

④　所見

　31期運転資金需要増加額は196，これに対し割引手形の増加100，短期借入金増加57，前受金の増加22，その他負債で資金調達をしていることになる。

　運転資金需要増加額のうち増加運転資金約142.6は売上増加に伴い発生した資金需要であり，いわば前向きの正常な資金需要と考えてよいが，取引条件が変わったことにより発生した資金需要約55.8（本事例ではたな卸資産の積上がりによる負担増）は必ずしも前向きとはいいがたい場合もあるので，その変更理由を調査する必要がある。

f　生産性分析

　ここでは，付加価値概念に基づいて当社の能率を労働生産性と労働分配率の視点から分析する（金額単位：百万円）。

① 付加価値額の算出は便宜上，日銀方式を採用する。

付加価値額＝経常利益＋人件費・労務費＋金融費用＋賃借料＋租税公課＋減価償却費
30期　　752　　65　　(180＋420)　　48　　6　　8　　(8＋17)
31期　　875　　71　　(224＋454)　　76　　6　　8　　(10＋26)

② 労働生産性の算出

30期　$\dfrac{752}{90} \fallingdotseq 8.4$　　31期　$\dfrac{875}{100} \fallingdotseq 8.8$

これによると，当社の労働生産性（従業員1人当り付加価値額）は着実に上昇している。

(イ) 労働生産性が上昇した原因を把握するために，下記のように分解して検討してみる。

労働生産性＝付加価値率×労働装備率×有形固定資産回転率

30期　　$\dfrac{752}{90}$　＝　$\dfrac{752}{1,860}$　×　$\dfrac{1,104}{90}$　×　$\dfrac{1,860}{1,104}$
　　　　8.4　　　40.4％　　　12.3　　　1.7回

31期　　$\dfrac{875}{100}$　＝　$\dfrac{875}{2,232}$　×　$\dfrac{1,537}{100}$　×　$\dfrac{2,232}{1,537}$
　　　　8.8　　　39.2％　　　15.4　　　1.5回

（注）分解指標の乗数は四捨五入の関係で，労働生産性の数値と一致していない。

これによると，31期労働生産性が上昇したのはもっぱら期中の有形資産投資によることがわかる。ただし，この投資も回転率の低下，付加価値率の低下からみて十分に効果を発揮していない状態と推定される。したがって，今後は付加価値率の高い製品による売上高の増加が実現できるかがポイントとなる。

(ロ) 所見

31期の有形固定資産投資がいまだ十分効果を発揮していない状態と考えられるが，問題は，この状態が本格稼働に至る前段階で決算期を迎えたという時間的なものなのか，当初計画および実施段階でなんらかのトラブルが発生した結果なのかということになろう。前者の場合であれば時の経過

とともに解消するであろうから,とくに問題視するにあたらないが,後者の場合は今後に尾を引く問題になる。この点は十分検証する必要がある。なお,このような疑念をもったのは有形固定資産回転率(1.7回→1.5回),付加価値率(40.4%→39.2%)の低下以外に,設備投資をしたにもかかわらず労務費(420→454),外注加工費(26→33)が増加していることからである。

　なお,単純な試算で,31期に仮に前期並みの回転率を維持できたとすると労働生産性は10.3(39.2%×15.4×1.7回),さらに付加価値率も前期並みであったとすると10.6(40.4%×15.4×1.7回)と上昇する。今回の有形固定資産投資の期待水準は,このいずれかを下限として,それ以上を計画していたと考えることもできよう。

③ 労働分配率の算出

　　30期 $\dfrac{600}{752} \fallingdotseq 79.8\%$　　31期 $\dfrac{678}{875} \fallingdotseq 77.5\%$

　労働集約型の生産形態をとる企業では労働分配率は高水準になる。とはいうものの,この水準は高い。ちなみに31期の人件費の前期比伸び1.13$\left[\dfrac{678}{600}\right]$も異常といえ,また,従業員1人当り平均年間賃金の30期6.7$\left[\dfrac{600}{90}\right]$,31期6.8$\left[\dfrac{678}{100}\right]$も割高感がある。したがって,どのような賃金政策をとっているのかは問診する必要がある。

(イ) 賃金の上昇をどのように吸収しているかを把握するために,労働生産性と労働分配率に分解してみる。

　　　　　従業員1人当り賃金＝労働生産性×労働分配率

30期	$\dfrac{600}{90}$	=	$\dfrac{752}{90}$	×	$\dfrac{600}{752}$
	6.7		8.4		79.8%
31期	$\dfrac{678}{100}$	=	$\dfrac{875}{100}$	×	$\dfrac{678}{875}$
	6.8		8.8		77.5%

　これによると,賃金の上昇はすべて労働生産性の上昇によって吸収しており,この限りでは正常状態と考えてよい。

(ロ) 所見

算出した付加価値額の過半は人件費・労務費に分配されており，したがって企業に対する分配（経常利益＋減価償却費）は30期12.0%$\left(\frac{65+25}{752}\right)$，31期12.2%$\left(\frac{71+36}{875}\right)$と微増はしているものの過小である（なお，このなかには法人税等が含まれているので純粋の内部留保ではない）。

労働分配率の高水準の問題はあるにしても，賃金の上昇を労働生産性上昇の範囲内に収めえたので，31期の労働分配率が若干ながらも低下しているのはよいといえよう。

g 総合所見

収益性　1．収益状況が悪化しているのは，販売費・管理費のなかの管理可能的と考えられる費用の増加と，有形固定資産投資を有利子負債に依存したことによる支払利息の負担増からである。

　　　　2．収益体質は高固定費・高変動費型の限界企業的様相を示している。したがって，不況抵抗力はほとんどない状態といってよい。

安全性　1．短期の支払能力は表面上かろうじて保持されているといった状態であるが，換金性の遅いたな卸資産のシェアが増加しているのは質的に問題となろう。

　　　　2．典型的な過少資本，他人資本依存体質である。過大な有利子負債の存在は，たえざる利益圧迫要因として残っている。

生産性　　有形固定資産投資が半稼働状態で効果を十分発現していない。かつ，現状では効果のフル発揮が将来期待できるのかの疑問すら残る。

以上を総合すると，収益体質，財務体質および生産能率とも問題含みであり，問診・実査を含めたさらなる分析，調査が必要である。と同時に業況，業績の継続把握を欠かしてはならない先といえる。

2 粉飾操作の疑いのある企業の実態を把握する

(1) 分析の手順，狙いなど

　粉飾決算を発見するために有効な方法といったものは，残念ながらないといってよい。とくに外部分析者の立場からは，企業内部に立ち入って時間をかけて帳票をチェックできるはずもなく，一般には公表されている財務諸表をもとに業界情報や企業情報を把握して分析する程度であるから，なかなかむずかしい問題である。しかも，粉飾操作の手口も単純な経理的発想に基づくものから，全社ぐるみ，関連会社ぐるみの大がかりなものまで，多岐かつ複雑化してくると，粉飾の発見はさらにむずかしくなるといわざるをえない。

　しかし，限られた情報であっても，それらを注意深く観察，分析し，かつ積極的に補足情報を収集していけば，そこから粉飾発見の手がかりをつかむ可能性があると信じるべきであろう。粉飾には必ず目的（一般的には利益の操作が窮極目的であろう。そのためには収益を水増しするか，費用を圧縮するか，およびその双方の操作となる）があり，かつ，その操作は必ず複式簿記の「貸借平均の原理」に従うのが原則だからである。もっともこの場合，分析者側としては，企業会計，財務諸表，会計法規，税法などの基本的な知識を身につけておかなければならない。このような知識がないと疑問点も疑問と感じず，問診しても解答内容を理解することができないであろう。

　粉飾発見の方法をまとめてみると，次のようになるであろう。ただし，これはこの手順どおり行わなければならないというものではない。

a 企業実態の情報収集

　次項の主要財務諸指標の算出と並行して，業界の動向や商慣習および当該企業の経営方針，業況，諸慣行など，あらゆる情報（非財務的な情報を含めて）を

収集するよう努める必要がある。それらは諸指標数値や動きを読むうえで参考になるだけではなく,「情報」と「数値およびその動き」とのギャップが分析者に疑問点を提示してくれるであろう。それだけに収集する情報は表面的な営業概況などだけではなく,企業の内情に立ち入った裏話的なものにまで範囲を広げておく必要がある。

ただし,これらの収集は企業側に警戒心を起こさせないように心がけるべきで,そのためには日々の蓄積を重視する姿勢や「業界調査」を名目にするなどの工夫が大切になる。

b 問診と財務諸表数値とのチェック

問診により次のような財務情報は把握しておきたいところである。

① 業界の平均的な売上高伸び率

当該企業の売上高伸び率と対比し妥当性があるかをみる。

② 当該企業の回収・支払条件

締切日,回収・支払日,回収・支払の現金および手形割合と手形サイトなど。

③ 当該企業の月平均売上高,月平均仕入高および季節性の有無

商品の販売および仕入に季節性があり,かつ,その時期が決算期に近いほど,売上債権,仕入債務残高が増嵩するので,平均的な売上,仕入額と回収・支払条件(問診による)から推定した残高と著しく相違することがある。

④ 業界および当該企業の平均的な総利益率に違和感がないか

両者に著しい相違がある場合は,その理由(たとえば販売チャンネル,商品構成など)を具体的(できれば計数的)に把握する。

⑤ 金融機関からの平均的な借入利率,割引利率

これは財務諸表上に計上されている支払利息・割引料勘定の金額をチェックするためである。

これらの情報から,財務諸表の各勘定残高(売上高,売上債権,仕入債務,た

な卸資産など)の妥当性を検証することになる。

c 主要財務諸指標の時系列比較

　財務分析一般についても，分析に入る前に財務諸表の主要勘定項目を概観して，実態を粗づかみする。同様に粉飾決算を発見する第1段階は，基本的な財務諸指標を算出し，これを時系列比較することから始める。企業の経営方針やそれに伴う活動はこれら指標数値に必ず反映するものであるから，時系列的に「動き」をたどっていけば，企業活動の変化は数値の変化あるいは異常となって現われるものである(急成長企業あるいは過度の好況時はともかく，一般にはこれら指標数値が大きく変動することは少ないとみてよい。めまぐるしく動くこと自体に異常性があると考えるべきである)。

　この時系列比較をするためには，少なくとも5～6期，場合によっては10期ぐらいの資料で把握したいものである。粉飾操作の始期が不明なのであるから，1～2期程度の「動き」からはまず異常性は読み取れないであろう。

　なお，主要財務諸指標としては次のものが考えられる。
① 　前年比あるいは基準期比伸び率を算出するもの
　　売上高，売上債権，たな卸資産，仕入債務，金利
② 　比率，回転期間を算出するもの
　　売上総利益率または売上原価率，売上高経常利益率
　　売上債権回転期間，たな卸資産回転期間，仕入債務回転期間など

d 関連勘定項目の比較(時系列比較)

　粉飾操作は，たとえば架空の売上を計上(収益の増加)して売掛金を水増し(資産の増加)したり，期末たな卸高を水増し(資産の増加)して売上原価を減少(費用の減少)させるというぐあいに，相関連する勘定項目を操作するが，逆に売上を増やすためには仕入も増やさなければならないであろうし，また販売費も増加するであろうと考える。さらに期末たな卸資産が増加するためには売上が減

少していない限り期中仕入が増加しているはずである。その結果，売上債権も仕入債務も増加することになる。回収・支払条件を含めた企業の活動条件が大きく変更していない限り，これら各勘定の動きにほぼ納得のいく連動性がみられるのが普通である。したがって，関連勘定項目を比較して，そこに異常性がないかをチェックしてみるのも粉飾発見の手がかりをつかむ一つの方法になる。

一般に関連性が高いと考えられる勘定項目には次のようなものがある。

① 売上高と仕入高

　企業活動を大局的にみた場合，両者間にはほぼ比例的な動きがでると考えてよい。もちろん，特需的な売上増や特殊商品の一括大量仕入などの一時的要因からのバランスの崩れも現実には発生するかもしれない。しかし，その場合には納得できる事由を明確に把握できればよいわけである。

② 仕入高とたな卸資産

　企業経営上，過大なたな卸資産はコストの増加を招くので，当然のごとく適正在庫水準を志向しての在庫管理が行なわれている。上述したような特殊事由による一時的な増加があるにしても，基本的には一定割合によるコントロールがなされていると考えられる。製造業の場合には生産工程がからんでくるので即刻とはいえないが，卸売業では在庫の増加傾向には2～3カ月内で仕入調整がなされるであろう。この意味から仕入高とたな卸資産には一定の連動性があると考えてよい。

③ 売上高と販売費

　販売活動に直接必要な費用は，特別な事由がない限り，売上高と同じ動きをすると考えてよい。ただし，販売費は売上高に比して金額的に小さいので，伸び率の絶対額を単純に比較してもあまり意味がない。粉飾操作（利益の水増しの場合）ということを前提とした場合，費用の圧縮よりも売上高の水増しのほうがケースとしては多いと思われるので，「販売費の低い伸び，売上高の高い伸び」のパターンに注目すべきであろう。

④ 売上債権と仕入債務

両者間にいままでみてきたような比例的な動きがあるかというと若干，疑問がある。しかし，企業は金融情勢，経済情勢の変化に対応しながら運転資金の自己調達をこの面から図ろうとする姿勢をとるのが普通である。すなわち，回収条件が長期化してくると支払条件を伸ばすことによって凌ごうと努めるはずである。もっとも，企業の販売力，仕入力の差がこの面に現われるが，一般的にみて両者間にある程度の連動性を認めてもよいのではなかろうか。
　以上の把握は時系列的な動きをみるのであるから，基準期を100とした数期間の指数化が必要である。

⑵　事例の提示

①　貸借対照表　　　　　　　　　　　　　　　　　　　　　　（単位：百万円）

	44期	45期	46期		44期	45期	46期
現金・預金	57.5	55.5	61.7	支払手形	69.0	66.0	67.2
受取手形	8.0	6.8	3.4	買掛金	27.6	26.4	26.9
売掛金	34.5	30.8	45.6	短期借入金	15.0	10.0	20.0
貸倒引当金	△6.0	△5.0	△6.0	未払法人税等	1.5	0.3	2.5
商品	40.3	38.5	44.2	(流動負債計)	(113.1)	(102.7)	(116.6)
その他	3.0	1.6	0.9	長期借入金	43.0	39.5	46.2
(流動資産計)	(137.3)	(128.2)	(149.8)	退職給付引当金	8.3	8.3	8.5
有形固定資産	85.5	80.0	82.0	(固定負債計)	(51.3)	(47.8)	(54.7)
無形固定資産	2.3	2.3	2.2	資本金	40.0	40.0	40.0
(固定資産計)	(87.8)	(82.3)	(84.2)	利益準備金	10.0	10.0	10.0
[資産合計]	[225.1]	[210.5]	[234.0]	その他利益剰余金	10.7	10.0	12.7
				(純資産計)	(60.7)	(60.0)	(62.7)
				[負債・純資産合計]	[225.1]	[210.5]	[234.0]

（注）　割引手形　　72.5　　70.2　　75.0

② 損益計算書　　　　　　　　　　　　　　　　（単位：百万円）

	44期	45期	46期
売上高	276.0	264.0	280.8
売上原価	213.9	204.9	204.3
売上総利益	62.1	59.1	76.5
販売費・一般管理費	54.0	55.7	61.5
うち人件費	(32.5)	(34.5)	(37.2)
うち減価償却費	(6.0)	(6.1)	(6.2)
営業利益	8.1	3.4	15.0
受取利息	2.0	2.1	2.2
支払利息・割引料	3.4	3.5	4.0
経常利益	6.7	2.0	13.2
特別損益	0	0	0
税引前当期純利益	6.7	2.0	13.2
法人税等	2.7	0.7	5.5
当期純利益	4.0	1.3	7.7

③　その他の情報

1　当社社長から「前期の不振を挽回して，46期は増収増益となった」と説明を受けた。しかし，業界の動向は全般的に不調で，当社もこの例にもれないというのが同業者の評であり，一部には粉飾決算の噂すらある。

2　なお，問診により聞き取った情報には次のようなものがある。

(イ)　増収は既存の大手販売先Y社などからの特需があったためである。

(ロ)　だからといって，回収条件が変更，長期化しているわけでもない。全体としては従来どおりの取引条件といえる。

(ハ)　また，販売，仕入面で商品構成の変化はほとんどないとみてよい。

(ニ)　商品仕入先は従来どおりで，46期の月平均仕入高は17.5百万円である（ちなみに，当社44期は17.94百万円，45期は16.89百万円であった）。

(ホ) 商品の評価は先入先出法によっており，この方法は従来と同じである。
(ヘ) 減価償却費，引当金繰入額などは，税法限度いっぱい実施している。

(3) 事例の分析

粉飾決算の噂がある46期について，仮に粉飾があったとすると，どの勘定項目を使って，いくらぐらいの金額を操作しているのかを推定してみる。

a 主要勘定の動きを粗づかみする

まず，主要勘定の動きを一表にまとめて，粗づかみをしてみる。
（注） 実数の下欄カッコ内は基準期を100とした指数。

（単位：百万円）

	44期	45期	46期	
売　上　高	276.0	264.0	280.8	
	(100)	(95.7)	(101.7)	
仕　入　高	215.3	202.7	210.0	月平均仕入高×12ヵ月
	(100)	(94.1)	(97.5)	
売　上　債　権	115.0	107.8	124.0	受取手形＋売掛金＋割引手形
	(100)	(93.7)	(107.8)	
うち受取手形	80.5	77.0	78.4	受取手形＋割引手形
	(100)	(95.7)	(97.4)	
うち売掛金	34.5	30.8	45.6	
	(100)	(89.3)	(132.2)	
商　　　品	40.3	38.5	44.2	
	(100)	(95.5)	(109.7)	
仕　入　債　務	96.6	92.4	94.1	支払手形＋買掛金
	(100)	(95.7)	(97.4)	
売上総利益率	22.5%	22.4%	27.2%	
販売費・一般管理費比率	19.6%	21.1%	21.9%	
売上高経常利益率	2.4%	0.8%	4.7%	

この表から把握されるポイントを列挙してみると、次のとおりである。
① 46期の売上高は44期の水準を回復しているが、45期比では6.4％の伸びと高い水準である。業界の低調動向からみて妥当か疑問である（もっとも、45期の低落原因が一時的と把握できれば、若干考え方は変わってくる）。
② 売上高と仕入高の動きを比較してみると、45期はほぼ連動しているが、46期は伸び幅に差がでている（これは、仕入政策の変更か仕入操作か、あるいは売上操作なのか）。
③ 売上債権の動きを売上高の動きと比較してみると、45期はほぼ連動しているが、46期には伸び幅に大きな差がでている。回収条件に変化がないことを前提にすると、この動きは異常と考えるべきである。なお、売上債権の動きを受取手形と売掛金に分解してみると、売掛金のほうにより多くの原因があるように思われる。
④ 商品の動きを、売上高、仕入高の動きと対比して考えてみると、仕入高があまり伸びていないのに売上高はそれ以上に伸びている。その結果として本来的には期末商品は前期比横ばいないしは減少する（ただし、この場合は原価率の変動が少ないことが前提）傾向がでてくるであろう。ところが当社の場合は急騰している。したがって、これがどのような理由によるものなのかは究明する必要がある。
⑤ 仕入債務の動きは仕入高の動きとほぼ連動しており、とくに違和感はない（この点からすると、上記②の仕入操作の疑いは薄いと考えられよう）。
⑥ 売上総利益率の動きは44期、45期ともほぼ同水準とみてよい。これが46期に急騰しているのがすこぶる特徴的である。この理由の究明は必須である。
⑦ 売上高経常利益率は販売費・一般管理費比率の影響を直接受けることになるが、この比率は固定的な費用である人件費の伸びがあるので逐期上昇している。とくに45期は売上高が減少したので、販売費・一般管理費の割合は急上昇し、売上総利益率は44期とあまり変わりはなかったが、結果として売上高経常利益率は急低下したものである。

b 疑わしい勘定項目の特定

以上を総括してみると，46期の売上高，売上債権とくに売掛金，商品および売上総利益率の動きに違和感がある。これらを平均月商対比の回転期間の面からみてみると，次のような動きとなる（説明の都合上，仕入債務を加え，売上総利益率は除いている）。

	44期	45期	46期
平均月商（百万円）	23.0	22.0	23.4
平均月仕入高（百万円）	17.94	16.89	17.5
売上債権回転期間	5.0月	4.9月	5.3月
うち受取手形回転期間	3.5月	3.5月	3.4月（＝3.35）
うち売掛金回転期間	1.5月	1.4月	1.9月
商品回転期間	1.8月（＝1.75）	1.8月（＝1.75）	1.9月
仕入債務回転期間	4.2月	4.2月	4.0月
（仕入債務回転期間）	（5.38月）	（5.47月）	（5.38月）

（注）　仕入債務回転期間の下欄カッコ内は，月平均仕入高に対する回転期間である。

上表から，次の各項を確認することができる。

① 受取手形回転期間は44期，45期ともに3.5月で変化はないが，46期に至って若干短くなっている（これは，回収条件の変化か，条件変化がないとすると平均月商の水増しであろう）。
② 売掛金回転期間は44期，45期ほぼ同じとみると，46期の乱れが大きく目立ってくる（回収条件に変化がないことを前提とすると，これは売掛金残高の水増しか，平均月商の圧縮による。ただし，①でみたように平均月商の水増し要素もあるので，残高，平均月商の水増しの割合の問題であろう）。
③ 商品回転期間も売掛金回転期間と同じような動きとなっている。すなわち，44期，45期は同水準で46期に上昇している。これも結果としては残高，平均月商の水増し効果と推定されよう。

④ 参考までに仕入債務回転期間をとってみると，44期，45期は同じ水準でありながら46期に短くなっている。この動きは①の受取手形と同じ動きであり，平均月商の水増しが想像される。ちなみに仕入債務残高を月平均仕入高で除してみると，各期とも概略同一水準となる。したがって，このことから仕入債務残高に問題があるのではなく，平均月商が操作（水増し）されていると考えることができよう。

いままでの分析から，粉飾操作があるとすると，操作した勘定項目は売上高，売掛金，売上原価（期末商品残高の操作を通して）であろうと推定される。売上高，売上原価は直接，売上総利益に影響を与える勘定項目であるから，先にみた売上総利益率の46期急騰にもつながるものといえる。

C　粉飾金額の推定

次いで，どのくらいの金額が粉飾されているのかを推定してみよう。

① 売上高に対する粉飾金額

前項の回転期間分析のなかで，残高的に正常と考えられるのは，受取手形と仕入債務であった。したがって，これをベースに逆算出してみる。

46期の受取手形回転期間を前期，前々期並みの3.5カ月と仮定すると，

46期平均月商＝78.4百万円÷3.5月＝22.4百万円

46期売上高　＝22.4百万円×12カ月＝268.8百万円

となり，12百万円（280.8−268.8）の操作が推定できる。

また売掛金回転期間を46期1.5カ月と仮定（前々期並み）すると

46期売掛金正常残高＝22.4百万円×1.5月＝33.6百万円

となり，12百万円（45.6−33.6）の操作が推定される。

このことから売上高の粉飾は，「（借方）売掛金／（貸方）売上高」で操作されたと推定されよう。

ちなみに，仕入債務を正常な平均月商で除してみると，その回転期間は「94.1百万円÷22.4百万円＝4.2月」となり，前期，前々期と同一水準で推移

していることがわかる。

② 売上原価に対する粉飾金額

　売上原価に対する操作は，その計算式の構造上，期中商品仕入高か期末商品残高を操作することになるが，現実には商品仕入は継続記録されている（仕入帳）こともあって，これを操作するのは煩雑なこともありほとんどは期末商品の操作が多い。本事例の場合，問診による期中商品仕入高（46期210.0百万円）を検討する情報はない。強いてみるとすれば上記ｂの表，平均月商と月平均仕入高の割合$\left[\frac{月平均仕入高}{平均月商}\right]$推移であろう。これによると，

　　44期　78.0%　　45期　76.8%　　46期　74.8%

となっているが，このことから仕入高操作の判定はむずかしい（本事例では，前記ａで，残高操作がないと推定される仕入債務残高との割合推移から，46期の仕入高は正常であろうと判定している）。

　一方，期末商品残高は本事例のように，先に売上高操作額が判明している場合は，これを修正し，かつ過年度実績の回転期間を援用して正常と思われる残高を算出してみればよい。

　すなわち，46期商品回転期間を前期，前々期並みの1.75月と仮定すると

　　46期商品正常残高＝修正平均月商22.4百万円×1.75月＝39.2百万円

となり5百万円（44.2－39.2）の操作が推定されることになる。

　売上高の操作額が不明である場合は，過年度実績の月平均仕入高と商品残高，または期中商品仕入高と商品残高との割合を援用して，46期末商品残高を推計してみる（ただし，この場合は仕入，在庫条件などに大きな変化がないという前提がある）。すなわち，各期末商品残高との割合は，

	44期	45期	46期
期中仕入高に占める割合	18.72%	18.99%	21.05%
月平均仕入高に対する割合	2.25倍	2.28倍	2.53倍

となるから，44期の割合数値を利用すると

　　46期商品正常残高＝210.0百万円×18.72％＝39.3百万円

　　46期商品粉飾推定額＝44.2百万円－39.3百万円＝4.9百万円

となる（月平均仕入高の数値を利用すると，17.5百万円×2.25倍＝39.4百万円で差引き4.8百万円の操作額と推定される）。

以上の計算から推定される操作額を4.9百万円（期末残高は39.3百万円）とするか，5百万円（残高は39.2百万円）をとるかは状況にもよるが，反面，計算上の誤差もあるので，厳密に考える必要はない。むしろ，分析する立場からは，「概略この程度の金額が推定される」とすればよいので，しかもこれは粉飾把握の入口であって結論ではないことに留意したいものである（本事例では一応ラウンド金額をとって5百万円の操作ということにする）。

d　総合所見

当社の46期は「売掛金の水増し12百万円（資産の増加），架空売上計上12百万円（収益の増加）」と「商品残高の水増し5百万円（資産の増加），売上原価の圧縮5百万円（費用の減少）」の操作によって17百万円の粉飾操作があったと推定した。これらの操作が粉飾意図によるものなのか，あるいは業況における特殊な事態のためなのかは，問診や実地調査を通して明らかにしていく必要がある。

ただし，現在の段階で46期は「当期損益が3.8百万円の欠損」となっている。参考までに46期の修正損益計算書を再掲すると，次のようになる。

（単位：百万円）

	46期当初分	46期修正分
売上高	280.8	268.8
売上原価	204.3	209.3
売上総利益	76.5	59.5
販売費・一般管理費	61.5	61.5
営業利益	15.0	△2.0

経常利益	13.2	△3.8
うち当期純損益	7.7	△3.8

（注）修正分では法人税等はないものとしている。

3 欠損企業の実態を把握する

(1) 分析の手順，狙いなど

　欠損企業を分析する場合は，相手先が新規開拓先であるよりも，既取引先であることが多い。もちろん，新規開拓先で欠損企業であっても，将来的には成長する業種であり，黒字転換の期待がもてる先については，実態把握を積極的に進めるべきであるが，一般的には既取引先であろう。それは，すでに与信行為が行われており，ここへきての赤字転落は，従来の与信行為を縮小，または中止すべきなのか，あるいは従来どおり継続してよいのかなどの意思決定を迫っていることになるからである。

　実務上，このような意思決定は財務面だけの判断でなされるわけではなく，非財務面での，いわゆる営業政策上の判断も加わることになるが，基本的には財務面の判断が下敷になると考えてよい。したがって，欠損企業に対する財務分析には明確な目的があるはずで，また，その目的を直接的に満たす分析手順が考えられることになる。

a 欠損となった原因は何か

　赤字発生の原因を把握するのがまず必要であろう。そして，その原因は一時的なものか，あるいは除去可能なものかなどの判断をしなければならない。

それには比較損益計算書を作成して検討してみる。そして，どの項目がより収益圧迫要因になっているかを把握する(企業は複合体であり，赤字原因も複合的に発生するはずであるが，そのなかから主因をみつけだすことが大切である。したがって，表面的な比率や数値の落差幅だけではなく，その勘定科目の裏側の企業活動の重要度も斟酌しなければならない)。なお，一般的には

　売上高の低下……販売力，競争力，企業成長力の劣化
　売上総利益率の低下(売上原価率の上昇)……商品力の低下，商品構成の不適合
　売上高営業利益率の低下……販売・営業効率の低下，人件費の過大化
　売上高経常利益率の低下……過剰投資の負担増大，資金運用の稚拙

の意味合いを汲み取って，その実態を問診および実地調査で確かめることになる(確かめる内容は，企業経営に影響する度合い，対応策を考える余地があるか，修復ないしは転換にどのくらいの時間，費用がかかるかなど，主因の把握にとどまらず，その原因除去の可能性までもさぐる必要がある)。

b　収益体質はどうか

現実の欠損がたとえ軽微かつ一時的なものであったとしても，逆にいえば，その程度の事象でたちまち赤字転落するということは，それだけ収益体質が脆弱であることの証左でもある。そのような収益体質を改善する余地があるのかを検討することは，現時点での欠損もさることながら，将来的な判断をするためには欠かせない事項である。

収益体質の把握は損益分岐点分析の手法を利用する。すなわち，費用の分解によって，その企業の費用構造を把握し，その費用構造の是正がどの程度可能かを判定することになる。たとえば限界的な企業は往々にして高固定費・高変動費型が多い。この費用構造を是正するためには固定費を圧縮し，変動費率を低下させる必要がある。そのためには固定費，変動費を構成する個々の費用項目についてどの程度の是正が可能かの検討作業をしなければならない。しかし，この検討作業は企業実態に即して進めなければならないので，企業の担当者と

協同の作業でなければ実効がないといえよう。

外部分析者の立場からは，最終の協同作業にまで関与するのは状況によりけりということになるので，とりあえずは是正水準の提示段階にとどまることが多いと思われる。

参考までに固定費，変動費の主な構成費目を検討する場合の考え方を示す。

① 固定費

人件費——現在の労務慣行として，人件費の削減＝人員削減と短絡化することはできない。また，経営維持上でも問題がでてこよう。基本的には職務見直しによる適正人員化，職務遂行能力に応じた再配置，職務手順・不要不急職務の見直しなどによる労働生産性を高めていく方向であろう。これによって時間外勤務手当を削減する。あわせて利用されていない厚生施設などの関連費用も見直しの対象となろう。なお，人員削減策は最終段階と考えるべきである。

減価償却費——圧縮するとしても，償却不足となるのでは企業経営上，由々しい問題である。したがって低効率の，あるいは遊休化している償却資産の見直しによって，結果として償却費用が削減されることになるのである。この場合，よく問題になるのは本社屋など非生産部門の資産である。企業それぞれの事情により一律にはいえないが，非生産的な施設であるだけに，逆により効率的な活用策を図る必要がある。

支払利息・割引料——適用金利水準いかんの問題となるが，これは金融情勢の動向にも影響され，企業側で必ずしもコントロールできるものでもない。むしろ安易な他人資本依存体質を是正する方向が必要で，過大，過剰な借入，不要不急資金の借入依存など資金効率面からの見直しが求められる。かつ，株主の状況により一概にいえないが，増資などによる自己資本への振替を検討する必要がある。

② 変動費

商品仕入費——仕入規模，仕入先との力関係などの要因から，簡単には圧縮

することはむずかしい。商品の仕入単価が圧縮できないとすると，少なくとも過剰仕入，過剰在庫は避けるべきである。過剰在庫であっても，損益計算上は減算されるので売上原価(変動費)と関係がないように思われるが，期末の過剰在庫は次期の売上原価を増大させる要因となるので，結局は変動費を押し上げると考えるべきである。したがって，ここでは販売計画に基づく厳正な仕入計画とその忠実な実行が求められることになる。

流通関係費──荷造材料費，支払荷造費あるいは支払運賃など流通関係費用は増加する傾向にある(自社運搬の場合には車輌燃料費，車輌修理費，保険料など)。これは道路事情や小口納入頻度の増加などの要因によるものであるが，これをいかに合理化，省力化していくかは企業経営上，大きな問題といえよう。したがって，現時点で少額であったとしても看過せず，歯止め策を講じるくらいの姿勢はとるべきである。

C 資金体質はどうか

収益面で改善する見通しが立ち，支援する方向となったとしても，金額的にどのくらいの資金が必要になるのかを把握しておかなければ，最終判断には結びつかない。とはいうものの，表面的には赤字資金所要額は赤字額そのものということになるが，企業には固有の資金体質があり，その影響を受けるので，実質的な赤字資金所要額は赤字額そのものとはならないことが多い。

しかも，赤字転落企業に対する利害関係者(とくに仕入先，販売先，取引金融機関など)の対応は厳しくなることが十分予想され，たとえば，従来の取引条件(仕入先にとっての回収条件)では納品しないと申し出られ，期間の短縮を許容すれば，その分，運転資金負担は増加する。これも赤字発生に伴う資金需要増であり，これらを包含して必要額を算定するとなると，利害関係人個々の意向を確かめるなど大変な作業になる。この赤字計上も短期で黒字に転換する見通しであるならまだしも，これが数期に及ぶとなると，支援方針よりも回収方針が打ち出されるのも当然といえよう。

なお，赤字資金をからめた資金体質は資金運用表分析（資金運用表は2期間の貸借対照表をベースに，一部，損益計算書項目を使って，一定期間内に資金をどのように調達し，かつ運用したかをまとめた資金表である。本稿では作成方法を説明していないので，後述「事例の研究」で概略，触れることにしている）の手法を利用して把握する。

(2) 事例の提示

① 貸借対照表

（単位：百万円）

	25期	26期		25期	26期
現　金　・　預　金	85	48	支　払　手　形	200	200
受　　取　　手　　形	50	40	買　　掛　　金	50	40
売　　　掛　　　金	100	88	短　期　借　入　金	2	30
商　　　　　品	80	96	賞　与　引　当　金	5	4
そ　　の　　他	2	2	未　払　法　人　税　等	1	0
貸　倒　引　当　金	△4	△4	（流　動　負　債　計）	(258)	(274)
（流　動　資　産　計）	(313)	(270)	長　期　借　入　金	40	45
有　形　固　定　資　産	135	140	退　職　給　付　引　当　金	13	14
無　形　固　定　資　産	3	3	（固　定　負　債　計）	(53)	(59)
投　資　そ　の　他　の　資　産	15	0	資　　本　　金	60	60
（固　定　資　産　計）	(153)	(143)	資　本　剰　余　金	10	10
［資　産　合　計］	[466]	[413]	利　益　剰　余　金	85	10
			（純　資　産　計）	(155)	(80)
			［負債・純資産合計］	[466]	[413]

（注）割引手形　　　200　　200

② 損益計算書

(単位:百万円)

	25期	26期
売　　上　　高	1,200	960
売　上　原　価	864	720
売　上　総　利　益	336	240
販売費・一般管理費	320	330
営　業　利　益	16	△90
受　取　利　息	6	6
支払利息・割引料	13	14
経　常　利　益	9	△98
特　別　損　益	0	30
税引前当期純損益	9	△68
法　人　税　等	3	0
当　期　純　損　益	6	△68

③ 株主資本等変動計算書

(単位:百万円)

		資本金	資本剰余金		利益剰余金				株主資本合計
			その他資本剰余金	計	利益準備金	その他利益剰余金		計	
						積立金	繰越損益剰余金		
25期残高		60	10	10	8	75	2	85	155
変動項目	剰余金の配当						△7	△7	△7
	剰余金振替					△73	73	0	0
	当期純損失						△68	△68	△68

					△73	△2	△75	△75
26 期 残 高	60	10	10	8	2	0	10	80

(注) 1. 実数計上分のみを表示している。
　　　2. 25期の配当は7百万円。

④ その他の財務情報

1. 販売費・一般管理費の内容
（単位：百万円）

	25期	26期
給 料 ・ 手 当	288	297
法 定 福 利 費	3	4
福 利 厚 生 費	5	6
旅 費 ・ 交 通 費	4	3
減 価 償 却 費	9	9
交 際 費	3	4
荷 造 運 搬 費	6	5
そ の 他	2	2

2. 取扱商品構成

	売上高シェア（％）		売上総利益率（％）		期末商品在庫（百万円）	
	25期	26期	25期	26期	25期	26期
Aグループ商品	40	30	35.0	35.0	20	24
Bグループ商品	25	25	30.0	25.0	25	30
Cグループ商品	25	30	20.0	20.0	25	30
Dグループ商品	10	15	15.0	15.0	10	12
計	100	100	28.0	25.0	80	96

3. 従業員数　25期　80人　　26期　80人

⑶ 事例の分析

　赤字が発生するまでには，当然のごとく売上が逓減しているが，費用は固定的な性質をもつ部分もあるので，下げ渋り現象が生じて，いわゆる減産・滞貨資金需要が発生しているはずである。この過程で業績の回復がないと赤字資金需要につながっていくのである。赤字資金は一般に返済のメドのたてにくい資金需要であるから，金融機関側はこの資金使途での融資に対してはすこぶる慎重な姿勢をとる。したがって企業側としては，粉飾によって赤字決算を隠し，別途の資金需要を創作して資金調達を図ろうとする。したがって，本事例のようにストレートに赤字決算を公開するケースは現実には少ないと考えられる（決算上，赤字をだす場合でも，なんらかの粉飾操作によって赤字額を圧縮しているケースもある）。実務上では「決算に粉飾はつきもの」と考えて対処するぐらいの姿勢が必要と考えられるが，本事例は学習のための教材として赤字をそのままだしたものと理解していただきたい。

a　欠損となった原因は何か

　まず，26期に赤字になった主因は何かを調べてみよう。この程度の財務諸表では一読して把握できようが，一応，手順を踏んで分析することにした。
　検討するための材料として，比較損益計算書を作成してみる。

	原資料（百万円）		構成割合（％）		増減額（百万円）	前期比伸び率（％）
	25期	26期	25期	26期		
売上高	1,200	960	100	100	△240	△20.0
売上原価	864	720	72.0	75.0	△144	△16.7
売上総利益	336	240	28.0	25.0	△ 96	△28.6
販売費・一般管理費	320	330	26.7	34.4	10	3.1
営業利益	16	△90	1.3	△9.4	△106	—

受取利息	6	6	0.5	0.6	—	—	
支払利息・割引料	13	14	1.1	1.5	1	7.7	
経常利益	9	△98	0.8	△10.2	△107	—	
特別損益	0	30	—	3.1	30	—	
税引前当期純損益	9	△68	0.8	△ 7.1	△ 77	—	
法人税等	3	0	0.3	—	△ 3	—	
当期純損益	6	△68	0.5	△ 7.1	△ 74	—	

(注) 前期比伸び率は必要項目のみを掲示している。

　上表から把握できるポイントを示すと，次のようにまとめることができよう。

① 　構成割合からみると，売上総利益の段階(25.0％)で販売費・一般管理費(34.4％)をカバーできていないことがわかる。したがって，売上総利益に至るまでの段階，すなわち売上高，売上原価に問題があるといえる。

② 　しかし，売上原価の割合は前期比３％程度の悪化である。たとえ前期並みの72％を維持したとしても，売上総利益約269百万円(960×[1−0.72])の構成割合は28.0％であり，販売費・一般管理費をカバーすることはできない。このことからすると，売上高の減少が大きなインパクトと考えられる。

③ 　販売費・一般管理費の構成割合は34.4％で，前期比7.7％ポイントの悪化と，数値的には目立っているが，増減額(10百万円)および前期比伸び率(3.1％)からみると，業績悪化の主因とはいえないであろう。

④ 　前期比伸び率からみても，売上原価の伸び(マイナス)を上回る売上高のマイナスの伸びが業績を分けたと考えてもよいであろう。

　以上の結果から売上高にポイントを絞って，いま少しその動向内容を把握してみる。資料としては，前掲「その他の財務情報」の２．「取扱商品構成」を下敷にして，下表を作成する。

　　(注) 　下表右側の「利益貢献度」は「売上総利益率×商品回転率」または「売上総利益÷期末商品在高」で算出される。すなわち，売上総利益率の高い商品を回転効率よく販売すれば，それだけ利益を高める働きをすることを示している。

	売上高に占める割合（売上高）	総利益率（総利益）	売上原価＝期首在庫＋仕入高－期末在庫					利益貢献度
Aグループ商品								
25期	40%(480)	35%(168)	312				20	8.4
26期	30%(288)	35%(100.8)	187.2	＝	20	＋191.2－	24	4.2
Bグループ商品								
25期	25%(300)	30%(90)	210				25	3.6
26期	25%(240)	25%(60)	180	＝	25	＋185－	30	2.0
Cグループ商品								
25期	25%(300)	20%(60)	240				25	2.4
26期	30%(288)	20%(57.6)	230.4	＝	25	＋235.4－	30	1.9
Dグループ商品								
25期	10%(120)	15%(18)	102				10	1.8
26期	15%(144)	15%(21.6)	122.4	＝	10	＋124.4－	12	1.8
合計								
25期	100%(1,200)	28%(336)	864				80	4.2
26期	100%(960)	25%(240)	720	＝	80	＋736－	96	2.5

上表から把握できるポイントをまとめると，次のようになろう。

(イ) 総利益率の高いAグループ商品が売上シェアを大幅に落とし，低利益率のC，Dグループ商品は売上シェアを伸ばしている。

(ロ) Aグループ商品は，売上高を大幅に落としているが，当初売値に固執している（ただし，値引き効果があるかどうかは現時点ではわからないが，少なくとも価格政策の転換で対処しなかったのは事実のようである）。

(ハ) Bグループ商品は，販売促進策の一環からか，利益率を下げて対応している。その結果，売上シェアは前期並みとなったが売上高自体は伸びなかった。

(ニ) Cグループ商品は売上シェアを伸ばしたものの，売上高自体は伸び悩んだ。

(ホ) 以上のグループ別売上増減状況をまとめてみると

	全体	A	B	C	D
売上増減額（百万円）	△240	△192	△60	△12	24
前期比増減率（％）	△20	△40	△20	△4	20

となり，減収の主因はAグループ商品の売上不振であることがわかる。

(ニ) 同様に売上総利益の増減状況をグループ別にみると，次のとおりである。

	全体	A	B	C	D
総利益増減額（百万円）	△96	△67.2	△30	△2.4	3.6
前期比増減率（％）	△28.6	△40	△33.3	△4	20

このことから，減益の主因はAグループ商品，次いでBグループ商品ということになる。

(ト) 上記(ハ)，(ニ)から，たとえばAグループ商品を総利益率30％で販売促進し，前期並みの480百万円を確保できたとすると，現状より増益（約43百万円＝［480×30％］－100.8）となり，計上赤字の約60％強をカバーできたことになる（ただし，これは計算上のことであり，現実には経費の増加，販売可能性などを検討しなければならない）。

(チ) 利益貢献度の数値から，前期数値との落差が大きい商品グループほど，マイナスの貢献を果たしたということになる。このことからすると業績悪化の主因はAグループ商品ということになる。

以上，重複を含めて分析した結果をまとめてみると

◇当社の主力はAグループ商品であり，これの動向いかんで当社の業績が決まるといってもよい。したがって，Aグループ商品をどの価格帯で，どうような販売促進策を打ち出すかが大きなポイントとなる。

◇価格政策的にはBグループ商品の値下げ策よりも，Aグループ商品の対応策（値下げも含めて）を検討すべきであったと思われる。

◇C，Dグループ商品は低利益率商品であるから，販売効率を十分に考える必要がある。すなわち，手間をかけないで売る方法の模索である。

b 収益体質はどうか

損益分岐点の手法を利用して、まず費用を分解する（日銀方式による分解を採用）。

① 固定費の算出

　　　　　（販売費・一般管理費－荷造運搬費）＋営業外費用－営業外収益＝固定費
　　　25期　　　　　（320－6）　　　＋　13　－　6　＝321百万円
　　　26期　　　　　（330－5）　　　＋　14　－　6　＝333百万円

② 総費用の算出

　　　　　売上原価＋販売費・一般管理費＋営業外費用－営業外収益＝総費用
　　　25期　864　＋　320　＋　13　－　6　＝1,191百万円
　　　26期　720　＋　330　＋　14　－　6　＝1,058百万円

③ 変動費の算出

　　　　　総費用－固定費＝変動費
　　　25期　1,191　－　321　＝870百万円
　　　26期　1,058　－　333　＝725百万円

④ 変動費率の算出

　　　　　変動費÷売上高＝変動費率
　　　25期　　870　÷　1,200　＝0.725
　　　26期　　725　÷　960　＝0.755

　　（注）　変動費率はコンマ以下第4位を四捨五入している。

⑤ 損益分岐点売上高の算出

　　　　　固定費÷限界利益率＝損益分岐点売上高
　　　25期　　321　÷（1－0.725）＝1,167.3百万円
　　　26期　　333　÷（1－0.755）＝1,359.2百万円

　　（注）　損益分岐点売上高はコンマ以下第2位を四捨五入している。

⑥ 損益分岐点比率の算出

損益分岐点売上高÷実際売上高×100＝損益分岐点比率
25期　　　1,167.3　　÷　　1,200　　×100＝97.3％
26期　　　1,359.2　　÷　　 960　　×100＝141.6％

（注）損益分岐点比率はコンマ以下第2位を四捨五入している。

⑦　あらためて分析するまでもなく，当社26期の収益体質は破綻状態となっている。当然，経営的にはこのような状態からの脱却策を模索し，また外部分析者の立場からは対応策の可能性を探ることになる。この場合，なんらかの目標値を定めて，それに到達しうるかどうかで可能性を判定する必要がある。

　そこで，損益分岐点比率をベースにして目標値（あるいは期待水準の上限と考えてもよい）を試算してみることにする。なお，基本的には現在の損益分岐点比率141.6％の水準を100％，80％（80％の水準を設定したのは26期売上の前年比減少率20％を考慮したものである）と段階的に低下させていくためには，何をどれだけ増減させなければならないかという考え方に沿ったものである。

　これを一表にまとめてみると，次のようになる。なお，この表では一方を固定して試算しているが，現実には複数の変数の組合せで成り立っているので，これがすべてというわけではない。具体的に変動費，固定費の削減策を考える場合の，それぞれの目安と考えればよい。

損益分岐点比率を	100％とするためには	80％とするためには
①現在の費用構造を変えられないとした場合 （26期実績960百万円に対し）	実際売上高を1,359.2百万円とする （399.2百万円増加）	実際売上高を1,699百万円とする （739百万円増加）
②売上高の増加はむずかしいとした場合	損益分岐点売上高を960百万円とする	損益分岐点売上高を768百万円とする
ア　固定費333百万円は圧縮できないとすると （26期実績比率0.755に対し）	限界利益率を0.347にする 変動費率は0.653となる （0.102圧縮）	限界利益率を0.433にする 変動費率は0.567となる （0.188圧縮）

イ　変動費率0.755の圧縮ができないとすると （26期実績333百万円に対し）	（97.9百万円の削減） 固定費を235.2百万円にする （97.8百万円の削減）	（180.5百万円の削減） 固定費を188.2百万円にする （144.8百万円の削減）

⑧　前項で固定費，変動費を検討するうえでの量的な目安を示したが，次いで質的な検討を進めてみることにする。

（総費用に対する固定費と変動費の割合）

	25期	26期
固定費	27.0%	31.5%
変動費	73.0%	68.5%

これによると，25期は典型的な中小企業（製造業を除くその他の業態）のパターンである低固定費・高変動費型となっているが，固定費が増嵩傾向を示しているのが問題である。

〈固定費の検討〉

(イ)　固定費に占める人件費の割合は，25期92.5%，26期93.0%と高水準かつ人件費の前期比伸び率（3.7%増）がそのまま固定費の伸び率となっている。したがって，固定費の検討は人件費を検討することと考えてよい。

(ロ)　従業員1人当りの平均賃金月額を概略計算すると，25期308千円，26期320千円となる。世間相場的な参考指標がないので断定することは避けるべきであるが，この程度の規模の企業としては若干割高感を否めない水準である（ただし，この段階では雇用形態や労務構成，平均年齢などを無視している）。

(ハ)　従業員1人当り平均年売上高は，25期15百万円，26期12百万円と低下しており，その低下幅も20%と大きい。この低下がどのような理由によるものかを検討する必要がある。

(ニ) 従業員1人当りの平均総利益額は，25期4.2百万円，26期3.0百万円と低下している（総利益額をラフに付加価値額と考えると，労働生産性の低下ということになる）。この低下幅は28.6％で，売上高の低下幅20％と対比してみると，総利益率の高い（付加価値率の高い）商品での売上増加が必要であるといえる。

(ホ) 販売効率を「総利益額÷販売費・一般管理費」で測定してみると，25期1.05，26期0.73と大幅低下している。先にみたように，販売費・一般管理費に占める人件費割合の高水準からすると，人件費の伸びに相応する働きがないといえよう。

(ヘ) 固定費の検討については人件費問題をどう処理するかがテーマとなる。単純に現在の80人体制を縮小（それは企業規模の縮小から破綻につながるおそれもあり，最終段階での検討課題である）すると考える前に，投入している人員（人件費）の効率活用策を検討すべきである。当社のような販売業の場合には，主に営業体制，営業活動にかかわる効率化が対象となるであろう。

〈変動費の検討〉

(イ) 総費用に対する割合は26期に低下しているが，変動費率は上昇（0.725→0.755）しているので，結果として利益率を蚕食（固定費率も上昇）していることに留意する必要がある。

(ロ) したがって，基本的には，先に「a 欠損となった原因は何か」でみたように，利益率の高い商品を主体にした商品構成への変更，仕入管理，在庫管理などの見直し，厳正化の方向で模索することが望まれる。

(ハ) 売上原価は算式からみて変動費となる。したがって，変動費を低下させるには期末在庫を高めて売上原価を圧縮すればよいことになる。ただし，次期の売上原価（変動費）は高くなり，長期的にこの考え方は成立しがたいことになる。そこで売上原価の圧縮は仕入費を低下させることしかない。
　先の資料から売上高に対する仕入費の割合をみると，Aグループ商品

66.4％ $\left(\frac{191.2}{288}\right)$，Bグループ商品77.1％ $\left(\frac{185}{240}\right)$，Cグループ商品81.7％ $\left(\frac{235.4}{288}\right)$，Dグループ商品86.4％ $\left(\frac{124.4}{144}\right)$ となる。全グループ平均76.7％ $\left(\frac{736}{960}\right)$ からすると，C，Dグループ商品の仕入割合が高い。このことからも利益率の高い商品への組替えが必要であることがわかる。

C　資金体質はどうか

　欠損により生じた資金不足はなんらかの形で補填されているはずであるが，その調達方法いかんではすこぶる不安定な資金繰状態となる。したがって，欠損企業の資金体質を把握することは，赤字による資金不足をどのように補填しているか，そしてその状態が将来的にも妥当であるか（一時的原因による，かつ金額的にも軽小な赤字では短期終息も可能であろうが，本事例の場合には次期以降に累増する可能性が多分にある。この期間の補填が安定的，継続的に行われることが最低必要である）を判定すると考えてよい。

　この分析目的を満たすためには，資金運用表分析の手法を利用すると把握しやすいので，これに沿ってまず資金運用表を作成してみる。

　（注）　1．説明の都合上，資金運用表を固定資金の部，運転資金の部および財務資金の部に分けている。

　　　　2．貸借対照表と比較しやすくするため，各勘定科目は貸借対照表に準じて配置した。

　　　　3．貸借対照表の資産の増加は「資金の運用」の増加を，また負債の増加は「資金の調達」の増加を表わしている。なお，これらの逆，たとえば資産の減少は調達の増加を意味するので本来は調達欄に計上すべきであるが，便宜上，金額頭部に△表示をし，勘定科目を移動させていない。

　　　　4．貸借対照表の自己資本部分は若干加工して計上しているが，結果的には自己資本の前期比増減額と同じである。

　　　　5．備考欄にそれぞれの金額の計上根拠を参考までにつけ加えている。

（資金運用表固定資金の部）　　　　　　　　　　　　（単位：百万円）

資金の運用		備考	資金の調達		備考
支払税金	1	25期B/Sの未払法人税等	税引前当期純損失	△68	26期P/Lから
配当	7	26期株主資本等変動計算書	減価償却費	9	26期その他の財務情報から
（決算支出計）	(8)		退職給与引当金	1	26期14－25期13
有形固定資産	14	（26期140＋26期償却9）－25期135	長期借入金	5	26期45－25期40
投資その他の資産	△15	26期0－25期15	（資金不足）	(60)	
計	7		計	7	

（注）　本来，支払税金＝25期B/S未払法人税等（1）＋26期P/L法人税等（0）－26期B/S未払法人税等（0）で計算される。

26期の固定資金の動きは，期中の赤字68百万円発生（資金需要），前期決算の剰余金処分として配当，支払税金の期中支払8百万円（資金需要）および有形固定資産投資14百万円（資金需要）などがあった。これに対し，資金調達面では

◇有形固定資産投資14百万円は減価償却費9百万円と長期借入金5百万円で手当てするも，なお調達不足状態

◇決算支出8百万円と欠損68百万円は投資等資産の処分などでその一部を補填しただけ

で最終的には60百万円の資金調達不足となった（したがって，この段階で欠損による資金需要必要額は60百万円として把握される）。

（資金運用表運転資金の部）

資金の運用		備考	資金の調達		備考
受取手形	△10	26期240－25期250	買掛金	△10	26期40－25期50
売掛金	△12	26期88－25期100	賞与引当金	△1	26期4－25期5
商品	16	26期96－25期80	（資金不足）	(5)	
計	△6		計	△6	

（注）　受取手形は割引手形を戻し入れて算出する。なお，支払手形は残高増減がないので計上していない。

運転資金需要は売上，仕入の減少により低調であり，売掛金と買掛金を相殺

して考えると，商品増加は受取手形の減少で過半をカバーする形となり，結果的に資金調達不足はわずかな額で終わっている。

しかし，基本的な運転資金需要体質は，下記の回転期間計算から測定すると，平均月商の約2.3カ月分の資金需要をもっていることになる。かつ，25期の1.8カ月から0.5カ月増加しているのは先行きの懸念材料である（赤字終息に手間どると回収・支払条件が厳しくなるおそれがでてくる）。

	25期	26期	増減
売上債権回転期間	$3.5月\left(\dfrac{50+200+100}{100}\right)$	$4.1月\left(\dfrac{40+200+88}{80}\right)$	0.6カ月
商品回転期間	$0.8月\left(\dfrac{80}{100}\right)$	$1.2月\left(\dfrac{96}{80}\right)$	0.4カ月
計	4.3月	5.3月	1.0カ月
仕入債務回転期間	$2.5月\left(\dfrac{200+50}{100}\right)$	$3.0月\left(\dfrac{200+40}{80}\right)$	0.5カ月
差引運転資金需要	1.8月	2.3月	0.5カ月

現行，運転資金は割引手形（枠）200百万円の繰り回しで手当しているが，回収条件の変更，悪化などによる回収手形不足やサイト長期化も考慮しておく必要がある（回収手形不足は融通手形混入の余地を，またサイト長期化は割引許容枠超過の問題を引き起こす可能性もある）。

上記回転期間計算から取引条件の動きをみると，売上債権の0.6カ月長期化は，仕入債務を0.5カ月延ばすことによってほぼバランスをとっている。しかし手持在庫は，売上の減少もあって0.4カ月増加しているのは懸念材料といえよう（資金面の負担増ばかりでなく，増量在庫のなかからやがては陳腐化・荷傷みなどにより不良資産化するものもでてくる場合がある）。

(資金運用表財務資金の部)

資金の運用		備考	資金の調達		備考
固定資金不足	60	固定資金から転記	現金・預金	37	26期48－25期85
運転資金不足	5	運転資金から転記	短期借入金	28	26期30－25期2
計	65		計	65	

(注) 現金・預金は対比する都合上，調達欄に正数で表示した。

　固定資金，運転資金の不足をどのように補塡しているかをみると，赤字発生による資金不足60百万円を預金の取崩し37百万円と短期借入金28百万円で賄っている形である。取り崩した預金が過年度利益の蓄積相当分であったとしても，日常の資金(現金)繰りにどのような影響がでるかが問題であるが，それ以上に短期借入金による資金の導入は問題である。これは一時しのぎの補塡策にすぎず，このままではまず資金繰り破綻は必定である(この借入金の返済財源は当面ないと考えるべきである)。

　赤字の償却がいつまでに完了するかの見通しの問題もあるが，現況では資本金代用的な長期繰回し資金(ただし金利負担との兼合いがある)の導入ないしは増資による手当が正当であるといえよう。

[参考資料]

『新版勘定科目全書』　沼田嘉穂監修，中央経済社

『財務分析の実践活用法』　大野敏男，経済法令研究会

『財務用語辞典』　大野敏男・井上勇・佐伯達也編集，経済法令研究会

『財務諸表100の常識』　日本経済新聞社（編）

『新会計基準のしくみと導入の実務』　赤岩茂，中経出版

『新会計制度入門』　太田昭和監査法人（編），実業之日本社

『リース取引』　北村信彦，中央経済社

『税効果会計と法人税』　森田政夫，中央経済社

『新会社法実務ガイド』　都井清史，中央経済社

『資本の部の実務Q&A』　あずさ監査法人，中央経済社

『財務分析基礎コース』　全国銀行協会，全国地方銀行協会，第二地方銀行協会（共編）

『ケースでみる企業の見方』　関口尚三，（社）金融財政事情研究会

『新会社法・法務省令と実務対応』　住友信託銀行証券代行部（編），商事法務

『新会社法の読み方』　アンダーソン・毛利・友常法律事務所，（社）金融財政事情研究会

『会社法関係法務省令集』　商事法務（編）

【著者略歴】

落合 俊彦（おちあい としひこ）

昭和6年　生まれ
　　30年　同志社大学経済学部卒，三和銀行入行
　　47年　烏山支店次長
　　49年　深川支店次長
　　51年　三和銀行東京経営相談所調査役
　　60年　三和総合研究所主任研究員
平成3年　三和総合研究所主任研究員（嘱託）
　　12年　全銀協，地銀協，第二地銀協統一テキスト編集委員
　　13年　ポップキューブ株式会社　監査役

景気・経済・経営
管理者，中堅社員，新入社員
考課者訓練，財務諸表，財務分析などの研修・講演多数

決算書スーパー分析〈第3版〉

平成18年9月28日　第1刷発行
平成23年6月14日　第4刷発行
（平成5年8月11日　初版発行）
（平成13年12月25日　改訂版発行）

　　　　　　著　者　落　合　俊　彦
　　　　　　発行者　倉　田　　勲
　　　　　　印　刷　三松堂印刷株式会社

〒160-8520　東京都新宿区南元町19
発 行 所　社団法人　金融財政事情研究会
　編集部　TEL 03(3355)2251　FAX 03(3357)7416
　販　売　株式会社きんざい
　販売受付　TEL 03(3358)2891　FAX 03(3358)0037
　　　　　　URL http://www.kinzai.jp/

・本書の内容の一部あるいは全部を無断で，複写・複製・転訳載および磁気または光記録媒体，コンピュータネットワーク上等へ入力することは，法律で認められた場合を除き，著作権者および出版社の権利の侵害となります。
・落丁・乱丁本はお取替えいたします。定価はカバーに表示してあります。

ISBN978-4-322-10925-2